全国中医药行业高等教育“十四五”创新教材

长春中医药大学研究生系列创新教材

预防医学理论与方法

（供公共卫生和预防医学专业用）

主　编　李璐　姜爽

全国百佳图书出版单位
中国中医药出版社
·北　京·

图书在版编目（CIP）数据

预防医学理论与方法 / 李璐，姜爽主编 . —北京：中国中医药出版社，2021.11

全国中医药行业高等教育“十四五”创新教材

ISBN 978－7－5132－7288－9

Ⅰ . ①预… Ⅱ . ①李… ②姜… Ⅲ . ①预防医学—中医学院—教材 Ⅳ . ① R1

中国版本图书馆 CIP 数据核字（2021）第 222662 号

中国中医药出版社出版

北京经济技术开发区科创十三街 31 号院二区 8 号楼

邮政编码 100176

传真 010－64405721

河北品睿印刷有限公司印刷

各地新华书店经销

开本 787×1092 1/16 印张 14.25 字数 310 千字

2021 年 11 月第 1 版 2021 年 11 月第 1 次印刷

书号 ISBN 978－7－5132－7288－9

定价 56.00 元

网址 www.cptcm.com

服务热线 010-64405510

购书热线 010-89535836

维权打假 010-64405753

微信服务号 zgzyycbs

微商城网址 https://kdt.im/LIdUGr

官方微博 http://e.weibo.com/cptcm

淘宝天猫网址 http://zgzyycbs.tmall.com

如有印装质量问题请与本社出版部联系（010－64405510）

全国中医药行业高等教育“十四五”创新教材

长春中医药大学研究生系列创新教材

编纂委员会

全国中医药行业高等教育“十四五”创新教材

长春中医药大学研究生系列创新教材

《预防医学理论与方法》编委会

主　　编　李　璐（长春中医药大学）

　　　　　　姜　爽（长春中医药大学）

副 主 编　于　澄（长春中医药大学）

　　　　　　刘雅娟（吉林大学）

　　　　　　周丽婷（吉林大学）

编　　委（按姓氏笔画排序）

　　　　　　丁　爽（长春中医药大学）

　　　　　　吕　毅（吉林大学）

　　　　　　宋　伍（长春中医药大学）

　　　　　　张　岩（北华大学）

　　　　　　张文斌（长春中医药大学）

秘　　书　李　晨（长春中医药大学）

前　言

教材建设是课程建设和人才培养的基础保障，教育部、国家发展改革委、财政部发布《关于加快新时代研究生教育改革发展的意见》（教研〔2020〕9号），《意见》指出："研究生教育肩负着高层次人才培养和创新创造的重要使命，是国家发展、社会进步的重要基石，是应对全球人才竞争的基础布局。"这为我们明确了要加强课程教材建设，规范核心课程设置，打造精品示范课程，编写遴选优秀教材，从而提升研究生课程的教学质量。在不断优化课程体系的同时，须创新教学方式，突出创新能力的培养。同时，在课程中融入思想政治教育内容，更加有利于提升研究生思想政治的教育水平。

长春中医药大学研究生系列创新教材涵盖了本校硕士研究生一级学科课程、二级学科课程和选修课程。本系列创新教材将长久积淀的学科优势、教学经验呈现其中，注重传承与创新相结合。在组建编纂委员会的过程中，我们邀请了相应学科领域的资深专家对教材内容进行审读，共设置了《内经理论与临床运用》《伤寒证象析要》《金匮要略方证辨析》《〈温病条辨〉精选原文评析》《温疫经方案例学》《中医健康管理理论与实践》《中医器械学》《中药化学专论》《中药分析学专论》《高级健康评估》《循证护理学》《卫生事业管理学理论与实践》《预防医学理论与方法》《生物化学与分子生物学》《青年马克思主义者培养专题研究》15本分册，编写过程中突出以下"五性"特色。

1. 科学性：力求编写内容符合客观实际，概念、定义、论点正确。

2. 实用性：本系列创新教材主要针对硕士研究生，编写的内容符合实际需求。

3. 先进性：医学是一门不断更新的学科，本系列创新教材的编写过程中尽可能纳入最新的科学技术，避免理论与实际脱节。

4. 系统性：充分考虑各学科的联系性，注意衔接性、连贯性及渗透性。

5. 启发性：引导硕士研究生在学习过程中不断发现问题、解决问题，更好地体现教材的创新性。

本系列创新教材在编写过程中得到了中国中医药出版社的大力支持，编写过程中难免有不足之处，敬请广大师生提出宝贵意见，以便修订时提高。

长春中医药大学研究生系列创新教材　编纂委员会

2021 年 9 月

编写说明

按照公共卫生专业硕士培养目标的总体要求，培养的学生应熟练掌握公共卫生与预防医学领域的基础理论和专业知识，能够解决本行业领域的实际问题，成为应用型、复合型高级公共卫生专业人才。

本教材主要涵盖流行病学概述、流行病学原理与方法、毒理学研究理论与方法、人群营养指导与社区食品安全、环境相关问题及其对健康的影响共五部分内容，主要侧重于实际应用和对日常工作的指导作用；同时，为顺应社区卫生服务的发展需求，应注重培养学生开展社区卫生预防服务的组织和宣传能力。

通过本教材的学习，使学生掌握社区疾病预防控制策略及三级预防的概念，熟悉突发公共卫生事件的应急措施，了解我国卫生工作基本方针；掌握流行病学的基本概念，熟悉描述疾病分布的常用指标，了解各种分析方法与适用范围；掌握毒理学的基本概念，一般毒性评价的目的、意义及方法，熟悉外源化学物的跨膜转运方式、生物转化的主要反应类型及毒理学意义，了解化学致癌过程及致突变、致癌和致畸作用之间的关系；掌握营养及食品卫生相关概念，熟悉营养及食品卫生相关疾病及防制、特殊人群营养需求、营养调查的方法，了解中国居民膳食指南、平衡膳食宝塔的内容及意义；掌握环境及其相关概念、环境污染对人类健康影响的特点及健康危害，熟悉环境流行病学、环境毒理学的研究方法，了解目前存在的主要环境问题。

李璐编写第一章；于澄、姜爽编写第二章和第三章；于澄、李晨编写第四章；于澄编写第五章、第六章、第七章；姜爽、丁爽、宋伍编写第八章、第九章；李璐、李晨、刘雅娟编写第十章；李璐编写第十一章、第十二章；张岩、张文斌、李璐编写第十三章；周丽婷、吕毅、姜爽、丁爽编写第十四章、第十五章和第十六章。

需要说明的是，由于本教材篇幅有限，不能覆盖全部内容。尽管编者竭尽心智，精益求精，本教材仍有一定的提升空间，敬请广大读者提出宝贵意见，以便修订时提高。

《预防医学理论与方法》编委会

2021 年 7 月

目录

第一篇　流行病学概述

第二篇　流行病学原理与方法

第三篇 毒理学研究理论与方法

第四篇 人群营养指导与社区食品安全

第五篇 环境相关问题及其对健康的影响

第一篇 流行病学概述

第一章 绪 论

2020年初，新型冠状病毒肺炎（简称“新冠肺炎”）疫情以出人意料的速度蔓延至全球200余个国家及地区，成为一场全球性的“世纪大疫”，为公共卫生和预防医学工作者敲响了警钟。在这个特殊时期，我们应该如何正确地采取措施预防和控制传染病的爆发和流行？在对抗新冠肺炎疫情的战斗中我们又汲取了哪些经验和教训？哪些是值得我们总结和反思的？

第一节 预防医学和健康相关的理论

一、预防医学、公共卫生的定义及研究内容

（一）预防医学的定义和研究内容

1. 预防医学的定义 预防医学（preventive medicine）是医学的一门应用学科，它以个体和确定的群体为研究对象，以“健康生态学模型”为工作模式，探索环境因素对健康的影响及其规律，制定预防措施，并对措施进行评价，目的是保护、促进和维护健康，预防疾病、失能和早逝。

2. 预防医学的研究内容 预防医学涉及的范围广泛，宏观上可到宇宙（如防止宇宙射线对健康的影响），微观上可到分子（如防止发生分子病），可概括为：

（1）研究环境因素对健康影响的规律，包括自然环境和社会环境，探索改善和利用环境因素预防疾病、增进健康、提高劳动效率的措施。

（2）探索环境因素对健康和疾病影响的研究和评价方法。

（3）描述健康状态的分布与健康水平的动态变化。

（4）探讨促进健康与疾病防制的组织和管理方法。

3. 预防医学的特点

（1）研究对象包括个体和特定的群体，以群体为主，主要着眼于健康和无症状人群。

（2）研究重点是环境因素与人群健康的关系。

（3）采用微观与宏观相结合的研究方法，全面地观察和分析影响健康的各种因素。

（4）预防对策具有较临床医学更大的人群健康效益，具有社会性和公益性的特征。

4. 预防医学的研究方法

（1）*调查方法* 是预防医学研究的基本方法，如调查研究环境中各种物理、化学、生物因素的性质、数量、消长规律等。

（2）*实验方法* 在分析流行病学基础上，采用各种实验方法控制有关因素，或在人群中进行实验观察来研究和验证病因。

（3）*统计学方法* 用统计学的理论和方法研究健康问题，用样本指标反映总体特征。

（4）*社会学方法* 应用社会学、史学、法学、经济学、社会心理学等理论和方法研究医学问题，寻求促进健康和预防疾病的方法和途径。

（二）公共卫生的定义和基本特点

1. 公共卫生的定义 公共卫生（public health）是通过有组织的集体或社会的行动，维持和促进公众健康、预防疾病的科学、技能和信仰的集合体，可简述为“3P”，即健康促进（promotion）、疾病预防（prevention）和健康保护（protection）。

2. 公共卫生的基本特点 公共卫生具有公共性、公益性和公平性三大特性，它的使命是预防疾病，保护环境，预防意外伤害，健康促进，灾难事故的应急处理，保证卫生服务的有效性和可及性。公共卫生是一项制度、一门学科、一种实践，基本特点可概括为：

（1）公共卫生的最终目标是促进居民健康，特别是延长期望寿命。

（2）以人群为主要研究重点。

（3）其实质是公共政策，必须有政府强有力的领导和得到相关的法律法规保障。

（4）是一个社会问题而非技术问题，涉及社会的方方面面，强调社区的广泛参与。

（5）必须有多学科背景的公共卫生队伍作为支撑。

3. 公共卫生的基本职能

（1）*评估* 社区健康状况和需求诊断。

（2）*政策制定* 设计和优先问题的确定，制定综合的公共卫生政策。

（3）*保证* 通过委托、管理或直接公共卫生服务来保证个人和社区获得必要的卫生服务。

预防医学与公共卫生的联系与区别如下所示（表 1–1）。

表 1-1 预防医学与公共卫生的联系与区别

	联系	工作内容的区别
预防医学	公共卫生措施的理论和实践基础；没有预防医学的理论指导，公共卫生将成为无源之水	侧重于微观调控和监测，探究群体疾病病因，防制疾病流行，研究预防疾病的对策；既包括群体预防，也包括个体预防，外延很大，但仍属于医学范畴
公共卫生	以预防医学的理论和技能为基础，针对预防疾病和保障人群健康而采取的社会性实践（公共卫生措施）的总称；没有公共卫生实践，预防医学将成为“空中楼阁”	除了与预防医学相重合的部分外，主要是以卫生政策、卫生规划、卫生管理、卫生监督、卫生法规、卫生经济、卫生工程等宏观调控为主，范围比预防医学广泛；公共卫生的实质是公共政策，公共政策的主角是国家，不属于医学范畴

二、健康相关的概念和内容

（一）健康

健康（health）是人的基本权利，是生活质量的基础，也是人生最宝贵的财富之一。健康观是人们在特定医学模式指导下对健康的整体性认识。在生物医学模式指导下，人们认为无病即健康。世界卫生组织（WHO）提出：健康是身体、心理和社会适应的完好状态，而不仅仅是没有疾病或不虚弱。这是“生物－心理－社会医学”模式指导下的现代健康观，也是人们对健康整体性认识的飞跃。这种新的健康观念是对生物医学模式下的健康定义的有力补充和发展，既考虑到人的自然属性，又考虑到人的社会属性。健康由身体、心理（智力、情绪、精神）和社会生活三个维度五个方面组成。

（二）健康意识

健康意识（health conscious）是一个人对健康价值的态度，获得健康的信心及保持健康的信念，对自身健康状况的感觉、思维等各种心理过程的总和。

有益的健康意识表现：①舍弃不良嗜好，优化生活方式。②认识健康价值，关注自身健康。③掌握健康知识，正确理解运用。④努力拥有健康，注意保持健康。

（三）健康权

健康权（the right to health）是享受最高而能获得之健康标准，是指政府必须创造条件使人人能够尽可能健康。WHO在《渥太华宪章》中重申：应将健康看作日常生活的资源。《民法通则》第98条规定：公民享有生命健康权。2000年联合国经济、社会及文化权利委员会指出：健康权不仅包括及时和适当的卫生保健，而且也包括决定健康的基本因素，如享有安全的饮水和适当的卫生条件，充足的安全食物、营养和住房供应，符合卫生的职业和环境条件以及获得卫生方面的教育和信息，包括性和生殖卫生的教育和信息。

健康权包括四个要素：

1. 便利 有足够数量、行之有效的公共卫生和卫生保健设施、商品和服务，以及卫生计划。

2. 获得条件 卫生设施、商品和服务必须面向所有人，获得条件有四个彼此之间相互重叠的方面，即不歧视、实际获得的条件、经济上的获得条件（可支付）、获得信息的条件。

3. 接受条件 所有卫生设施、商品和服务必须遵守医学职业道德，在文化上是适当的，并对性别和生活周期的需要敏感。

4. 质量 卫生设施、商品和服务必须在科学和医学上是适当和高质量的。

（四）健康责任

每个人都有关心自己和他人的健康责任（health responsibility）；社会各部门和全体社会成员都对人民健康负有共同责任；增进人民健康则是政府工作的一项目标。健康是促进人的全面发展的必然要求，是经济社会发展的基础条件。实现国民健康长寿，是国家富强、民族振兴的重要标志，也是全国各族人民的共同愿望。

三、决定健康的因素及健康生态学模型

（一）健康决定因素

健康决定因素（determinants of health）是指决定个体和人群健康状态的因素，包括四大类：

1. 社会环境 社会环境如经济收入和社会地位、社会福利与医疗保险制度、文化背景与人际关系、教育与工作环境和社会安宁等。

2. 物质环境 物质环境如生活与职业环境、物质条件与环境。

3. 个人因素 个人因素如生长发育状态、生活行为、生物学特征、遗传因素等。

4. 卫生服务 卫生服务如卫生服务体系与网络、卫生资源等。

（二）与健康有关的问题

与健康有关的问题（health-related problems）可概括为“6W”：①什么疾病在威胁人群生命和健康（what）。② 主要受影响的是哪些人群（who）。③哪些地方人群患病的危险性特别高（where）。④在时间分布上有何特点（when）。⑤直接和间接的原因是什么（why）。⑥如何解决这些问题（how）。

（三）健康生态学模型

健康生态学模型（health ecological model）强调个体和群体健康是个体因素、卫生服务、物质因素和社会环境因素相互依赖和相互作用的结果，并且这些因素之间也相互依赖和相互制约，以多个层面的交互作用来影响着个体和群体的健康。作为一种系统论

的思维方式，它是总结和指导预防医学和公共卫生实践的重要理论模型，分为五个层次：第一层即核心层，是个人的先天特质，与遗传和生物学因素有关；第二层是个人的行为特点；第三层是个人、家庭与社区网络；第四层是生活与工作条件；第五层也是最外一层，既宏观层面，在全球、国家、地方各级水平上的社会、经济、卫生、环境条件和政治因素等。健康生态学模型从个体角度看，涉及人生的整个过程；从群体角度看，将健康影响因素分为上游（生物、生理）因素、中游（心理和行为生活方式）因素和下游（社会政治、经济、文化等）因素。影响健康的因素是广泛、复杂和多维的，因此，要用整体观和系统论的思维方式来思考健康决定因素及其关系，并以此来指导人群健康的干预策略。

第二节 疾病预防的策略

一、三级预防及其在突发传染病预防中的作用

（一）疾病自然史与预防机会

1. 疾病自然史 疾病自然史（natural history of disease）是指疾病从发生到结局（死亡或痊愈等）的全过程，有几个明确的阶段：

（1）病理发生期。

（2）症状发生前期，从疾病发生到出现最初症状。

（3）临床期，机体出现形态或功能上的明显异常，从而出现典型的临床表现。

（4）结局：疾病可以发展至缓解、痊愈、伤残或死亡。

2. 预防的机会窗 根据疾病的自然史及接触危险因素的性质和量的不同，其导致疾病发生的时间有长有短，这为我们在疾病的预防上提供了机会，故称为预防的机会窗（window of opportunity for prevention）。

（二）三级预防

公共卫生措施在全体居民中按等级执行，统称为三级预防（three levels of prevention）。

1. 第一级预防 第一级预防（primary prevention）又称病因预防。首先，宏观根本性措施称为根本性预防（primordial prevention），即是从全球性预防战略、各国政府策略及政策角度考虑，建立和健全社会、经济、文化等方面的措施。如为了保障人民健康，从国家角度以法令或规程的形式，颁发了一系列的法或条例，如食品卫生法、传染病防治法、学校卫生工作条例及尘肺病防治条例等来实施第一级预防。

第一级预防包括针对机体、人群和环境的措施。

（1）针对机体的措施 可针对整个人群，也可对选择人群或健康的个人。如儿童接种卡介苗是预防结核病的第一级预防，又如对高等学校入学新生拍摄 X 线胸片的结核

病筛检，实施学校卫生工作条例中的急性、慢性传染病的预防工作，同样属于第一级预防范畴；防控新型冠状病毒肺炎传播的人群预防策略是少出门、戴口罩、勤洗手、多通风、劳逸结合、均衡营养。

（2）针对人群的措施

1）增进健康，提高抗病能力；开展健康教育，注意合理营养和体格锻炼，培养良好的行为与生活方式。

2）提高人群免疫水平，预防疾病，有组织地进行预防接种。

3）预防遗传性疾病，做好婚前检查和禁止近亲结婚。

4）做好妊娠和儿童期的卫生保健工作。

（3）针对环境的措施　即根据环境保护方针，对大气、水源、土壤、食品等采取保护措施，如各种法及卫生标准的制定，以创造并维护有益于身心健康的自然条件和社会条件，减少致病因素。为了防控新冠肺炎的传播，重点进行公共场所的消毒，包括空气消毒、接触物消毒等。

2. 第二级预防　第二级预防（secondary prevention）也称临床前期预防，即在疾病的临床前期做好早期发现、早期诊断、早期治疗的“三早”预防工作，以控制疾病的发展和恶化，防止疾病的复发或转为慢性。早期可通过普查、筛检、定期健康检查、高危人群重点项目检查及设立专科门诊等发现疾病。达到“三早”预防工作的途径是宣传，以及提高医务人员的诊断水平和建立社会性高灵敏、可靠的疾病监测系统。对于某些有可能逆转、停止或延缓发展的疾病，早期检测和预防性体格检查更为重要。对于传染病，除了做好“三早”预防工作，尚需做到疫情早报告、患者早隔离等工作；针对与新冠肺炎患者接触者或来自新冠肺炎高发地区的居民，实行医学检疫或隔离观察，通过病毒核酸检测可尽早发现感染者，及时报告疫情并隔离与治疗患者，可控制疾病的大流行。

3. 第三级预防　第三级预防（tertiary prevention）即临床预防。对于已经患病的人群，采取及时有效的治疗措施，可防止病情恶化、预防并发症的发生和伤残；对于已经丧失劳动能力的人群或残疾人，主要是促使功能恢复、心理康复，进行家庭护理指导，使患者尽早恢复正常的劳动能力，并能参加社会活动及延长寿命。针对新冠肺炎疫情，医院需建立一个独立出入的发热门诊，接诊发热患者，排除新冠肺炎患者，积极隔离与治疗患者，待患者体温恢复正常至少 3 天以上，呼吸道症状明显好转，肺部 CT 渗出性明显的改善和吸收，连续 2 次呼吸道标本核酸检测为阴性（采样时间至少间隔 1 天）方能出院。出院后建议继续隔离观察 14 天，此间要加强防护、戴口罩，逐渐增强自身的抵抗力，保持良好的生活习惯等，建议出院后第 2 周、第 4 周到医院随访、复诊。

对于不同类型的疾病，有不同的三级预防策略。无论多数疾病的病因是否完全明确，都应强调第一级预防，如大骨节病、克山病等，病因虽尚未完全确定，但综合性的第一级预防还是有效的。又如，多数肿瘤更需要第一级和第二级预防相结合。目前，某些疾病的病因明确或与人类的生产、生活密切相关，如传染病、生物地球化学性疾病、职业因素所致疾病、医源性疾病采取第一级预防，较易见效。有些疾病的病因是多因素造成的，要按其特点通过筛检、尽早诊断与治疗会使预后较好，如心脑血管疾病、代谢性疾病等，除注重病因预防外，还应兼顾第二级预防和第三级预防。对于那些病因不明、又难以觉察预料的疾病，只有依靠施行第三级预防来解决。医务人员是贯彻三级预防的主体。随着我国社区卫生服务中心的发展与完善，全科医生在实施三级预防中可以发挥更大的作用。

传统的预防医学概念包含三种不同水平的疾病预防范畴，即以人群为对象，以消除影响健康的危险因素为主要内容，以促进健康、保护健康、恢复健康为目的而制订的公共卫生策略与措施。三级预防的特点与主要内容如下所示（表 1–2）。

表 1–2　三级预防的特点与主要内容

预防层次	特点	主要内容	举例	目的
第一级预防（病因预防）	促进健康；涉及人群范围广、工作量大、投资少、健康效益高	非特异性措施	健康中国规划纲要、卫生立法、保护环境、健康促进、卫生保健、合理营养和改变不良行为生活方式等	保护、促进和维护健康，预防疾病，防止疾病发生，降低发病率
		特异性措施	计划免疫、消除病因、职业预防、筛检高危个体、保护高危人群、婚前检查、妊娠期和婴幼儿的保健	
第二级预防（临床前预防）	保护健康；控制疾病发展和防止病情恶化，防止疾病的复发	早期发现早期报告	定期筛查、自我检查、发现传染病疫情尽早报告	将疾病阻断在发病早期，防止疾病发展和恶化，提高治愈率，降低死亡率
		早期诊断早期隔离	对高危人群施行筛查，对传染患者施行隔离	
		早期治疗	早期合理用药，促进疾病康复，防止恶化、转移，防止并发症	
第三级预防（临床预防）	恢复健康；促使患者功能恢复，能参加社会活动	防止病残	通过合理治疗，防止病情恶化，防止并发症、后遗症	防止病残，促进康复，降低病死率，提高生存率
		康复医疗	开展功能性康复及心理康复，使患者做到心理、生理和社会功能的恢复，提供适宜的康复机构和就业机会，社区康复、延长寿命、临终关怀	

二、五层次预防

五层次预防是指根据健康生态学模型，围绕社会组成系统的个人、家庭、社区、国家和国际五个层次展开预防工作，并将五层次的预防工作有机地结合起来，使预防工作进一步扩大和深入。五层次预防的主要内容如下所示（表 1–3）。

表 1–3　五层次预防的主要内容

预防层次	主要内容	举　例
个人	定期体格检查和筛检	对高危人群和特殊人群进行定期体检
	计划免疫和药物预防	按程序进行预防接种，服用阿司匹林预防血栓
	健康行为和生活方式	有规律的适度运动、平衡膳食，以及忌食高脂、高盐的食物
家庭	居室环境	居室装修要环保，保持居室良好的通风换气
	饮食习惯	满足合理营养的基本要求，少吃油炸、高辣、高盐的食物
	文化娱乐活动	劳逸结合，忌过度进行脑力、体力活动，适度开展家庭体育和其他健康的娱乐活动
社区	生活、生产环境	环境治理及监督，加强职业卫生
	风俗习惯	尊重和弘扬有利于健康的习俗，改掉不利于健康的陈规陋习
	行为生活方式	健康教育，扫除黄、赌、毒等社会丑恶现象
国家	卫生立法	对卫生违法行为依法追究其卫生行政责任、卫生民事责任和卫生刑事责任
	卫生监督	预防性卫生监督，经常性卫生监督，国境卫生检疫
国际	初级卫生保健	普及健康教育；改善食品和营养供给，提供安全饮用水；创造良好的生活环境；开展妇幼保健和计划生育；传染病的预防接种；预防与控制地方病；常见病伤的有效处理；提供基本药物

三、中医预防思想

中医预防医学思想的核心是“未病先防，欲病救萌，既病防变，瘥后防复”，思想的特征是“天人合一”，人与自然和谐相处，强调的是整体观，保持阴阳平衡。这些内容是实现预防与治疗相统一的科学和艺术的典范。

1. 未病先防　未病不仅是指机体处于尚未发生疾病时的状态，而且包括疾病在动态变化中可能出现的趋向和未来时段可能表现出的状态；未病先防是指通过各种“内养外防”的综合调摄措施，调摄补养体内的精气神，慎避外来虚邪贼风的侵害，从而保持“正气内存”“精神内守”。因此，“防外”的关键是“固内”。

2. 欲病救萌　欲病救萌是指在疾病尚未发生，但已出现某些先兆或疾病已处于萌芽状态时进行调养，及时把疾病消灭或控制在萌芽状态，调节体质趋于平和。《黄帝内经》曰：“上工……救其萌芽。”

3. 既病防变　既病防变是指在疾病发生的初期或缓解期，采取积极有效的治疗措施逆转疾病，防微杜渐，将疾病控制在局部，不使其传变至新的脏腑和更深的层次。如在疾病的早期、病位较浅时，正气未衰，容易根治。若不及时诊治，病邪就有可能深入脏腑，使病情复杂，治疗也就非常困难。《金匮要略》曰：“见肝之病，知肝传脾，当先实脾。”中医治疗重在防变，治“标”虽然能缓解临床症状，但治“本”才是要务。

4. 瘥后防复 瘥后防复是指疾病初愈时，采取适当的调养方法及善后治疗，防止疾病再度发生所采取的防治措施。“病来如山倒，病去如抽丝”。在疾病恢复期时，临床症状虽消失，但此时人体正气尚未复原，还需要长时间的调养以固本培元；若因调养不当，一旦受到致病因素的影响，将使潜伏于体内的旧疾复发。

四、疾病预防中的高危策略和全人群策略

1. 预防的高危策略 预防的高危策略（high-risk strategy of prevention）是指针对疾病高风险的个体采取预防干预措施来降低其将来发病的风险。采取高危人群策略，其优点是重点关注病因链的近端，干预针对性强并且效果明显。

2. 预防的全人群策略 预防的全人群策略（population strategy of prevention）是指针对影响整个群体（全人群）的健康决定因素，尤其是病因链上那些远端的因素进行干预来降低整个人群发生疾病的风险。全人群策略干预的是病因链的远端因素（即原因背后的原因）来促进健康和预防疾病，使全人群受益。

全人群策略与高危策略是针对病因链上的不同环节所采取的预防措施；全人群策略是根本性策略，具有持久且良好的成本效益；高危策略是针对个体的疾病危险因素进行干预，目标明确，短期就可取得明显的效益。

五、中国卫生与健康工作方针

1. 中华人民共和国成立初期，我国的卫生工作方针是“面向工农兵，预防为主，团结中西医，卫生工作与群众运动相结合”。

2. 20 世纪 90 年代初我国的卫生工作方针调整为“贯彻预防为主，中西医并重，依靠科技与教育，动员全社会参与，为人民健康服务”。1997 年《中共中央、国务院关于卫生改革与发展的决定》提出新时期中国卫生工作方针是“以农村为重点，预防为主，中西医并重，依靠科技与教育，动员全社会参与，为人民健康服务，为社会主义现代化建设服务”。

3. 2016 年发布的《“健康中国 2030”规划纲要》指出：要坚持“以基层为重点，以改革创新为动力，预防为主，中西医并重，将健康融入所有政策，人民共建共享”的卫生与健康工作方针，首次将卫生与健康治理放在同等的地位，形成了卫生服务的新格局。目前，我国已经建立了专业的公共卫生机构、综合与专科医院、基层医疗卫生机构“三位一体”的重大疾病防控机制。发展互联网医院，建立信息共享、医疗资源互联互通，推进慢性病防、治、管整体融合发展，实现医防结合，使老百姓在家门口就能享受到较高水平的医疗卫生服务。

（李璐）

思考题

1. 简述预防医学的定义、内容与特点。
2. 简述预防医学与公共卫生的区别与联系。
3. 什么是健康？如何有效地维护个人及人群的健康？
4. 结合新冠肺炎暴发流行的情况，思考三级预防在防控突发传染病传播中的作用。

第二篇　流行病学原理与方法

第二章　流行病学概论

流行病学是预防医学领域的主干学科，是人类在不断与疾病抗争过程中发展起来的一门重要的医学基础学科，是人类探索疾病病因、开展疾病预防控制、不断改善人群健康、制定公共卫生政策、支持卫生体系发展和评估的重要方法学。

第一节　流行病学的定义

一、定义的演变

流行病学（epidemiology）一词来源于希腊词 epi（在……之中、之上）和 demo（人群），直译为“研究在人群中发生（事情）的学问（学科，ology）”，是指人群中的疾病或健康问题。人们在不同历史阶段所面临的疾病或健康问题不同，不同时期影响疾病和健康的因素也不同，因此，流行病学的概念具有明显的时代特征，是随着社会的发展而不断变化的。

在传染病流行肆虐时期，将流行病学定义为“流行病学是关于传染病流行的科学，它研究传染病流行发生的原因、规律和扑灭的条件，并研究与流行作斗争的措施”。

随着传染病发病率和死亡率的大幅下降，慢性非传染性疾病的发病率和死亡率的上升，流行病学的定义也随之发展，从研究传染病扩大为慢性非传染性疾病。这一时期的定义主要有“流行病学是医学中的一门学科，它研究疾病的分布、生态学及防治对策”（苏德隆，1964 年），“流行病学是研究人类疾病的分布及疾病频率决定因素的科学”（MacMahon，1970 年），“流行病学是研究人群中疾病之表现形式（表型）及影响这些表型的因素”（Lilienfeld，1980 年）。这些定义都显示流行病学是研究所有疾病，并强调流行病学方法学的性质，是医学防治疾病的应用学科。

20 世纪 80 年代，随着医学模式的转变，人们不仅关注疾病，也开始关注如何促进健康的问题，因此，流行病学的定义又有了新的变化。《流行病学词典》（Last, 1983 年）将流行病学定义为"流行病学是研究人群中与健康有关状态和事件的分布及决定因素，以及应用这些研究以维持和促进健康的学问"。

近年来，关于流行病定义应用比较广泛的是"流行病学是研究人群中疾病与健康状况的分布及其影响因素，并研究防制疾病及促进健康的策略和措施的科学"。

二、定义的内涵

上述定义的基本内涵主要有四点：①流行病学研究的对象是人群，是研究所关注的具有某种特征的人群，而不是某一个个体，这是流行病学区别于临床各学科的主要特征之一，也是流行病学被称为群体医学的主要原因。②流行病学关注的事件不仅包括疾病，还包括与人类疾病和健康相关的一切事件，如伤害、健康状态及其他相关的卫生事件等。③流行病学研究的起点是疾病和健康状态的分布，研究的重点是疾病和健康状态的影响因素。④流行病学研究的最终目的是为预防、控制和消灭疾病及促进健康提供科学的决策依据。

第二节　流行病学的发展简史

一、形成前期

流行病学的萌芽可以追溯到上古时期，如我国春秋战国时期的《黄帝内经》记载："余闻五疫之至，皆相染易，无问大小，病状相似。"这是关于传染病流行的早期记载。"天有四时五行，以生长收藏，以生寒暑燥湿风"，这与现代流行病学中疾病受自然因素的影响和季节性分布是一致的。希腊医生希波克拉底在其著名的著作《空气、水及地点》中指出环境因素与疾病的消长有关，流行（epidemic）一词也是这时期在他的著作中出现的。而几乎在同一时期，我国也在采取一些疾病的干预措施，如我国隋朝开设的"疠人坊"用以隔离麻风患者、宋朝创立人痘预防天花等。此时至 18 世纪被认为是流行病学学科的形成前期，虽尚未形成，但与其相关的一些概念、观察的对象及采取的措施已构成流行病学学科的"雏形"。

二、学科形成

18 世纪中期到 20 世纪 40 年代，西方的工业革命使劳动力集中于城市，给传染病大面积流行创造了条件，传染病的肆虐使人类的健康和生命受到极大威胁，这就使流行病学学科的诞生成为必然。这一时期有许多研究传染病的人群现象和干预试验的尝试，成为流行病学研究和应用的典范。如 1747 年英国海军外科医生 James Lind 在远洋海船上发现了橘子和柠檬等新鲜水果（后被证明是维生素 C）可以治疗维生素 C 缺乏病，开创了流行病学临床试验的先河。1796 年英国医生 Jenner 发明了接种牛痘可以预防天花，有效控制了天花这一烈性传染病，开创了传染病的预防和主动免疫的先河。1850年在伦敦成立流行病学学会，标志着流行病学学科的形成。1854年英国著名内科医生John Snow创造性地使用了病例分布的标点地图法，对伦敦宽街霍乱流行及不同供水区居民霍乱死亡率进行描述和分析，首次提出了“霍乱介水传播”的观点，并通过干预成功地控制了霍乱的进一步流行，成为流行病学现场调查、分析与控制的经典实例。

三、学科发展

流行病学学科的发展为20世纪40年代至今，又称现代流行病学（modern epidemiology）时期，其主要特点是研究内容由传染病扩展到一切疾病、伤害和健康状态，研究方法由简单的描述和分析扩展为一整套科学规范的研究方法。

20世纪40到50年代，此时研究者创造了慢性非传染性疾病病因学研究的方法，具有里程碑式意义的代表性经典实例当属1950年英国医师Richard Doll和Austin B. Hil的吸烟与肺癌关系的研究，此项研究不仅证实了吸烟是肺癌的主要危险因素，也证明了病例对照研究方法的巨大功效，与此同时，通过队列研究方法开创了慢性病病因学研究的新局面。其次，始于1948年的美国弗明汉（Framingham）心血管病研究，给预防医学带来一场新的革命，改变了医学界和公众对疾病病因的认识。该研究经过对三代人群（1948～、1971～和2002～）的长期随访观察，研究心血管病的发生发展及其影响因素，确定了心脏病、脑卒中和其他相关疾病的重要危险因素，使人们对流行病学作用的理解进一步深化。此时，流行病学的理论和方法也得到了发展，相对危险度、比值比、分层分析法等研究方法都是在这一时期被提出的。

20世纪60～80年代，是流行病学病因研究和分析方法长足发展的时期，包括多变量分析方法（Logistic回归模型的建立）、分析性研究中的35种偏倚，提出将偏倚分为比较、选择和信息偏倚三大类。另外，一批具有代表性的流行病学教材和专著也涌现出来，如1970年Mac Mahon撰写的《流行病学原理和方法》、1976年Lilienfeld撰写的《流行病学基础》、1986年Rothman撰写的《现代流行病学》和1983年Last撰写的《流行病学辞典》等，这标志着流行病学完成了从研究疾病分布到寻求病因的过渡阶段。

20世纪90年代至今，流行病学与其他学科交叉融合、不断扩大应用领域。此时期形成了分子流行病学、药物流行病学、生态流行病学、系统流行病学等诸多交叉学科。随着大数据时代的到来和组学技术的快速发展，系统流行病学已成为引领病因学研究的新方向。

四、学科成就

1. 创建了疾病防控和应急体系　流行病学作为重要的方法学学科，在传染病防控、突发公共卫生事件处理、社区慢性病干预、学校卫生、妇幼保健、人群干预效果评价等疾病防控健康保护和社区干预工作中发挥了重大作用。我国的疾病防控体系始于1953年的卫生防疫体系。2002年，以中国疾病预防控制中心成立为标志的四级疾控体系形成。2003年，突发传染性非典型肺炎事件有力促进和加快了我国疾控体系的建设与发展，政府高度重视，加大财政投入，出台相关支持性政策，使我国的应急体系建设和传染病网络直报系统成为全世界公认的高水平体系，为人群健康提供了重要保障。至此，我国已形成较为完整的疾病防控和应急体系。

2. 创建了我国流行病学学科和人才培养基地 流行病学教育培训、人才培养是学科发展不可分割的一部分。1978 年，中国协和医科大学、四川医学院、山东医学院流行病学教研室率先被批准为流行病学硕士授予点。1981 年，中国协和医科大学、上海医科大学、军事医学科学院相继被批准为流行病学博士授予点。目前，全国各院校已设有 56 个硕士学位授予点，29 个博士学位授予点。此外，成立于 2001 年的中国现场流行病学培训项目（Chinese fields epidemiological training program，CFETP）为锻炼和培养高级现场流行病学专业人才，促进我国疾病预防控制体系建设和发展，提高应急反应能力，进行了崭新的尝试。通过系统的学科和人才培养基地建立，全国形成了本科、硕士、博士、博士后等多层次的学历教育、岗位教育和继续教育的完整流行病学人才教育培养系统。流行病学队伍不断扩大，不仅是人员队伍在数量上的增多，更重要的是技术水平上的不断提高，为流行病学领域提供了人才队伍保障。

3. 在疾病防控中发挥了重要作用

（1）*流行病学在传染病流行中的有效应用* 中华人民共和国成立以来，国家对传染病的防治实行“预防为主”的方针，流行病学的理论和应用学科的性质为传染病的防控作出了卓越贡献。1958 年连志浩教授运用“三间分布”的原理成功发现锡伯族人群晒干的发酵馒头“米送乎乎”中存在的肉毒杆菌是“察布查尔病”的元凶。1972 年苏德隆教授通过流行病学现场调查结合 Koch 病因推断的准则，证实了桑毛虫的毒毛是上海市数十万人急性皮炎流行的病源。鼠疫、霍乱、血吸虫病和黑热病的成功控制，以及上海市甲型肝炎流行的控制都是将流行病学理论应用于防控实践的典范。除了传染病防控实践取得的成就外，流行病学在传染病流行中的应用具体还体现在防制策略不断完善、防制体系进一步健全、防制工作扎实推进、科研和国际合作等方面取得的积极进展。

（2）*流行病学在慢性病流行中的积极应用* 流行病学在慢性病防控方面取得的成效主要有以下几方面：①病因预防、三早预防和临床预防的三级预防的指导思想已成体系。②死因监测和慢性病及其危险因素监测已经成为常规工作。③慢性病社区示范点工作已从以卫生系统为主导的工作转为以政府为主导的慢性病示范区工作。④大规模人群队列研究的开展，为我国慢性病监测、危险因素探索、防制实践和效果评价及防制策略和措施的制定作出了巨大贡献，并在国际上建立了中国证据。

4. 疾病预防监控和卫生防疫工作成效显著 中华人民共和国成立之后，国家制定了以预防为主的卫生工作方针，先后建立了各级卫生防疫、防病、寄生虫病防制、地方病防制等机构，整顿发展了生物制品研究机构；颁布了《中华人民共和国传染病防治法》，实施了免疫规划政策；大力开展了传染病重大专项等。防疫战线在防制传染病中取得卓越的成绩。经过几十年的艰苦努力，我国消灭了天花和脊髓灰质炎病毒；基本消灭了丝虫病和麻风病；有效控制了霍乱、鼠疫、回归热、黑热病和斑疹伤寒等严重危害人民健康的传染病。针对多种慢性疾病及其相关危险因素，如肿瘤、糖尿病、高血压、超重肥胖、神经精神疾病，以及吸烟、饮酒、膳食营养等，开展了大规模、综合性的队列跟踪调查、全国专病调查和普查、慢性病防治研究等，取得了可观的基线及随访数据资料，较好地掌握了慢性病的分布规律和影响因素，提升了我国慢性病的诊断和防治水平，得到了国际广泛好评。

第三节　流行病学的研究方法

流行病学研究方法可以根据是否有人为的干预措施，分为观察性研究或观察流行病学（observational epidemiology）和实验性研究或实验流行病学（experimental epidemiology）（图 2–1）。

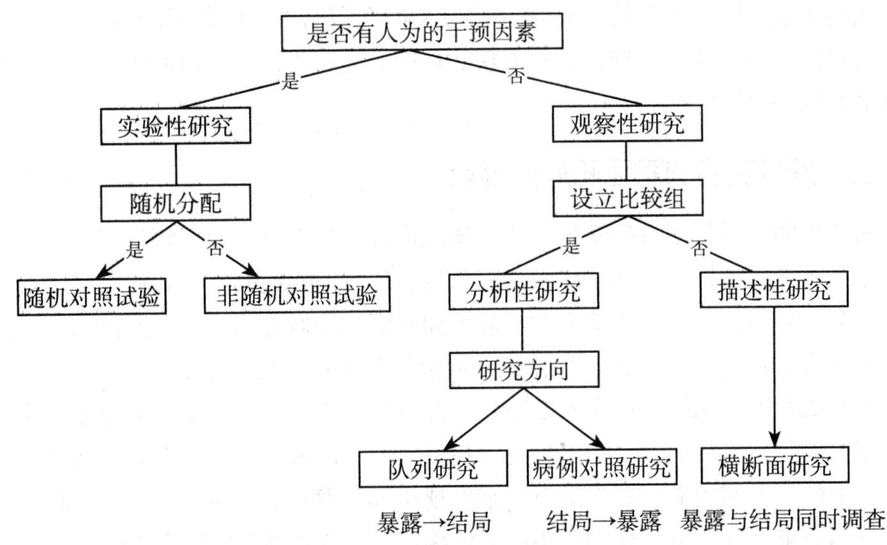

图 2–1　流行病学研究方法分类

观察性研究就是观察人群在自然状态下疾病、健康状况及有关因素的分布情况。根据研究开始时是否设置比较组，可将观察性研究进一步分为描述性研究和分析性研究。描述性研究主要包括现况调查和生态学研究，主要用于揭示疾病或健康状况在不同人群、不同时间和不同地区的分布规律，以提供病因线索，产生病因假设。分析性研究主要包括队列研究和病例对照研究等，目的是在描述分布的基础上，通过对比分析，找出影响分布的决定因素或病因，即检验病因假设。

实验性研究与观察性研究的根本区别在于是否有人为的干预因素。在实验流行病学研究中，研究者可以人为控制实验条件，然后对干预的效果进行评价。根据实验性研究的目的和内容，一般分为临床试验、现场试验和社区干预试验；根据是否随机分配研究对象，又可分为随机对照试验（randomized controlled trial，RCT）和非随机对照试验（non–randomized controlled trial）。

第四节　流行病学的应用

流行病学是一门应用性很强的医学科研方法学，其研究范围包括人类疾病或健康有关的一切问题。随着流行病学研究方法的快速发展，其应用范围也在不断扩展，已深入医药卫生领域的各个方面。

一、描述人群中疾病或健康状况的分布及其特点

疾病（或健康状况）的分布是指疾病（或健康状况）在不同地区、不同时间及不同人群（年龄、性别、种族、职业等）中的发病、死亡及患病水平等的频率和动态变化。通过疾病（或健康状况）的三间分布研究，可以了解疾病（或健康状况）在人群中的发生发展规律，发现高危人群，为探索疾病病因、流行规律，采取有效的预防控制和健康促进措施提供重要依据。

二、探讨疾病的病因和危险因素

研究疾病病因是流行病学最主要的研究内容。只有透彻地了解疾病发生、发展或流行的原因才能更有针对性地开展疾病的防控工作。但疾病的发生和流行往往是十分复杂的，许多疾病特别是慢性非传染性疾病（如肿瘤、心血管疾病、代谢性疾病）的病因到目前为止我们尚不完全清楚。即使是一些病原体明确的传染病，如新型冠状病毒肺炎，其发生和流行的影响因素也在不断变化，其自身病原体的不断变异都会造成我们难以阐明病因。但是，流行病学工作不拘泥于找到病因，许多情况是在没有真正阐明病因的情况下，仍然可以利用流行病学的方法来发现病因线索或危险因素，据此防制疾病仍可达到很好的效果。这是流行病学应用的一大特点，具有重要的实际意义。

如霍乱弧菌是霍乱的直接病因是在1883年Robert Koch发现了霍乱弧菌之后阐明的，但在1854年伦敦霍乱流行时，英国著名内科医生约翰·斯诺（John Snow）在病因不明的情况下，创造性地使用了病例分布的标点地图法，描述和分析出伦敦宽街霍乱流行及不同供水区居民霍乱死亡率的分布差异，首次提出“霍乱介水传播”的观点，从而采取注重饮水和食品卫生的措施，有效地控制了霍乱。

三、评价疾病诊断、治疗与防制措施的效果

对筛检试验、诊断试验或其他诊断方法进行灵敏度、特异度等真实性、可靠性和收益的评价，将有助于正确地选用各种筛检试验或诊断试验，科学地解释试验的结果。

评价预防和控制疾病的任何药物、疗法或措施的效果都应当在人群的基础上进行检验和评价。如考察一种新药的疗效和不良反应，需在大规模的人群中研究和观察。如观察儿童接种某种疫苗后是否疾病的发生下降了，需要实验流行病学的方法比较受试组和对照组儿童的发病情况。只有人群中的结果才能最终说明人群中的问题，没有经过流行病学评价的方法是不能轻易地应用于人群防治的。

四、研究疾病的自然史

疾病自然史是指疾病从发生、发展，直至结局的整个过程，可分为个体的疾病自然史和群体的疾病自然史。个体的疾病自然史主要是指疾病在个体中有易感期、临床前期、临床期和结局四个阶段，而每个个体其疾病的发生发展可能都是不同的。要想全面了解疾病的自然史就必须应用流行病学方法了解人群中的疾病自然史，即群体的疾病自然史。群体的疾病自然史是指疾病在自然人群中的发生发展和消长规律的整个过程，这是流行病学意义上的疾病自然史。如对慢性肝炎患者进行定期随访，观察并研究其转归情况，有助于采取有效措施以促进其恢复健康，防止肝硬化和原发性肝癌等不可逆病变的发生。又如在一般人群中进行葡萄糖耐量试验，一段时间后重复检验，根据其转归情况可判断糖尿病的亚临床状况，有利于糖尿病的早期发现和早期预防。另一个典型的例子是流行病学研究者通过对乙型肝炎自然史的观察研究，证实了乙型肝炎可以通过孕妇垂直传播给新生儿，而这一传播方式是导致我国人群乙型肝炎感染率居高不下的主要原因。因此，国家卫生决策部门决定将乙型肝炎疫苗列入我国计划免疫方案中，以期达到人群中早期预防乙型肝炎传播的目的。

五、疾病的预防控制和健康促进

流行病学的根本任务就是预防、控制疾病及促进健康。可以根据疾病自然史的不同阶段，采取不同的措施可以预防疾病的发生、控制疾病的发展或减缓进展，从而减少并发症、后遗症，降低病死率。除了预防疾病发生外，流行病学在制订促进人群健康的策略和措施，开展社区卫生服务和社区干预方面同样发挥了重要的作用。有关健康的研究必将成为今后的研究热点。

六、卫生决策和评价

流行病学可用于研究和促进卫生服务的实施和利用，用于卫生决策和评价。在一个地区或特定人群范围内，如何减少疾病、保障人们健康安全，如何规划卫生、保健服务项目，如何确定优先项目，如何使有限的卫生资源发挥最好的效益等，是卫生管理部门经常遇到的问题。卫生行政及相关业务人员只有掌握流行病学的知识，形成流行病学的观点，才能从群体和社区的角度来考虑和处理所负责范围的疾病和健康问题。防制工作规划的制定及防制措施的评价，确定防制的重点疾病和重点人群都需要通过流行病学调查了解各种疾病的发病率、现患率及发病趋势和主要危险因素的背景资料，才能做到有的放矢、事半功倍。卫生行政管理部门经常需要对医疗、卫生及保健服务方面的建设、资源分配及项目选择等做出决策，从而制定相应的政策。而正确的决策需要建立在充分的流行病学调查研究的基础之上，要了解该地区疾病与健康状况的分布、重点疾病和影响健康的因素、现有卫生资源与医疗卫生保健服务实际需要的适应情况等。此外，卫生决策是否正确、各种卫生服务的效益如何也需要应用流行病学的方法进行评价。

（于澄　姜爽）

思考题

1. 简述流行病学定义及其内涵是什么。
2. 简述流行病学研究方法的分类依据。
3. 简述流行病学在医学研究中的地位和作用。

第三章　疾病的分布与测量

疾病与健康状况的分布是指疾病或健康状况在不同时间、不同地区、不同人群中的频率及其发生、发展规律。了解疾病与健康状况的分布特点是流行病学认识疾病与健康状况的基础和起点，是描述性流行病学研究的主要内容，也是进行分析性流行病学研究的基础。

正确描述疾病和健康状况的分布，有助于认识疾病的群体现象、分布规律及其影响因素，为进一步探索病因，制订防制疾病及促进健康的策略和措施提供科学依据。

第一节　常用的测量指标

一、常用测量指标的类型

1. 率　率（rate）是表示在一定的条件下，某事件实际发生的例数与可能发生该事件的总例数之比，反映单位时间内某事件发生的频率或强度。一般用百分率、千分率、万分率或10万分率表示。

$$率=\frac{某事件实际发生的例数}{可能发生该事件的总例数}\times k \qquad （式3-1）$$

式中：k=100%、1000‰……

2. 比或相对比　比或相对比（ratio），以A/B表示，反映两个相互独立的事件之间的相对水平，说明A事件是B事件的倍数或百分之几。两个事件的单位可以相同，如某两地传染病例数之比；也可以单位不同，如某医院医护人员数与病床数之比。

3. 构成比　构成比（proportion）表示事物内部各个组成部分所占总体的比重，假定某事物由 a、b、c……等 n 个部分组成，其中 c 占总体 n 的比重可以表示为 c/n，常以百分数表示。

构成比是反映事物中各组成部分的比重或分布，并不能反映事物某一部分发生的频率或强度。因此，在实际应用中应防止以比代替率，否则将会得出错误的结论。

二、发病频率的指标

1. 发病率　发病率（incidence rate）是指一定时期内、一定范围人群中某病新病例出现的频率。计算公式为：

$$发病率=\frac{一定时期内某人群中发生某病的新病例数}{同期暴露人口数}\times k \quad （式 3-2）$$

式中：k=100%、1000‰、10 000/ 万或 100 000/10 万……

计算发病率时可以根据研究需要确定一定的观察时间，可确定较短的时间，如几个月，也可观察较长的时间，如 3 年、5 年，但一般多以 1 年为观察时间。

发病率的分子为新发病例数，是指观察期间内新发生某病的患者总数。若一个人在观察期间内多次发生同种疾病时，如感冒、腹泻等疾病一个人在一年内可多次罹患，则应分别计算为几个新病例。新病例的确定可依据发病的时间，但对发病时间难以确定的一些疾病，如恶性肿瘤、高血压、糖尿病和精神疾病等，可将初次诊断时间作为发病时间。发病率的分母是指在观察期间内，某地区人群中所有可能患该病的人。而对于那些在观察期间内不可能患该病的人，如因预防接种已获得特异性免疫的人群则不应计入分母中。但是，由于在实际工作中准确的暴露人口数很难准确获得，因此一般用年平均人口数（以某年 7 月 1 日零时人口数，或年初、年末人口数之和除以 2 作为年平均人口数）作为分母。

某病的发病率还可以按不同人口学特征（如年龄、性别、职业、民族、地区等）分别计算，此为发病专率。在比较不同地区人群的发病率时，考虑到年龄、性别等构成的不同对发病率的影响，应对发病率进行标准化处理。发病率可用于描述疾病的分布，反映疾病对人群健康的影响，探讨发病因素，提出病因假说和评价防制措施的效果等。其准确性受报告制度是否健全及诊断水平高低等很多因素的影响。

2. 罹患率 罹患率（attack rate）是测量新发病例频率的指标。罹患率与发病率的分子均为新发病例数。不同之处是罹患率通常指在某一局限范围、短时间内的发病频率，可以日、周、月或一个流行期为时间单位。优点是使用灵活，能根据暴露程度较精确地测量发病率，在食物中毒、职业中毒或传染病的暴发流行中经常使用。其计算公式为：

$$罹患率=\frac{观察期间某病新病例数}{同期暴露人口数}\times k \quad （式 3-3）$$

式中：k=100% 或 1000‰……

3. 续发率 续发率（secondary attack rate，SAR）也称二代发病率，是指在传染病最短潜伏期至最长潜伏期之间，易感接触者中二代病例数占所有易感接触者总数的百分比：

$$续发率=\frac{易感接触者中的二代病例数}{易感接触者总数}\times k \quad （式 3-4）$$

易感接触者中出现的第一例病例称为“原发病例”，不计算在续发率内。自原发病例出现后，在该病最短潜伏期至最长潜伏期之间发生的病例称为续发病例，又称二代病例。在计算续发率时应注意短于最短潜伏期或长于最长潜伏期者不应计为续发病例，对那些在同一家庭中来自家庭外的感染者也不应计为续发病例。计算续发率时要掌握的资料：①原发病例的发病时间。②接触者中易感者人数。③观察期间内发生的二代病例数。

续发率常用于家庭内、集体单位、病房、幼儿园等发生传染病时的流行病学调查，可用于比较不同传染病传染力的强弱、分析流行因素及评价卫生防制措施的效果等。

三、患病频率的指标

1. 患病率

（1）定义　患病率（prevalence rate）也称现患率，是指在特定时间内，一定人群中某病新旧病例所占的比例。患病率按观察时间的不同分为时点患病率和期间患病率。时点患病率的观察时间一般不超过 1 个月，而期间患病率指的是特定一段时间，通常超过 1 个月，但为避免季节、温度等因素对患病率的影响，调查时间应尽可能短。

$$\text{时点患病率}=\frac{\text{某一时点某人群中某病的新旧病例数}}{\text{该时点人口数}}\times k \qquad \text{（式 3-5）}$$

$$\text{期间患病率}=\frac{\text{某观察期间某人群中某病的新旧病例数}}{\text{同期平均人口数}}\times k \qquad \text{（式 3-6）}$$

式中：k=100%、1000‰、10 000/ 万或 100 000/10 万……

（2）影响患病率的原因　患病率的变化受人群发病情况及疾病结局的变化的影响，凡是影响人群中新发病例和现患病例数量增减的因素均可影响患病率。影响患病率升高的主要因素有：①新病例增加（发病率增高）。②病程延长。③未治愈者的寿命延长。④病例迁入。⑤健康者迁出。⑥易感者迁入。⑦诊断水平提高。⑧报告率提高。

影响患病率降低的主要因素有：①新病例减少（发病率下降）。②病程缩短。③病死率增高。④治愈率提高。⑤病例迁出。⑥健康者迁入。

（3）患病率与发病率、病程的关系　当某地某病的发病率和病程在相当长的期间内保持稳定时，患病率取决于两个因素，即发病率和病程。患病率、发病率和病程三者之间存在以下关系：

$$\text{患病率}=\text{发病率}\times\text{病程} \qquad \text{（式 3-7）}$$

上式也可用于推算某些疾病的病程。如有研究者调查美国明尼苏达州癫痫的患病率是 376/10 万，发病率为 30.8/10 万，可估算病程为 12.2 年。

（4）应用　患病率通常用来反映疾病的现患情况和病程较长的慢性病的流行情况，也可反映某地区人群某病的疾病负担程度。可依据患病率来合理地规划卫生设施，估计医院床位周转、卫生资源和人力、物力的需要量、医疗费用的投入，为研究疾病流行因素及监测慢性病的控制效果等提供科学依据。

（5）患病率与发病率的比较　患病率与发病率的比较如下所示（表 3–1）。

表 3–1　患病率与发病率的比较

比较内容	患病率	发病率
资料来源	现况调查	疾病报告、疾病监测、队列研究
计算分子	观察期间病例数（新、旧病例）	观察期间新发病例数
计算分母	调查人数或平均人口数	平均人口数或暴露人口数
观察时间	较短，一般为 1 个月或几个月	一般为 1 年或更长时间
适用疾病种类	慢性病或病程较长疾病	各种疾病
特点	静态描述	动态描述
用途	疾病现患状况或慢性病流行情况	疾病流行强度
影响因素	较多，影响发病率变动的因素，病后死亡或痊愈及康复情况及患者病程等	相对少，疾病流行情况、诊断水平、疾病报告质量等

2. 感染率　感染率（infection rate）是指在被检人群中某病现有的感染人数所占的比例，通常用百分率表示。感染率的性质与患病率相似。

$$感染率=\frac{受检者中感染人数}{受检人数}\times 100\% \qquad （式 3–8）$$

感染率这一指标在流行病学工作中应用较广泛，尤其是对那些隐性感染、病原携带，以及轻型和不典型病例的调查较为常用。人感染某些传染病，可能不出现任何临床症状，但可通过病原学、血清学或分子生物学等方法获知是否处于感染状态。感染率常用于研究某些传染病或寄生虫病的感染情况，也可为制订防制措施提供依据，是评价人群健康状况的常用指标。

四、死亡频率的指标

1. 死亡率

（1）定义　死亡率（mortality rate）是指在一定期间内，某人群中死于某病（或死于所有原因）的人数在该人群中所占的比例，是测量人群死亡危险最常用的指标。公式如下：

$$死亡率=\frac{某期间内（因某病）死亡总数}{同期平均人口数}\times k \qquad （式 3–9）$$

式中：k=1000‰、10 000/ 万或 100 000/10 万……

死亡率的分子为死亡人数，分母为发生死亡事件的总人口数，通常为该人群年平均人口数。观察时间常以年为单位。

死于所有原因的死亡率是一种未经过调整的死亡率，所以，上式计算得出的通常为粗死亡率（crude death rate）。粗死亡率反映一个人群总的死亡水平，是衡量人群因病伤死亡危险（机会）大小的指标。由于不同地区存在人口构成的差异（如性别、年龄构成的不同），进行不同地区死亡率比较时，为消除人口构成不同对死亡率所造成的影响，须用标化死亡率进行比较。

（2）应用 死亡率可用作衡量某一地区、某一时期人群死亡危险性大小，也可反映一个地区不同时期人群的健康状况和卫生保健水平，可为确定该地区卫生保健工作的需求和制订规划提供科学依据。

某些病死率高的疾病如胰腺癌等，其死亡率基本上可以代表该病的发病水平，死亡率准确性高于发病率，因此，可用作病因探讨与分析的指标。

按疾病的种类、年龄、性别等分别计算的死亡率称为死亡专率。计算死亡专率时分子、分母必须是同质范围的。死亡专率可用于提供某病死亡在时间、地区、人群上的变化的信息，可用于探讨病因和评价防制措施的效果。

2. 病死率 病死率（fatality rate）表示一定时期内，患某病的全部患者中因该病死亡者所占的比例。其公式为：

$$\text{病死率}=\frac{\text{一定期间内因某病死亡人数}}{\text{同期患某病的人数}}\times 100\% \qquad \text{（式 3-10）}$$

病死率表示某个疾病确诊患者的死亡概率，它可反映疾病的严重程度，也可用于反映诊治能力和医疗水平，多用于病程短的急性传染病、脑卒中、心肌梗死、肝癌及胰腺癌等，较少用于慢性病。病死率受疾病严重程度、能否被早期诊断、诊断治疗水平、病原体的毒力等因素的影响，可因病原体、宿主和环境之间的平衡发生变化而变化。规模较大的医院由于医疗技术、设备好，接收危重型患者比规模小的医院要多，因而大医院某些疾病的病死率可能高于小医院。因此，当用病死率作为指标评价不同医院的医疗水平时应注意可比性。

3. 生存率 生存率（survival rate）是指患某病的人（或接受某种治疗措施的患者）经若干年的随访尚存活的患者数所占的比例。常计算 1 年、3 年、5 年或 10 年的生存率。

公式如下：

$$\text{生存率}=\frac{\text{随访满 n 年尚存活的病例数}}{\text{随访满 n 年的病例数}}\times 100\% \qquad \text{（式 3-11）}$$

生存率常用于评价某些病程较长疾病（如肿瘤、心血管病等慢性病）的远期疗效。用来反映疾病对生命的危害程度，是反映疾病严重程度和评价治疗措施效果的指标。

第二节 疾病的流行强度

疾病的流行强度是指某病在一定时期内，某地区某人群中某病发病率的变化及其病例间的联系程度。常用描述疾病流行强度的术语包括散发、暴发、流行和大流行。

一、散发

散发（sporadic）是指某病的发病率呈历年的一般水平，各病例之间在发病时间和地点上无明显联系，散在发生。散发一般用于描述范围较大地区（如区、县以上）人群的某病流行强度。确定散发时一般与当地、同一种疾病近三年的发病率水平进行比较，如当年的发病率未明显超过历年平均发病率水平时称为散发。

散发常见于如下情况：

1. 因预防接种或病后免疫力持久的疾病，使人群维持一定免疫水平的疾病常呈散发，如麻疹。
2. 一些以隐性感染为主的疾病，常以散发形式存在，如乙型脑炎、脊髓灰质炎等。
3. 有些传播机制不容易实现的传染病也可出现散发，如斑疹伤寒、炭疽等。
4. 某些潜伏期长的传染病也以散发形式存在，如麻风。

二、暴发

暴发（outbreak）是指在一个局部地区或集体单位中，短时间内突然发生很多症状相似的患者。这些人多有相同的传染源或传播途径，大多数患者常同时出现在该病的最短和最长潜伏期之间。如集体食堂的食物中毒，托幼机构的麻疹、手足口病、腮腺炎、甲型肝炎暴发等。

三、流行

流行（epidemic）是指某地区某病的发病率显著超过该病的历年散发发病率水平。相对于散发、流行出现时各病例之间呈现明显的时间和空间联系。有时某病的流行蔓延迅速，涉及地区广，在短期内跨越省界、国界甚至洲界形成世界性流行，称为大流行（pandemic）。随着世界经济的快速发展，交通日益便捷，人群与物资流动的速度和频度是空前的，病原体和传染源的快速移动会使某种疾病短时间传遍全球，因而疾病大流行的危险始终存在，人们要不断提高医学认识，警钟长鸣。

第三节 疾病的分布

一、地区分布

疾病的分布特征与一定地域空间的自然环境（如地理位置、地形、日照、气温、雨量、物产、微量元素等）和社会环境（如经济、政治、文化、人口密度、生活习惯、遗传特征等）多种因素密切相关。疾病在不同地区的分布特征反映出致病因子在这些地区作用的差别，根本的原因在于疾病危险因素的分布和致病条件不同所造成的。研究疾病的地区分布特点，有助于探讨疾病的病因及流行因素，并为制订疾病的防制对策与措施提供依据。

研究疾病的地区分布一方面可按行政区域划分，如在一个国家内可按省、市、区（县）、街道（乡）等行政区域划分，在国际上可按洲、区域、国家等划分。行政区划法具有良好的可行性，容易得到比较完整的人口学资料、疾病的常规登记报告资料等，但人为划定的行政区域与自然环境因素的分布常常并不吻合，可能会掩盖自然环境与疾病分布的内在生态关系。另一方面可依据高原、山区、平原、沿海、湖泊、森林等自然地理因素进行地区划分，这种划分法比较容易揭示出自然环境等条件与疾病分布的相关性，但资料获得和调查实施的可行性较差，在计算各种指标时比较困难。

1. 疾病在国家间和国家内的分布

（1）国家间的分布　许多疾病在地区分布上都会呈现国家间分布的差异性，某些疾病虽可呈全球分布，但在不同国家其发病率可表现出较大的差异。如艾滋病呈世界性分布，但在撒哈拉南部非洲，人类免疫缺陷病毒（HIV）的感染率最高，占全球感染人数的2/3；病毒性肝炎在亚洲（如中国）感染率较高；黄热病多见于南美洲和非洲，与埃及伊蚊的分布相一致；登革热只在热带、亚热带流行；霍乱多见于印度；还有一些恶性肿瘤，如日本的胃癌和脑血管病的调整死亡率居世界首位，但其乳腺癌、大肠癌的调整死亡率却最低；肝癌多见于亚洲和非洲；乳腺癌在北美洲、北欧、西欧等国家发病较多，亚洲和非洲各国相对较少。

（2）国家内的分布　疾病在国家内的分布同样存在着明显差异，如我国血吸虫病仅限于长江以南地区，与钉螺的分布相一致。原发性肝癌多分布在东南沿海地区，以上海、江苏、福建、浙江和广西的死亡率最高；鼻咽癌主要分布于华南地区，以广东省为高发区；而我国高血压的地区分布表现出由北向南逐渐降低的特点。可见，这些疾病呈现地方性高发的原因可能与遗传、自然环境、社会经济文化、卫生水平、风俗习惯、生活习惯等多种因素密切相关。另外，一些地方病如地方性甲状腺肿、大骨节病、克山病和地方性氟中毒等也有着较严格的地区分布特点，这主要受当地环境中微量元素含量多少的影响。

2. 疾病的城乡分布　由于生活条件、人口密度、卫生状况、交通条件、动植物的分布等各种环境因素，人们生活习惯等因素的不同，许多疾病在地区分布上表现出明显的城乡差别。城市具有人口稠密、交通发达、青壮年人口比例大、人与人之间交往频繁等特点，故流行性感冒等呼吸道传染病易发生和流行；城市工业发达，环境污染严重，加之人们生活节奏快，压力较大，高血压、肿瘤等慢性病和职业病发病率和患病率明显升高。

相反，农村人口稀少，居住分散，交通不便，故呼吸道传染病往往不易发生流行，但一旦有患者或携带者传入，由于人群的易感性较高，易引起较大的流行。有些传染力强的传染病，如流感病毒新变异株的出现，无论在农村和城市都可迅速传播，引起流行。农村由于供水等公共设施不完善，卫生生活基础条件较差，传统的生产生活方式不易改变，一些肠道传染病如细菌性痢疾、伤寒等肠道传染病较城市高发，钩端螺旋体病、虫媒传染病、地方病、自然疫源性疾病等的发病率也明显高于城市。

随着城乡经济的发展，农村居民生活水平提高、医疗卫生条件有了明显好转，城乡之间疾病分布的差异已经逐渐缩小，一些过去在城市居民中常见的慢性病在农村居民发病率正逐年提高。

3. 疾病的地方性 由于自然环境和社会因素的影响，一些疾病包括传染病和非传染病只存在于某一地区或在某一地区发病水平总是较高，这种现象称为疾病的地方性。

疾病的地方性可分为以下几种：

（1）自然地方性 由于受到自然环境的影响，有些人类传染病的分布局限于一定的地区，这种现象称为自然地方性。如血吸虫病、疟疾等因传播媒介受自然环境影响只在一定地区生存，而使该疾病分布呈地方性，这类疾病被称为自然地方性疾病。

（2）统计地方性 由于生活习惯、卫生条件或宗教信仰等社会因素的不同，导致一些疾病的发病率在某些地区长期显著高于其他地区，这种情况与该地区的自然条件无关，称为统计地方性。如由于卫生条件差或存在特殊风俗习惯的地区，伤寒、霍乱等会常年处于较高发病水平。

（3）自然疫源性 某些疾病能在某一地区野生动物间长期存在、传播，只在一定条件下才传染给人，具有这种性状的疾病称自然疫源性疾病，如森林脑炎、地方性斑疹伤寒及鼠疫等。这类疾病的流行地区称为自然疫源地。

4. 判断地方性疾病的依据

（1）该地区的居民发病率高。

（2）其他地区居住的人群发病率低，甚至不发病。

（3）迁入该地区一段时间后，其发病率和当地居民一致。

（4）迁出该地区后，发病率下降，患病症状减轻或自愈。

（5）当地的易感动物也可发生同样的疾病。

5. 外来性或输入性疾病 凡本国或本地区不存在或已消灭的传染病，从国外或其他地区传入时，称为输入性传染病，如艾滋病等。

二、时间分布

无论传染病或慢性病，其流行过程均有随时间推移而不断变化的特点，有的表现为由散发到流行，有的表现为由流行到散发，疾病的时间分布反映了致病因素的变化。了解疾病的时间分布形式，可以了解疾病的流行动态，为探索病因提供有意义的信息。疾病的时间分布特征主要有短期波动、季节性、周期性和长期趋势四种形式。

1. 短期波动 短期波动（rapid fluctuation）也称“时点流行”，与“暴发”相似，是指在一个集体或固定人群中，短时间内某病发病数突然增多的现象。

其原因常为大多数人在短时间内接触或暴露在同一致病因素下而引起。由于暴露者个体差异和接触致病因子的剂量、时间等的不同，表现为疾病的发生有先有后、病情轻重不一，大多数病例发生在该病的最短和最长潜伏期之间。

常发生短期波动的疾病包括传染病，如伤寒、痢疾及甲型肝炎等；非传染性疾病也可发生短期波动或暴发，如食物中毒、自然灾害及人为造成的环境污染导致居民发病突然增多等。

2. 季节性 疾病在一定季节内呈现发病率增高的现象，称为季节性，也称“季节性波动”。不同的疾病可表现出不同的季节分布特点：传染性疾病大多存在季节性，有些还具有严格的季节性，疾病的发生多集中在少数几个月内，其他时间几乎不发生，这种季节分布特点多见于虫媒传染病，如流行性乙型脑炎在我国北方多发生在 7 月、8 月、9 月，在此前后很少有病例发生，但在南方却表现为季节性升高的时间分布特点。

有些疾病一年四季均可发生，但在一定月份发病升高，呈季节性升高的特点。如细菌性痢疾等肠道传染病，四季皆可发生，但以夏秋季最多；呼吸道传染病则以冬春季较高。

有一些疾病的发生无明显季节性升高的现象，表现为一年四季均可发病，如结核、乙型病毒性肝炎、麻风、梅毒等。

3. 周期性 周期性是指疾病频率按照一定的时间间隔，有规律的起伏波动，每隔若干年出现一个流行高峰的现象。在无有效疫苗之前，大多数呼吸道传染病均可表现出周期性流行的特点。如我国麻疹疫苗在普遍使用前，在大中城市几乎每隔一年就发生一次麻疹流行，广泛使用疫苗后，我国麻疹的发病率降低，周期性流行不复存在。

疾病呈现周期性主要取决于以下几个方面：

（1）疾病的传播机制容易实现，只要有足够量的易感者便可迅速传播。

（2）新生儿的增加、易感者积累的速度也决定着流行的间隔时间。

（3）病后可形成稳固免疫的疾病，一度流行后发病率可迅速下降，流行后人群免疫水平持续时间越久，周期间隔越长。

（4）病原体变异的速度。

4. 长期趋势 长期趋势又称长期变异，是指经过一个相当长的时期（通常为几年或几十年），疾病的分布状态、感染类型、临床表现等逐渐发生显著的趋势性变化。疾病长期变异的原因可能是由于病因或致病因素发生改变、抗原型别变异、病原体毒力和致病力的变化、机体免疫状况的改变、诊断技术的进步、防制措施的改善、社会人口学特征的变化（老龄化）、疾病的诊断和报告标准的改变等。对一种疾病长期趋势的描述，可以为病因或危险因素的研究提供重要线索。

三、人群分布

许多疾病的发病率、死亡率和病死率与人群的不同特征有关，这些特征包括年龄、性别职业、种族、民族和婚姻状况等。研究疾病在不同人群中的分布特征有助于确定高危人群、探索致病因素及流行因素。

1. 年龄分布 年龄与疾病之间的关系十分密切，几乎每一种疾病的发病率或死亡率均与年龄有关。但不同的疾病在不同年龄组的发病率高低可表现出很大的差异，大多表现为：

（1）隐性感染为主的传染病，大多表现为儿童发病率高、成年人中少见，如水痘、脊髓灰质炎等。

（2）心脑血管疾病、恶性肿瘤、糖尿病等的发病均表现为随年龄增长而增加的趋势，如肺癌、脑癌、食管癌等。

（3）职业病和自然疫源性疾病以青壮年多发，伤害死亡的高发年龄为 15 ～ 59 岁，可能与暴露的机会不同有关。

即使是同一种疾病因流行的型别不同，其年龄分布也不同。如稻田型和洪水型钩端螺旋体流行时，青壮年发病增多，雨水型流行时则儿童发病者多。

疾病的流行历史常可影响疾病的年龄分布。一个地区若传入一种新的传染病，往往不分老幼皆患病。但若此疾病常年存在，反复流行，则以婴幼儿患病为主，如流行性乙型脑炎、疟疾等。

研究疾病年龄分布的目的：①探索致病因素，提供病因线索。②帮助确定高危人群，以有助保护重点人群。③对于传染病，根据不同年龄组发病的分布动态，有助于观察人群免疫状态的变化趋势。

2. 性别分布 疾病的发病率和死亡率在不同性别人群中的分布常有差异，原因主要包括：

（1）两性的解剖、生理特点及内分泌代谢等不同 如乳腺癌女性多见，宫颈癌仅发生于女性；冠心病的发病率男性高于女性，而胆囊炎、胆结石女性多见，这可能与女性的生理特点有关；地方性甲状腺肿、克山病发病率女性高于男性，这可能因碘、硒缺乏不能满足女性较多的生理需求有关。

（2）两性的生活方式、嗜好、体力不同 暴露或接触致病因素的机会不同 如肺癌、肝癌男性多见，很大程度上是由于男性吸烟、饮酒者所占的比例多于女性。除乳腺癌和宫颈癌外，绝大多数癌症的死亡率都是男性高于女性，尤其膀胱癌、胃癌、肺癌、肝癌及食管癌等可能与男子接触致病因子的机会较多有关。

（3）男女职业特点不同 造成某些职业相关性疾病的发病率或死亡率的差异。危险性大的职业男性较多，故职业中毒男性高于女性。

另外，女性较男性对健康的重视程度更高，如女性人群的就医频率高于男性，就医的时间也明显早于男性。

两性在发病率、死亡率的差异，有些与环境因素有关，有些与机体内在因素有关，探索疾病的性别分布，常有助于探索致病因素。

3. 职业分布 疾病的发生与职业有密切关系，与暴露于某些职业性有害因素有关，其原因包括：

（1）与感染或暴露于致病因子的机会不同，而暴露机会的多少又与劳动条件有关，如接触放射线或苯的职业易患白血病，生产联苯胺等染料的工人易患膀胱癌，林业勘探等野外作业人员易患森林脑炎、疟疾、流行性出血热，皮毛厂的工人易患炭疽，农牧场工人易患布鲁氏菌病等。

（2）不同职业反映了劳动者所处的经济地位和卫生文化水平的差异，这些因素对疾病的发生亦有影响。英国的一份调查结果显示，专业技术人员的年龄调整死亡率较其他人员低。

（3）不同职业的体力劳动强度和精神紧张程度不同，影响疾病的发生，如体力劳动少的职业人群易患冠心病和高血压，汽车司机、飞行员多患高血压、胃炎和消化性溃疡。

4. 社会阶层 社会阶层是与人们的工薪收入、职业、文化教育程度及生活状况等有关的一个概念。每个人所处的社会阶层由其家庭出身、文化教育程度、职业和所拥有的财富决定。社会阶层体现了各种社会因素的综合，常用于分析和描述社会因素，尤其是社会经济因素与人群健康及疾病分布的关系。

目前，我国关于社会阶层与疾病的关系的相关研究还比较少，但随着我国经济的快速发展，不同社会阶层间的差距日益加大，不同阶层的人的生活方式、营养状况和卫生保健水平不同，各阶层人群疾病分布的特点也有差异，相应的对策也有所区别。研究显示，欧美发达国家心血管疾病、呼吸系统疾病，以及胃癌、肺癌、宫颈癌等在社会阶层较低的人群中高发；高社会阶层的人群中仅有乳腺癌和卵巢癌等有高发现象；由吸烟引发疾病而导致的死亡率在低级阶层中是高级阶层的两倍。

5. 种族和民族分布 不同种族和民族之间疾病的频率有明显差异，其主要原因有：

（1）遗传因素不同 同一种族或民族的人具有某些相同的遗传特质，而不同种族或民族间则有一定的差别，因此对某些疾病的遗传易感性不同。我国广东省是世界上鼻咽癌的高发区，而移居到东南亚、美国的广东籍人其发病率仍远高于其他种族的人，提示遗传因素在鼻咽癌发病中的重要作用。

（2）生活、饮食、风俗习惯以及宗教信仰不同 如实行男性割礼的民族，男子阴茎癌发病率很低；新疆锡伯族好食用“米送乎乎”造成察布查尔病的流行。

（3）各民族所处定居点的自然条件和社会条件不同 我国太行山区居民食管癌患病率高，可能与常年摄入含亚硝胺的酸菜有关。如食管癌具有明显的种族分布特点，在世界范围内，哈萨克族和乌孜别克族等高发，我国也以哈萨克族食管癌发病率最高，其次为回族、维吾尔族、蒙古族，而苗族最低，这种民族聚集性可能与其环境条件和生活习惯关系密切。

6. 行为特征 不同行为人群其疾病的分布特征可表现出明显的差异，主要表现为具有不良行为的人群，如吸烟、酗酒、吸毒、不正当性行为、过度迷恋上网等，均可使一些疾病的发病危险性增加，如高血压、冠心病、糖尿病、意外伤害、疲劳综合征、艾滋病及各种性病等。据 WHO 报告，在世界部分发达国家，一些危害人类健康的主要慢性疾病有 60% ～ 70% 是由社会因素和不健康生活方式与不良行为引起的。

7. 婚姻状况 婚姻状况的负性事件对人群的健康有明显的影响，如离婚、丧偶等对精神、心理和生活行为等影响很大，是导致发病或死亡的重要原因；正常的婚育和婚姻生活在维持女性人群健康方面的作用尤为重要；近亲婚配严重影响人口素质，应引起人们的足够重视。

四、疾病的地区、时间和人群分布的综合描述

以上分别阐述了疾病的地区、时间和人群分布问题，但在实际的流行病学研究中，

常常是综合描述和分析疾病的三间分布特点，这样有助于获得更丰富的信息，移民流行病学的研究就是一个典型的例子。一些人移居到外地或国外，使得他们的生活环境、条件及疾病谱与移居地或本国有所不同，经若干年后，研究这些人群的疾病分布情况，就可以提供不同时间及地区移民的发病资料，从而获得有关环境因素和遗传因素影响疾病发生的有价值的信息，为进一步探讨病因提供线索。

1. 移民流行病学的概念 移民流行病学是通过比较移民人群、移居地当地人群和原居住地人群的某病发病率和死亡率差异，分析该病的发生与遗传因素和环境因素的关系。它是一种综合描述疾病三间分布的方法。

移民流行病学研究的目的是分析疾病病因中，环境因素与遗传因素的作用大小。

2. 移民流行病学研究的原则

（1）若某病在移民中的发病率或死亡率与原居住地人群的发病率或死亡率不同，而接近于移居地当地人群的率，则该病可能主要受环境因素的影响。

（2）若某病在移民中的发病率或死亡率与原居住地人群的发病率或死亡率相近，而不同于移居地当地人群的率，则该病可能是主要受遗传因素的影响。

在应用移民流行病学探讨病因时，还需考虑移民人群生活条件和生活习惯改变的程度，即原居住地的社会、经济、文化及医疗卫生水平的差异，移居的原因、移民的世代数及移民本身的年龄、职业、文化程度、经济状况等，这些因素均与研究结果的正确与否有关。

（于澄 姜爽）

思考题

1. 描述疾病分布的指标主要有哪些？其意义是什么？
2. 以一种慢性病为例，试述如何描述疾病分布特征。
3. 简述发生数和现患数的区别与联系。

第四章　描述性研究

描述性研究（descriptive study）又称描述流行病学（descriptive epidemiology），主要通过描述疾病或健康状况的分布情况，并通过不同地区、不同时间、不同人群中此种情况的分布差异，确定高危人群，形成病因假设，为进一步调查研究和制订或评价防制措施提供线索。

描述性研究是流行病学研究方法中最基本的类型，是揭示暴露和疾病因果关系过程中最基本的步骤，是任何因果关系确定的开端。常用的描述性研究方法有现况研究、病例报告、病例系列分析、个案调查和生态学研究等。通常可从医院临床记录和疾病监测记录等常规登记资料或普查及抽样调查等方法获得资料。

第一节　概　述

一、概念

描述性研究是将专门调查或常规记录所获得的资料（包括实验室检查结果），描述疾病或健康状态在不同地区、不同时间和不同人群的分布特征，在此基础上进行分组和比较分析，以获得病因线索并提出病因假设，为疾病防制工作提供依据。

二、特点

描述性研究是确定任何因果关系的开端，揭示暴露和疾病因果关系过程中最基础的步骤，其特点有：

1. 仅通过观察和收集相关资料对研究对象或事件进行分析和总结，以观察为主要研究手段，不可对研究对象采取任何形式的干预。

2. 暴露因素并非随机分配，且在研究开始时一般不设立对照组。

3. 在暴露与结局关系的因果推断中存在一定局限性，无法确定暴露与结局的时间顺序关系，但可通过初步的比较性分析，为后续研究提供线索。

三、种类

1. 个例调查　个例调查（case investigation）又称个案调查，是指到发病现场对新发病例的接触史、家属及周围人群的发病或健康状况及可能与发病有关的环境因素进行调查。个案调查不仅可应用于传染病的研究，还可针对非传染病或原因不明疾病的研究。通过个案调查，可以得到有关疾病发病的第一手资料，了解发病的前因后果，从而及时应对疫情，减少和防止类似疾病再次出现。

个例调查是医疗卫生和疾控部门日常工作的组成部分，通过对某疾病的多次个例调查可分析获得该疾病的人群分布特征，为掌握控制疾病提供依据，也为探索病因提供线索。

2. 病例报告 病例报告（case report）是主要针对少数病例或罕见的单个病例或新发病例的详细临床数据介绍，属于定性研究，是医学期刊论文的常见体裁。由于病例报告通常是对新出现或不常出现的疾病或疾病不常见的临床表现的详尽报告，探其本源，因此病例报告有利于发现新病例，同时也可发现已知疾病的特殊临床表现，进而提出新的假设，为临床研究提供线索，是临床医学和流行病学的重要连接点。

3. 病例系列分析 病例系列分析（case series analysis）是针对一组（几例到几千例）相同疾病的临床资料的收集、整理、统计、分析，总结得出结论。与病例报告的不同之处在于，病例系列分析通常是利用已有资料进行回顾性研究。日常积累的病例系列会起到提示新疾病或流行出现作用，显示某些病变自然进程的规律性，为进一步的研究提供方向和重点。

4. 现况研究 现况研究是指在某一特定的时点或时期内的某一特定人群中，研究某种或某些疾病或健康状况及相关因素的调查方法。它研究某些特征与疾病之间的关联，根据不同的暴露因素或疾病状态比较分析，为建立病因假设提供依据。

5. 生态学研究 生态学研究在统计学上常称为相关性研究。生态学研究以群体为观察和分析的单位，研究暴露与疾病之间的关系，描述某疾病或健康状态在各人群中所占的百分数或比数，仅能在一定程度上提供病因线索。

6. 历史资料分析 历史资料即既有资料。这种资料在研究开展前就已存在，通过研究者的回顾性调查，提取利用这些资料。通常是对过往日常工作的记录、各类日常报告等历史资料进行统计分析，得出研究结果，属于描述性流行病学研究的常规方法。

7. 随访研究 随访研究（follow-up study）又称纵向调查，是对固定人群随时间推移出现的疾病、健康状况或卫生事件的动态变化进行定期随访，可用于疾病自然史的研究，进而提供病因研究线索，提出或检验某些病因学假设。为避免回忆偏倚，可在随访对象文化程度允许的条件下，要求随访对象通过日记记录急性病的发生和慢性非传染性疾病的变化情况，获得更全面、更准确的资料。

四、应用

描述性研究既可以分析疾病或健康状况的分布及发生发展规律，确定高危人群，还可以从中获得病因线索，提出病因假设，为进一步防制、研究工作提供重点和方向。

1. 描述疾病或健康状况的三间分布及发生发展的规律 这是描述性研究最常见的用途。对正在调查的或已有资料的时间、空间（地区）和人间（人群）三个方面的分布特征进行描述，从而得出疾病或健康状态的分布及其发生发展规律。如若要掌握某市居民糖尿病的患病情况，需从该市随机抽取足够数量的合格研究对象，收集研究有关影响因素，如年龄、性别、糖尿病家族史等，并对研究对象进行逐一调查和检测，从而描述该市糖尿病人群分布，为接下来的病因学研究提供依据。

2. 获得病因线索，提出病因假设 描述性研究可以为病因不明的疾病提供病因学线索。通过描述疾病不同暴露条件下的频率差异可以为后续研究提供线索，进而提出病因学假说。

第二节 个例调查、病例报告和病例分析

一、个例调查

1. 概念 个例调查（case investigation）又称个案调查或病家调查，研究对象为某个或某几个个体，对个别发生的病例、病例的家庭及周围环境进行的流行病学调查。通常针对传染病，但也可对非传染病或原因不明疾病进行研究。

2. 调查方法 个例调查对象的单位为“1”，如一个患者、一个家庭或一个疫源地。由于个案调查缺少对照，容易受到质疑，因此，一般不宜分析变量与疾病或健康状况的关系，为病因研究提供的线索较少。

调查方法主要有访问和现场调查。对于经常进行的个案调查，如传染病报告，这类调查应根据事件的发生和疾病的特点定制个案调查表。事件发生后，应尽快到现场进行调查，对患者、患者家庭及周围人群进行询问和深入访谈。

3. 目的和用途

（1）对病例的调查。调查病例的发生发展过程，采取紧急应对措施，以减少或防止类似病例的再次发生。

（2）总结疾病分布特征。通过对某种疾病的多次个例调查，可分析总结得出该疾病在人群中的分布特征。

（3）核实诊断并进行护理指导。

（4）掌握当地疫情，为疾病监测提供资料。

4. 调查内容 个例调查不仅包括一般人口学资料，还着重调查患者可能的感染日期、发病时间、地点、传播方式、传播途径和发病因素等资料，确定疫源地的范围和可能接触者，为医疗护理、隔离消毒、检疫接触者、健康教育及疫情控制策略的制订提供指导。如必要可对生物标本或周围环境的标本进行采集，以供实验室检测和分析。

二、病例报告

1. 概念 病例报告（case report）又称个案报告，是对某种罕见病的单个病例或少数病例的临床研究的主要形式和唯一方法。病例报告是主要针对少数病例或罕见的单个病例或新发病例的详细临床数据介绍。

病例报告首先要说明对该病例进行报告的原因，如证明该病例为罕见病例的证据或提供病例与已知疾病不同的临床表现。同时应对病例的病情、诊治过程、特殊情况等进

行详尽描述，并对各种特殊之处提出可能的解释。此外要做出总结，指出该病例提供的线索，为进一步临床研究提供思路。

2. 目的和用途

（1）病例报告　病例报告通常是识别新疾病或暴露不良反应的第一线索，也是检测罕见病例的唯一方法，为研究某种疾病或现象提供新思路。如病例报告在发现艾滋病的过程中起到重要作用。1980 年 10 月到 1981 年 5 月间，美国洛杉矶的某些病例报告引起了美国疾病控制中心的重视，这些报告显示，既往健康的年轻男性同性恋者中发现 5 例通常在免疫系统受抑制的老年癌症患者中发生的卡氏肺囊虫肺炎，由此艾滋病被人们发现。病例报告的累计、检测还可以提示新疾病或流行的出现，如“反应停”致使新生儿畸形，口服避孕药增加静脉血栓栓塞风险等。

（2）阐明疾病和治疗的机制　可依据罕见病例病情诊治的实验室研究和个别现象的详尽报告，起到探讨疾病致病机制和治疗方法机制的作用。如专家怀疑麻醉药氟烷能引起肝炎，但是由于暴露于氟烷后发生肝炎的频率很低，且手术后肝炎还有许多其他的原因，因此，“氟烷肝炎”难以确立。后来，一份病例报告发现，一名使用氟烷进行麻醉的麻醉师反复发作肝炎并已肝硬化，肝炎症状总是在他进行麻醉工作后几小时内发作。该病例暴露于小剂量氟烷时肝炎即发作，再结合临床观察、生化检验和肝脏组织学等方面的证据，证明了氟烷可引起肝炎。

（3）介绍疾病不常见的表现　如浙江大学医学院附属医院报道世界首例五步蛇的寄生虫（鞭节舌虫）感染人类引起疾病，该病例与食用五步蛇血及蛇胆有关。

3. 局限性　病例报告极易发生偏倚，这与它的研究对象具有高选择性有关。此外，病例报告所发现的危险因素都具有偶然性，不适用临床事件和疾病发生的预估，由此除极少情况外，不能用来论证科研假设，也不应将病例报告作为证据，以此改变临床诊断、治疗等实践。

三、病例分析

1. 概念　病例分析是针对一组（几例到几千例）相同疾病的临床资料的收集、整理、统计、分析，总结得出结论。病例分析通常是利用已有资料进行回顾性研究，是临床上最常用的临床研究方法。

2. 目的和用途

（1）对某种疾病的临床表现特征分析　如病例性别、年龄、职业分布，出现的主要临床体征及频率，主要的检验指标、诊断鉴别要点、治疗方法、疗效和预后情况等。

（2）某种治疗、预防措施的评价效果　如在肺结核和结核性脑膜炎儿童卡介苗接种情况调查中发现，大多数患者并未接种过卡介苗，由此表明卡介苗可对严重性结核病起到预防作用。

（3）促使临床工作者在实践中发现问题，为新的病因假设和探索提供方向　如临床发现原发性肝癌患者中乙肝病毒感染率高，这为原发性肝癌的病因探究提供线索，由此发现乙型肝炎病毒可能与原发性肝癌有关联。

病例分析的优点在于所用资料大多为临床日常积累的资料，已收集、耗时短，不需要大量人力、物力。但因此也存在缺点，如记录质量参差不齐、较多医生参与、产生较多且无法控制的偏倚等，导致资料的真实性、可靠性相对较差；不同医疗机构间缺乏标准化方法收集临床资料，可比性难以保证。

第三节 现况研究

一、概述

1. 概念 现况研究（prevalence survey）是指按照事先设计的要求，在某一特定人群中，应用普查或抽样调查等方法收集某种疾病或健康状况及有关因素在特定时间内的资料，对资料的分布特征进行描述。因其收集的有关因素与疾病或健康状况之间关系的资料是调查当时所获得，因而称之为现况研究。它也被称为横断面研究（cross-sectional study），因为从时间上来说，现况研究通常不是过去的暴露史或疾病情况，也不是追踪观察将来的暴露与疾病情况，而是在特定时间内进行。现况研究也被称为患病率研究或现患研究（prevalence study），因为从观察分析指标来说，现况研究通常得到的频率为特定时间内调查群体的患病率。

现况研究可通过动态分析，对多个断面的现况进行研究，并非只对现象做静态分析，对疾病或健康状况的地区分布和人群分布的了解，有利于掌握多次调查期间的变化趋势，从而发现疾病或健康状况的发生规律，为将来的趋势变化做出可能性预测。

2. 目的

（1）*疾病或健康状况特定时间内三间分布的描述* 通过现况研究对某一特定时间某地区某人群中某一疾病的存在情况和分布特征进行描述。例如，通过 1979 ～ 1980 年我国对全国高血压的抽样调查，可以了解我国高血压在各地区、城乡、年龄、性别中的分布情况，以及高血压的总患病率。

（2）*发现病因线索* 对某些因素或特征与疾病或健康状况的联系进行描述，以便形成病因假设，为流行病学研究提供分析线索。如对肝硬化的现况研究中发现肝硬化患者人群中饮酒的比例明显高于非肝硬化人群，从而提出酗酒可能与肝硬化相关的病因假设。

（3）*适用于疾病的二级预防* 利用普查或筛检等手段，可实现“三早”（早发现、早诊断、早治疗）的目的。例如，1986 ～ 1990 年北京市肿瘤研究所对北京市女性进行了乳腺癌普查，106385 人次中检出乳腺癌 87 例，随后全国各地相继开展了乳腺癌的普查，大量的早期患者被发现，及时进行了早期治疗，降低了疾病带来的负担。

（4）*评价疾病的防制效果* 描述性研究可以检验防制措施的效果。如在某一人群中定期进行横断面研究，收集有关暴露与疾病的资料，这种动态调查所获得的结果可评价某些疾病防制措施的效果。如通过对某地区儿童接种乙肝疫苗前后的乙肝患病率调查，进行分析比较，从而对接种效果评价。

（5）*用于疾病监测* 利用描述性研究方法在某一特定的人群中长期进行疾病监测，

可加强对所监测疾病的分布规律和长期变化趋势的了解和认识。

（6）为研究和决策提供基础性资料　描述性研究作为一个国家或地区的卫生水平和健康状况的衡量方法之一，还可用于卫生服务需求的研究、用于社区卫生规划的制订与评估、用于有关卫生或检验标准的制定，以及为卫生行政部门的科学决策提供依据等。如调查儿童发育营养水平，可为当地卫生部门开展儿童保健工作提供参考资料。

二、研究类型

（一）普查

1. 概念　普查（census）即全面调查，指在特定时间内对特定范围内（某一地区或具有某种特征）人群中每一成员所做的调查或检查，以了解某人群健康状况或某疾病的患病率，或制定某生物学检验标准。

“特定时间”应该较短，有时甚至指某个时点，如时间太长，人群中某种疾病的患病率或健康状况会随时间发生变化，普查质量将会受影响。普查按规模大小可在几天或几周至几个月内完成。“特定范围”可以小到某个单位或某个居民点，也可以大到某个地区，甚至全国。

2. 目的　①早期发现、早期诊断和早期治疗某些疾病，如为了早期发现人群中的宫颈癌患者，对35岁以上已婚妇女开展阴道涂片检查。②了解疾病和健康状况的分布，如调查儿童身高、体重、发育和营养状况。③了解当地居民健康水平，如调查居民膳食和营养状况。④了解人体各类生化指标的正常值范围，如人体中微量元素的正常水平的范围等。

3. 适用条件　①有足够的人力、物力和设备用于发现疾病和及时治疗。②所普查的疾病患病率较高。③疾病的检验方法较简单易行，试验具有较高的敏感性和特异性。

4. 优缺点　优点：①能发现人群中的全部病例，早发现、早诊断疾病，全面描述疾病的分布与特征，利于医学卫生知识的普及。②可以同时调查目标人群中多种疾病或多种健康状况的分布情况。③比较容易为公众所接受。④不存在抽样误差。

缺点：①工作量大，费用较高，组织工作复杂，参加普查的工作人员多，不易控制调查质量。②调查内容有限，对患病率很低和现场诊断技术比较复杂的疾病不适用。③由于普查对象多，调查时间短，难免重复和遗漏，有较高的无应答率。

（二）抽样调查

1. 概念　抽样调查（sampling survey）是指在特定时点、特定范围内的某人群总体中，按照一定的方法抽取一部分有代表性的个体组成样本进行调查分析，以此推论该人群总体某种疾病的患病率及某些特征的一种调查。

2. 目的　抽样调查的目的主要是以样本统计量估计总体参数所在范围，对某种疾病或健康状况于特定时间、特定范围内人群特征上的分布及影响其分布的因素进行描述；对人群总体的健康水平进行衡量；防制效果的考核；检查与衡量资料的质量，即抽样调查在其他调查和研究方法中常常可以作为一种质量控制方法。

3. 基本原理 抽样必须遵循随机化和适当样本量的原则，以便获得有代表性的样本并从样本信息中推断总体特征。随机化原则意味着研究人群中的每个个体都有均等的机会被抽取和组成样本。适当样本大小的原则意味着样本应该达到一定的数量，样本量过大和过小都有其缺点。

4. 优缺点 相较于普查，抽样调查具有节省人力、物力和时间的优点，并且由于调查范围小，准确性高。它在流行病学调查中占有非常重要的地位，是最常用的方法。然而，抽样调查的设计、实施和数据分析比普查更加复杂，重复和遗漏不易发现；不适用于变异较大的数据和需要普查普治的情况；不适合低患病率的疾病。

5. 抽样方法 目前流行病学调查中使用的随机抽样方法可分为单纯随机抽样、系统抽样、整群抽样、分层抽样和多阶段抽样。后三种方法是当前现况研究中常用的方法。

（1）单纯随机抽样 单纯随机抽样（simple random sampling）即简单随机抽样，是最简单、最基本的抽样方法。利用抽签或随机数字法从总体的 N 个对象中抽取 n 个对象，构成一个样本，总体中每个对象被抽到的概率均等（n/N）。

（2）系统抽样 系统抽样（systemic sampling）又称机械抽样，是按照一定的顺序，机械的每隔若干单位抽取一个单位的方法。如从总体 10000 个单位，拟抽取 1000 个单位，抽样比为 1000/10000=1/10，K=10000/1000=10，采用单纯随机抽样法从 1 ～ 10 号中随机抽出一个作为起点，例如 10，以后每隔 10 号抽取一个，抽取样本的编号依次为 10、20、30、40……

系统抽样的优点：①不需要事先知道总体内的单位数：②易在人群现场进行。③样本从分布在总体内部的各部分的单元中抽取的，分布比较均匀，比单纯随机抽样的抽样误差要小。缺点：假如总体各单位的分布有序或有周期性趋势，而抽取的间隔恰好是周期或周期的倍数，则可能使样本产生偏性。如疾病的时间分布、季节性调查因素的周期性变化等，如果这种规律不被注意到，结果就会产生偏倚。

（3）整群抽样 整群抽样（cluster sampling）是从总体中直接抽取若干群组（如村庄、居委会、班级、车间等）作为观察单位组成样本。用此方法抽样时，抽到的是由个体所组成的集体（即群体），而不是个体，调查对象为被抽到的群组中的全部个体。

整群抽样的特点：①易于组织实施，可以节省人力、物力。②群间差异越小，抽取的群越多，则精确度越高。③抽样误差较大，故通常在单纯随机抽样样本量估算的基础上再增加 1/2。

（4）分层抽样 分层抽样（stratified sampling）是先将总体按照某种特征分为若干次级总体（层），然后再从每一层内进行单纯随机抽样，组成一个样本。调查研究的主要变量通常是用来分层的特征。分层抽样可以提高总体指标估计值的精确度，分层可以将内部变异较大的总体分成内部变异较小的几个层次，从而确保可以抽到总体的每一层中个体。当样本相同时，抽样误差小于单纯随机抽样、系统抽样和整群抽样。

分层抽样又分为两类：一类叫按比例分配（proportional allocation）分层随机抽样，即每层抽样的比例相同；另一类叫最优分配（optimum allocation）分层随机抽样，即各层抽样比例不同，内部变异小的层抽样比例小，内部变异大的层抽取比例大，此时获得的样本均数或样本率的方差最小。

（5）多阶段抽样　多阶段抽样（multi-stage sampling）是在大型流行病学调查中，上述抽样方法往往同时结合，抽样过程分为不同阶段。实现过程为：首先，从总人口中提取大范围的单元的一级抽样单位（如省、自治区、直辖市），然后从每个一级单位中抽取范围较小的二级单元（县、乡、镇和街道），以此类推，最后抽取的调查单位为范围更小的单元（如村庄和居委会）。

每个阶段的抽样可以采用单纯随机抽样、系统抽样或其他抽样方法。可以充分利用各种抽样方法的优势，弥补各自的不足，节省人力、物力，这是多阶段抽样的优点，同时它也存在抽样前要掌握各级调查单位的人口资料及特点的缺点。

三、设计与实施

（一）明确调查目的

确定调查目的是现况研究的第一步。根据研究所提出的问题，明确该次调查所要达到的目的，如描述某一疾病或健康状况的三间分布或寻找危险因素的线索以发现高危人群；是否分析疾病干预的需求或开展疾病的“三早”预防（早发现、早诊断、早治疗）；或者对疾病预防控制措施的效果进行评价。然后，根据研究的目的，确定普查或抽样调查的方法。

（二）确定调查对象

选择调查对象首先要考虑研究目的。如果为了要进行疾病的“三早”预防，则可选择高危人群；如果为了研究某些相关因素与疾病的关联，则应选择暴露人群或职业人群；如果是为了获得疾病的三间分布资料或确定某些生理生化指标的参考值，那么选择的人群应能代表总体；如果为了对疾病防制措施进行效果评价，则应选择的人群特征为已实施该预防或治疗措施的人群。

在选择调查对象时，还应考虑在目标人群中进行调查的可行性，如资金来源和调查是否方便等。

（三）确定调查类型和方法

调查的类型也应基于调查的目的。调查的目的是调查类型确定的依据。如为了进行“三早”预防疾病，可以选择普查；如果是为了了解某一疾病患病率，则采用抽样调查。同时，也应考虑现有的人力、物力和财力，权衡利弊后再做决定。

在现况研究中，应注意对需要体检或实验室检查的变量采用简单易行的技术和高灵敏度、高特异性的检测方法，这在低患病率疾病的现况研究中尤为重要。如果特异性太低，会出现大量假阳性者。

（四）估计样本含量

在设计任何现况研究时，样本量是一个必须注意的问题。样本不宜过大或过小。决定当前研究样本量的主要因素是：①总体的疾病患病率 π:π 越小，所需的样本含量越大；反之则可小些。②对调查结果精确性的要求：精确性要求越高，即允许误差（d）越小，所需样本就越大；反之亦然。③显著性水平（α）：α 越小，样本量越大，α 通常取值范围为 0.05 或 0.01。

样本大小的计算方法：

对均数或率做抽样调查时的样本含量公式（单纯随机抽样）：

1. 若抽样调查的分析指标为计量资料，其样本含量可用下式估计

$$n=\frac{Z_{\alpha}^{2}S^{2}}{d^{2}} \qquad （式 4–1）$$

式中：n 为样本大小；α 为显著性水平；Z 即统计学上标准正态分布的 Z 值，当 α=0.05 时，$Z\approx 2$；S 为总体标准差的估计值；d 为样本均数（或率）与总体均数（或率）之差，即容许误差，调查设计者根据实际情况规定。通常显著性水平 α=0.05，$Z_{\alpha}\approx 2$，上式也可表示为：

$$n=4S^{2}/d^{2}$$

例 4–1：为调查肝硬化患者的血红蛋白含量，预定 α=0.05，则 $Z\approx 2$，从正常人群的数据来看，一般人群的血红蛋白标准差约为 3.0g/100mL，调查的容许误差为 0.2g/100mL，那么样本含量应该是多少？

根据题意，$Z\approx 2$，S=3.0g/100mL，d=0.2g/100mL，则 n 为

$$n=4S^{2}/d^{2}=\frac{4\times 9}{0.04}=900（人） \qquad （式 4–2）$$

2. 如若抽样调查的分析指标为计数资料，则依据下式估计样本含量

$$n=\frac{Z\alpha^{2}PQ}{d^{2}} \qquad （式 4–3）$$

式中：P 为估计患病率；Q=1–P。

例 4–2：欲调查肺结核在我国的患病率，预定 α=0.05，则 $Z_{\alpha}\approx 2$，根据以往全国结核病流行病学调查数据可知，以往我国的结核病患病率为 367/10 万，如果调查的容许误差定为 50/10 万，那么应抽取多大的样本含量？

根据题意，$Z_{\alpha}\approx 2$，P=367/10 万 =0.00367，Q=1–P=0.99633，d=50/10 万 =0.0005，则 n 为：

$$n=\frac{Z\alpha^{2}PQ}{d^{2}}=\frac{4\times 0.00367\times 0.99633}{0.0005^{2}}=58505（人）$$

注：其他抽样方法的样本量和抽样误差的计算公式请查阅参考相关统计书籍

（五）资料收集

在现况研究中，资料的收集一般有三种方法：第一种是通过实验室测定或检查的方法来获得，如血糖、血脂的测定等；第二种是通过调查表调查研究对象，以获得暴露或疾病的资料；第三种是利用常规资料。具体可采用：①常规登记和报告：对疾病报告登记、体检记录、医疗记录或其他现有的有关记录资料的利用。②专题询问调查和信函调查：根据调查目的和疾病种类而制定调查表。调查中应注意调查对象的“无应答率”。通常情况下“无应答率”超过30%，则表示样本的代表性差。③临床检查及其他特殊检查的有关资料：对各种医学检查数据和为特殊目的进行的检查资料的收集，如入学和入伍前体检等。

（六）资料整理、分析及结果解释

1. 资料的整理　为提高原始资料的准确性、完整性，现况研究结束后首先应逐项进行检查与核对原始资料，同时应填补缺漏、删去重复、纠正错误等，以免影响调查的质量。接下来按照卫生统计有关技术规定及流行病学需要，对原始资料加以整理，如组的划分、整理表的拟订，以便进一步分析计算。现况研究通常只是调查特定人群在某一特点时点或特定时期内，收集该人群中每一个个体的暴露与疾病的资料，在资料分析时则可进一步将人群分为暴露人群和非暴露人群或不同水平的暴露人群，对各组间疾病患病率与健康状况的差异进行比较分析；也可将调查对象分为患病组和非患病组，以评价暴露与疾病之间的关系。

2. 结果的解释　现况研究的结果解释一般应先说明样本的代表性和应答率等情况，然后估计分析调查中是否存在偏倚，以及偏倚的来源、大小、方向及调整方法，最后对疾病分布情况进行归纳总结，并提供病因线索。

现况研究若为了查明疾病分布，可根据“三间”分布的特征与有关因素相结合，进而做出解释；若是利用现况研究来提供病因线索，则可把研究对象分为病例组与非病例组，从而比较病例组与非病例组在某些特征或某些因素上的差异。应当注意，现况研究不能得出因果联系的结论，只能为进一步的分析流行病学研究提供病因学线索。

（于澄　李晨）

思考题

1. 什么是描述性研究？种类有哪些？
2. 描述性研究在流行病学中的地位和作用是什么？

第五章 队列研究

队列研究是探讨和检验病因假说的重要工具，属于分析流行病学研究方法。其与病例对照研究不同，队列研究是通过随访观察并比较暴露和不暴露于某个因素的人群在特定时间内结局事件发生率的差异，来判断暴露因素与疾病有无因果关联及其关联的程度，以达到检验病因假设的目的。

第一节 概 述

一、概念

队列研究（cohort study）是将研究人群按照是否暴露于某可疑因素及其暴露程度分为不同组，追踪观察并比较两组成员在特定时间内与暴露因素相关结局（如疾病）发生率的差异，从而判定暴露因素与结局之间有无因果关联及关联大小的一种观察性研究方法，如下所示（图 5–1）。

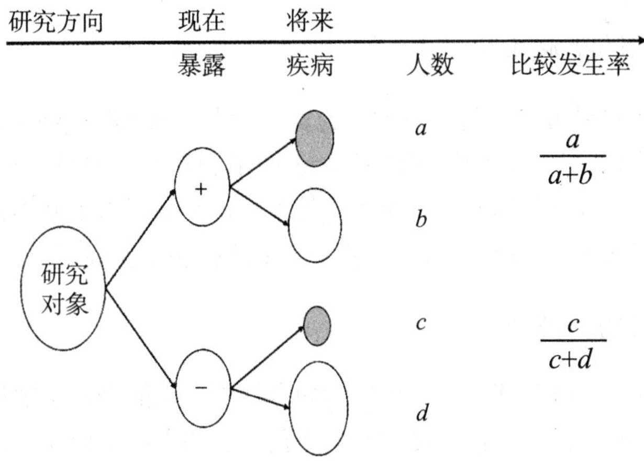

图 5–1 队列研究基本原理示意图

暴露（exposure）泛指能影响结局（如疾病）的各种因素，即研究对象具有某种待研究特征（如年龄、性别、职业、遗传、行为、生活方式等）或接触过某种待研究物质（如 X 线照射、重金属、环境因素等），这些特征、状态或因素即为暴露因素，也称为研究因素或研究变量。因此，暴露在不同的研究中有不同的含义，暴露可以是有害的，也可以是有益的，但都是研究者感兴趣的。

队列（cohort）原意是指古罗马军团中的一个分队，流行病学家用其来表示具有某种共同特征的一组人群，如长期居住在某地区范围内的人群（社区人群队列）或符合特定标准的某种疾病的患者人群（专病队列）。根据研究对象进出队列的时间不同，队列又可分为两种：一种是固定队列（fixed cohort），指观察对象都在某一时刻或一个短时期之内进入队列，之后不再加入新的成员，随访观察至观察期终止，观察对象很少或几乎没有因为所研究疾病等结局事件以外的其他原因退出，即在整个观察期内队列成员是相对固定的。另一种是动态队列（dynamic cohort），即在某队列确定之后，原有的队列成员可以不断退出，新的观察对象可以随时进入，即整个观察期内队列成员不是固定的。这两种队列结局发生率的计算方法不同。

二、研究目的

（一）检验病因假设

在研究暴露与疾病的关系时，通常根据描述流行病学的研究结果提出病因线索或假设，然后进行分析流行病学研究验证假设，因此深入检验病因假设是队列研究的主要目的和用途。由于队列研究是由因及果的分析性研究，在病因推断上合乎先因后果的逻辑推理顺序，其证据效力优于病例对照研究，能确证暴露与疾病的因果关系。一般来说，一次队列研究可以只检验一种暴露与一种疾病之间的因果关联（如吸烟与肺癌），也可同时检验一种暴露与多种结局之间的关联（如可同时检验吸烟与肺癌、心脏病、慢性支气管炎等多种疾病的关联）。

（二）评价预防措施效果

评价预防措施效果可以通过人群的“自然实验”（natural experiment），如随访观察大量摄入蔬菜水果的人群中，结肠癌的发生是否相对较少，或自行戒烟的人群肺癌的发生是否减少，可以评价这些因素预防疾病的效果。这些暴露因素并不是人为给予的，而是研究对象的自发行为，因此，“自然实验”不是流行病学实验研究，而是队列研究。

（三）研究疾病自然史

队列研究既可以了解队列成员个体疾病的自然史，也能全面了解疾病在人群中的发生、发展直至转归的全过程，包括暴露因素变化、早期生物学效应的产生、机体结构或功能的改变等疾病临床前的变化与表现以及临床发病和之后的转归，全面地揭示了疾病的自然史，为制定预防策略和措施提供依据。

（四）新药的上市后监测

队列研究用于研究疾病预后的预测因素或影响因素，也可以研究不同的治疗及护理措施等因素对疾病转归的影响，以及药物上市后使用效果与副作用的监测与评估，是临床流行病学中预后研究最常用的方法。

三、研究类型

由于研究对象进入队列及终止观察的时间不同，所以把队列研究分为前瞻性队列研究、历史性队列研究和历史前瞻性队列研究三种类型，如下所示（图 5-2）。

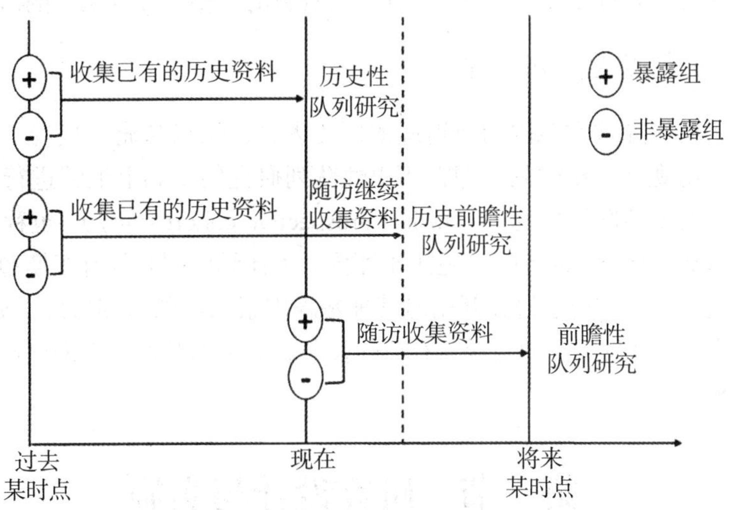

图 5-2　队列研究类型示意图

（一）前瞻性队列研究

前瞻性队列研究（prospective cohort study）是队列研究的基本形式，研究对象的分组是根据研究对象现时的暴露状况而定的，此时研究结局还没有出现，需要随访观察一段时间，收集每个研究对象研究结局发生情况的信息。Doll 与 Hill 关于“吸烟与肺癌”的队列研究、“Framingham 心血管病研究”及中国慢性病前瞻性研究（China Kadoorie Biobank，CKB）均属于这种类型的队列研究。其最大优点是研究者可以按设计要求直接获取关于暴露与结局的第一手资料，因而资料的偏倚较小，结果可信；但缺点是随访观察的时间往往很长，所需观察的人群样本大，花费较大，研究对象容易失访，因而影响其可行性。

（二）历史性队列研究

历史性队列研究（historical cohort study）也称回顾性队列研究（retrospective cohort study），研究对象的分组是根据研究开始时研究者已掌握的有关研究对象在过去某个时点暴露状况的历史资料做出的，研究的结局在研究开始时已经发生，不需要前瞻性观察。在历史性队列研究中，暴露与结局均来源于有关的历史记录或档案材料，如医院的病历、个人的医疗档案、工厂和车间的各种记录等，可以在短时间内完成资料的搜集，无须进行随访观察，但其性质仍属前瞻性（从过去的暴露到现在的结局），是从“因”

到“果”的研究。历史性队列研究的突出优点是省时、省力、出结果快，适用于长诱导期和长潜伏期疾病的研究。但是，仅在具备详细、准确历史资料的条件下才适用，故多用于具有特殊暴露的职业人群的职业病研究。这种类型的研究依赖于历史记录，而这些记录可能由于缺失或记录有误，导致发生选择偏倚和信息偏倚；记录中也常常缺乏影响暴露与结局关系的混杂因素的资料，故难以控制混杂因素的干扰。因此，该种类型研究的可行性和研究结果的真实性将直接受到历史资料的完整性和真实性的影响。

（三）历史前瞻性队列研究

历史性队列研究常常会因为所追踪的历史太短，结局未充分显现，需继续对研究对象前瞻性随访观察一段时间，即在历史性队列研究的基础上继续进行前瞻性队列研究，此即历史前瞻性队列研究（historical prospective cohort study），也称双向性队列研究（ambispective cohort study）。其适用于评价对人体健康同时具有短期和长期作用的暴露因素的效应，一般应用于研究开始时某种暴露因素引起的短期效应（如肝功能损害、流产及不育等）已经发生，而与暴露有关的长期影响（如肿瘤）尚未出现，需做出进一步观察的情况。

第二节　研究设计与实施

一、确定研究因素

队列研究不仅耗费的人力、物力、财力和时间，通常只能研究一个或一组因素，因此暴露因素的确定将直接关系到队列研究的成败，一定要有足够的科学依据。通常确定研究的暴露因素要建立在描述性研究提供的病因线索和病例对照研究初步检验病因假设的基础上。

确定暴露因素后，必须明确定义何谓暴露。如在研究吸烟与肺癌的关系时，必须首先明确吸烟的定义。吸烟是平均每天吸烟一支及以上、持续一年及以上的行为。也有人将一年内总吸烟量达到 180 支以上定义为吸烟。对暴露因素进行定义时，通常要考虑研究目的，通过请教有关专家或查阅文献，并且综合考虑人力、财力和对研究结果精确度要求等因素。一般要从定性和定量两个角度考虑。对暴露因素定量时应明确其单位，不易准确定量时，也可以将暴露水平进行等级划分。可以根据暴露经历的最大强度、一段时期的平均强度或累积暴露剂量（如暴露强度与暴露持续时间的乘积）来确定暴露水平。同时还要考虑开始暴露的年龄和暴露的方式（如间歇暴露还是连续暴露、直接暴露还是间接暴露、一次暴露还是长期暴露）等。

在确定暴露因素的同时，还应确定需要收集的其他相关因素，包括研究对象的人口学特征和各种可疑的混杂因素，便于在后续阶段对研究结果进行深入分析，排除混杂偏倚对结果的影响。

二、确定研究结局

结局变量（outcome variable）简称为结局，又称结果变量，是指随访观察中预期出现的与暴露因素有关的结果，也就是研究者所希望追踪观察的事件（如发病或死亡等）或某些指标的变化。

研究目的不同，其研究结局也不同。如研究疾病病因时，结局往往是所研究疾病的发生或所致的死亡；进行预后研究时，常常以被研究疾病的痊愈或由疾病引起的死亡、致残等为结局。应结合研究目的、时间、财力和人力等因素，研究结局的确定应全面、具体、客观，并尽可能准确地判断结局发生的时间。长时间的观察往往以结局事件（如发病或死亡等）为主要结局，短期效应则以实验室或仪器检查指标（如血糖、血脂水平）的改变作为主要结局。

结局变量的测定应规定明确统一的标准，并在研究的全过程中严格遵守该标准。如果以某种疾病发生为结局，一般采用国际或国内通用的疾病诊断标准，如《疾病和有关健康问题的国际统计分类》（ICD-10）第 10 版，以便对不同地区的研究结果进行比较。另外，考虑疾病的诊断标准时要注意一种疾病往往有多种表现，如轻型和重型、不典型和典型、急性和慢性等，可以考虑按照自定标准判断，并准确记录其他可疑症状或特征以供分析时参考。

为提高研究效率，在队列研究中除确定主要研究结局外，也可以同时收集可能与暴露相关的多种结局，分析一因多果的关系。例如，在 Doll 与 Hill 关于吸烟与肺癌的队列研究中，就同时观察了吸烟与肺癌及其他多种疾病（包括其他癌症、其他呼吸系统疾病、冠状动脉栓塞等）死亡的关系。

三、确定研究现场

队列研究的研究目的不同，研究现场的选择也不同。由于队列研究的随访时间长，并且要求在研究期内观察到足以检验研究假设的一定数量的结局事件。因此，队列研究的现场选择除要有足够数量有代表性符合条件的研究对象之外，还要有较好的组织管理体系，研究能够获得当地政府重视、群众理解和支持。最好是当地的文化教育水平较高，医疗卫生条件较好，交通较便利。能符合这些条件的现场，将使随访调查更加顺利，所获资料也更加可靠。

四、确定研究人群

研究人群包括暴露组与非暴露组（对照组），暴露组中有时还有不同暴露水平的亚组。在队列研究中，暴露组和非暴露组人群都必须是在研究开始时没有出现研究结局（如疾病），但有可能出现该结局的人群。研究目的和研究条件不同，研究人群的选择方法不同。

（一）暴露组的选择

暴露组也称暴露队列，是具有某暴露因素的人群，可从以下四种人群中选择：

1. 职业人群 如果要研究某种可疑的职业暴露因素与疾病或健康的关系，必须选择相关职业人群作为暴露人群。通常职业人群的暴露水平的发病率较高，暴露史比较明确，并且有关暴露与疾病的历史记录较为全面、真实和可靠，故在历史性队列研究或历史前瞻性队列研究中，所选择的暴露人群常为职业人群。

2. 特殊暴露人群 即人群中对某因素有较高的暴露水平。如果高度暴露人群中疾病发病率或死亡率高于其他人群，将有利于探索暴露与疾病之间的联系，有时甚至是研究某些罕见暴露的唯一选择，如选择核事故中的高暴露人群、原子弹爆炸的受害者或接受放射治疗的人群来研究放射线暴露与白血病的关系，也常采用历史性队列研究或历史前瞻性队列研究方法。

3. 一般人群 即某行政区域或地理区域范围内的全体人群。选择其中暴露于欲研究因素者作为暴露组，而不暴露于该因素者作为非暴露组，这样研究人群将有更好的代表性，研究结果更具有普遍意义。当所研究的因素比较常见，或者计划观察某地区一般人群的发病情况，特别是计划观察一些遗传标志、生理、生化指标及疾病与环境因素的关系时，可在一般人群中选择暴露组。如美国 Framingham 地区的心脏病研究就是在一般人群中前瞻性地观察冠心病的发病率，以及性别、年龄、体力活动、家族史、吸烟、饮酒、血脂水平等因素在冠心病发生发展中的作用。

4. 有组织的人群团体 该类人群可看作是一般人群的特殊形式，即机关或社会团体成员、某些群众组织或专业团体成员、参加人寿保险或医疗保险的人员、部队成员等。其优势是拥有较完善的组织系统，更便于收集随访资料，而且暴露组和对照组有相似的经历，有较好的可比性。如 Doll 和 Hill 选择英国医师协会会员研究吸烟与肺癌的关系就属于这种情况。

（二）对照人群的选择

对照人群的正确选择可以保证队列研究结果的真实性。设立对照的目的就是为了比较，以便更好地分析暴露的作用。因此，尽可能保证与暴露组具有可比性是选择对照组的基本要求，即对照人群除未暴露或低水平暴露于所研究因素外，其他各种可能影响研究结果的因素或人群特征（年龄、性别、民族、职业、文化程度等）都应尽可能地与暴露组相同。常用于选择对照人群的方式有下列四种：

1. 内对照 内对照（internal control）即选择一组研究人群，将其中暴露于所研究因素的对象作为暴露组，其余非暴露者就可作为对照组，此即内对照。这样暴露组和非暴露组来自同一个人群总体，可比性好，也可以了解该人群的总体发病率。Doll 与 Hill 关于吸烟与肺癌关系的研究及 Framingham 心脏病研究都是采用内对照。

当研究的暴露变量不是定性变量，而是定量变量时，可按暴露水平分成若干等级，如果高水平暴露可增加疾病危险性，则以最低暴露水平的人群为对照组。

2. 外对照 外对照（external control）是当选择职业人群或特殊暴露人群作为暴露人群时，往往不能从这些人群中选出足够数量的具有可比性的对照，常需在该人群之外寻找对照组，故称为外对照。如暴露组选择具有暴露因素的某工厂全体工人，而无该暴露因素的其他工厂工人作为对照组。外对照与暴露组不是来自同一人群，需注意两组的可比性。

3. 总人口对照 总人口对照（total population control）即在暴露组是职业人群或特殊暴露人群时，以该地区全人口的发病或死亡率作为对照。其优点是可以节省研究经费和时间，对照组资料容易得到，但是对照组与暴露组在人口构成等方面可能存在差异，职业人群的健康状况通常优于一般人群，存在健康工人效应（health worker effect），应用这种对照时要注意可比性。实际上总人口对照并非严格意义上的对照，因为其中包含一些暴露者。只有在保证总人口中少部分人暴露于所研究的因素时，该种对照才是合理的。

在实际运用时，通常不以暴露组和总人口的发病（或死亡）率直接做比较，而是用暴露组的发病（或死亡）人数与用总人口发病（或死亡）率算出的期望发病（或死亡）人数计算标化比。

4. 多重对照 多重对照（multiple controls）或多种对照，即同时选取上述两种或两种以上形式的对照。这样可以减少只用一种对照所带来的偏倚，增强结果的可靠性和判断病因的依据，但设立多重对照会增加研究的工作量，也要注意暴露组与不同对照组之间的可比性。

五、样本量的估计

（一）影响样本量的因素

队列研究所需样本量取决于暴露组的估计结局发生率（p_1）、随访期内对照组（或一般人群）的估计结局发生率（p_0）、把握度（1-β）和统计学要求的显著性水平（α）四个因素。其中，前两个因素可通过查阅相关文献或预调查获得，估计的暴露组与对照组结局发生率的差越小，所需要的样本量越大；α 和 β 值由研究者根据实际情况来确定，α 和 β 值越小，则所需样本量越大。为确保研究的可靠性，把握度至少应为 0.80，如果不能获得暴露组人群结局发生率 p_1，也可通过查阅文献资料获得相对危险度（*RR*）的值，由式 $p_1=RR\times p_0$ 求得 p_1。在没有 p_1 和 *RR* 资料时，可以根据专业知识人为设定 *RR* 达到某个阈值时才有病因学意义。

（二）计算样本量时需考虑的问题

1. 暴露组与对照组的比例 一般说来，对照组的样本量与暴露组的样本量通常是相等的。如果某一组样本太少，将使合并标准差增大，因而要求总样本量增大。

2. 失访率 队列研究通常要追踪观察相当长一段时间，这期间内研究对象的失访几乎是不可避免的。因此，在计算样本量之前，需要预先估计失访率，适当扩大样本量，防止在研究的最后阶段因失访所致的样本量不足而影响结果的分析。如假设失访率为10%，则可按计算出来的样本量再加 10% 作为实际样本量。

（三）样本量的计算

在暴露组与对照组样本量相等的情况下，可通过式 5-1 计算出各组所需的样本量。另外，只要知道 α、β、p_0 和 RR 四个基本数据，即可从某些参考书的相应附表上查出所需要的样本量。也可以应用 PASS、SAS 和 Stata 等统计软件计算样本量。

$$n=\frac{(Z_\alpha\sqrt{2\bar{p}\bar{q}}+Z_\beta\sqrt{p_0q_0+p_1q_1})^2}{(p_1-p_0)^2} \quad （式 5-1）$$

式中：p_1 与 p_0 分别代表暴露组与对照组的预期发生率；$\bar{p}$ 为两组结局发生率的平均值；q=1-p；Z_α 和 Z_β 分别为 a 与 β 对应的标准正态分布临界值，可查表获得。

例如，孕妇暴露于某药物与婴儿先天性心脏病之间的联系可用队列研究来探讨。已知不暴露于该药物的孕妇所生婴儿先天性心脏病发病率（p_0）为 0.7%，估计该药物暴露的 RR 为 2.5，设 α=0.05（双侧检验），β=0.10，求所需的样本量。

$$Z_\alpha=1.96，Z_\beta=1.282，p_0=0.07，q_0=0.093$$

$$p_1=RR\times p_0=2.5\times 0.007=0.0175，q_1=0.9825$$

$$\bar{p}=\frac{1}{2}(0.007+0.0175)=0.0123，\bar{q}=0.9877$$

将上述数据代入式 5-1，则：

$$n=\frac{(1.96\sqrt{2\times 0.0123\times 0.9877}+1.282\sqrt{0.007\times 0.993+0.0175\times 0.9825})^2}{(0.0175-0.007)^2}=2310$$

即暴露组与非暴露组各需 2310 人。

六、资料的收集与随访

（一）基线资料的收集

在选定队列研究的研究对象之后，须在研究开始时仔细收集每个研究对象的基线资料。基线信息（baseline information）包括：①人口学资料（年龄、性别、婚姻状况、职业、文化程度等）以及可能的混杂因素信息：以便在分析暴露与研究结局关系时排除它们的影响，也可判断研究对象的代表性。②暴露因素信息：详细调查现在或既往累积的暴露情况，包括暴露的类型、有无暴露、最早暴露的时间、频率、剂量、累积暴露剂量、最高暴露剂量等，可作为判定暴露组与非暴露组的依据。③结局指标信息：以便在进行病因研究时排除已患有所研究疾病的人员。

基线资料获取方式一般有下列四种：①制订统一且详细的调查表，对研究对象或其他能够提供信息的人可进行直接调查。②查阅工厂、医院、单位及个人健康记录或档案。③对研究对象进行相关的体格检查、实验室检查和特殊项目检查。④若环境中的某些物理、化学、生物、气象等因素为所研究疾病的暴露因素或与其有关的因素，除查阅卫生、气象等部门的有关记录外，还要进行环境因素的定期监测。

（二）随访

随访（follow up）是指通过定期的访问或检查获取研究对象预期结局事件发生的情况或观察结局指标的变化，与此同时收集有关暴露和混杂因素变化的资料。

1. 随访对象与方法 随访对象是所有完成了基线调查的合格对象（不论是暴露组或对照组）。为了减少失访率，在有多次随访中，即使中途出现一次或以上失访，在随后的随访时，也应尽可能访问到。收集随访信息的方法应尽可能与基线调查相同，暴露组和对照组采取同样的随访方法，且检测工具、调查方法、调查人员等在整个随访过程中应尽量保持不变。如可能，尽量采用盲法随访，即随访人员在不知道研究对象分组状态的情况下进行随访调查。另外，发现研究结局的方法要可靠、敏感、简单、易被接受。

2. 随访内容 一般与基线资料内容一致，但侧重点不同，随访收集资料的重点是结局变量。有关暴露和主要混杂因素的情况也要进行随访，以便及时了解其变化，分析时充分考虑其影响。假如研究对象的暴露状态在随访期间有变化，则需要在观察结束时对不同时期的暴露状态进行重新分类。

3. 观察终点 观察终点（end-point of observation）指研究对象出现了预期的结果，达到了这个观察终点，就不再对该研究对象继续随访，否则应继续坚持随访到观察终止时间，即整个研究工作已经按计划完成，可以做出结论的时间。由于人口具有流动性，有一些研究对象并未达到观察终点就失去联系，无法获得研究结局的信息，则视为失访，这在历时较长的队列研究中难以避免。如果研究对象在到达观察终点到来之前死于意外或其他疾病，即使不能对其继续随访，也不能按照到达随访终点对待，应看作是一种失访。对于失访者，应尽可能了解失访的原因，并在资料分析时比较失访者与继续观察者的基线重要特征的差异，以便估计失访对研究结果的影响。

4. 观察终止时间 观察终止时间是指预期可以得到结果的时间。终止时间直接决定了观察期的长短，而观察期长短是以暴露因素作用于人体至产生疾病结局的时间，即潜伏期（或潜隐期）为依据的；除此之外，还应考虑所需的观察人年数。要在以上两个因素的基础上尽量缩短观察期，以节约人力、物力，减少失访。观察时间过短，可能得不出预期的结果；但追踪时间越长，失访率越高，消耗越大，也会影响结果。

第三节 资料整理及分析

队列研究在资料分析前，应对原始资料进行审查，对有明显错误的资料应进行重新调查、修正或剔除；要设法补齐不完整的资料。在此基础上，通过计算机软件将原始资料录入计算机，建立数据库进行分析。

队列研究资料的整理与分析步骤：先确定研究对象的暴露状态与暴露人数或人时数，确定结局事件发生人数及失访情况等，对研究对象的人口学特征进行描述，分析两组的可比性及资料的可靠性；然后再进行推断性分析，即计算并比较两组或多组结局发生率的差异，分析暴露的效应，即暴露与结局的关联性及其关联强度。

一、资料整理模式

固定队列和动态队列的研究资料如下所示（表 5–1、表 5–2）。

表 5–1　固定队列研究资料归纳整理表

组别	发患者数	未发患者数	合计	累计发病率
暴露组	a	b	$a+b=n_1$	a/n_1
非暴露组	c	d	$c+d=n_0$	c/n_0
合计	$a+c=m_1$	$b+d=m_0$	$a+b+c+d=n$	m_1/n

表 5–2　动态队列研究资料归纳整理表

组别	发患者数	未发患者数	合计
暴露组	A_1	P_1T_1	A_1/P_1T_1
非暴露组	A_0	P_0T_0	A_0/P_0T_0
合计	A	PT	A/PT

二、人时的计算

队列研究由于时间跨度较长，观察对象经常处于动态之中，队列内对象被观察的时间可能很不一致，这时以人为单位计算率就不合理。较合理的办法是加入时间因素，引入人时（person time）的概念来描述观察对象的暴露经历，人时即观察人数与观察时间的乘积，常用的人时单位是人年（person year）。通常使用以下三种方法对人年进行计算。

（一）以个人为单位计算人年（精确法）

即将每个人的精确的观察时间（精确到天）相加，最后折算成年。该法结果精确，手工计算时资料处理麻烦，通常使用计算机程序处理。

（二）用近似法计算人年

若不知道每个队列成员进出队列的具体时间（精确到天），就不能用上述方法直接计算人年数；另外，如果样本量很大，对人年计算的精确性要求不高时，也没有必要运用精确法来计算。此时，计算人年都可应用近似法。近似法就是用每年观察的平均人数（一般取相邻两年的年初人口的平均数或年中人口数）作为该年的观察人年数，然后将各年的观察人年数相加即得到观察的总人年数。该法计算简单，但精确性较差。

（三）用寿命表法计算人年

也可以利用简易寿命表方法计算人年。这种方法计算简单，并有一定的精确度。常用的计算方法是规定观察当年内进入队列的个人均作 1/2 人年计算，失访或出现终点结局的个人也作 1/2 人年计算。具体计算方法可参阅相关统计学教材。

三、结局发生率的计算

结局发生率常用的指标有：

（一）累积发病率（cumulative incidence，CI）

当所要研究的人群数量比较多，人口比较稳定（即固定队列），无论发病强度和观察时间如何，均可计算研究疾病的累积发病率，即以整个观察期内的发病人数除以观察开始时的人口数（式 5–2），同样的方法可用于计算累积死亡率。可见，观察时间越长，则病例发生越多，所以本指标表示发病率的累积情况。因此报告累积发病率时必须说明累积时间的长短，否则其流行病学意义不明确。

$$\text{累积发病率} = \frac{\text{观察期内发病人数}}{\text{观察开始时的人口数}} \times k \qquad \text{（式 5–2）}$$

（二）发病密度（incidence density，ID）

如果队列研究观察的时间比较长，就很难保证研究人口的稳定。当观察的人口不稳定，观察对象进入研究的时间不统一，以及各种原因造成研究对象在不同时间失访等均可造成每个研究对象被观察的时间不一样，这样的队列即为动态队列。此时以总人数为单位计算发病率并不合理，因为提早退出的研究者若能坚持到随访期结束，则仍有发病的可能。需以观察人时（person time）即观察人数与观察时间的乘积为分母计算发病率（式 5–3），以人时为单位计算出来的发病率带有瞬时频率性质，即表示在一定时间内发生某病新病例的速率，称为发病密度。最常用的人时单位是人年（person year），10 个研究对象被观察 1 年或者 1 个研究对象被观察 10 年称为 10 个人年。以人年为基础计算的发病密度，也称为人年发病率。如果研究是以死亡事件为结局，则可计算死亡密度或称人年死亡率。

$$\text{发病密度} = \frac{\text{观察期内的发病人数}}{\text{观察人年数}} \times k \qquad \text{（式 5–3）}$$

（三）标化比

当研究对象数量较少，结局事件发生率比较低时，无论观察时间长短，都不宜直接计算率，而是以全人口的发病（或死亡）率作为标准，计算出观察人群的预期发病（或死亡）人数，再求得观察人群中实际发病（或死亡）人数与此预期发病（或死亡）人数之比，即标化发病（或死亡）比（standardized morbidity/morality ratio, SMR）（式 5–4）。在职业病流行病学研究中常用这一指标。虽然标化比是在特殊情况下用来替代率的指标，但实际上不是率，其流行病学意义与后面将要介绍的关联强度（效应）指标类似。

$$SMR = \frac{观察发病（或死亡）数}{预期发病（或死亡）数} = \frac{观察发病（或死亡）数}{全人口发病（或死亡）率 \times 观察人数} \quad （式 5\text{–}4）$$

四、关联强度的估计

若暴露组与对照组发病（或死亡）率的差异有统计学意义，说明暴露与疾病发病（或死亡）有关联，可对暴露与发病（或死亡）之间的联系强度进行进一步估计，即评价暴露的效应。队列研究的优点在于它可以直接计算出研究对象的结局发生率，可直接评价暴露的效应。以下为常用的效应测量指标：

（一）相对危险度

相对危险度（relative risk，RR）是反映暴露与发病（或死亡）关联强度的最常用指标，也叫率比（rate ratio，RR）或危险度比（risk ratio，RR）是暴露组和非暴露组的发病（或死亡）率之比。

$$RR = \frac{I_1}{I_0} \quad （式 5\text{–}5）$$

式中：I_1 和 I_0 分别代表暴露组和非暴露组的发病（或死亡）率；RR 表示暴露组发病（或死亡）的危险是非暴露组的多少倍，$RR=1$ 表示两组的发病或死亡率无差别；$RR > 1$ 表示暴露组的发病或死亡率高于非暴露组；暴露可增加发病（或死亡）的危险性，暴露因素是疾病的危险因素；$RR < 1$ 表示暴露组的发病（或死亡）率低于非暴露组，暴露可减少发病（或死亡）的危险性，暴露因素是疾病的保护因素。相对危险度大小与关联强度关系常用的判断标准如下所示（表 5–3）。可见，RR 值越偏离 1，表明暴露与结局关联的强度越大。

表 5-3 相对危险度与关联强度

RR		关联强度
保护因素	危险因素	
0.9 ～ 1.0	1.0 ～ 1.1	无关联
0.7 ～ 0.8	1.2 ～ 1.4	弱
0.4 ～ 0.6	1.5 ～ 2.9	中
0.1 ～ 0.3	3.0 ～ 9.9	强
＜ 0.1	10 ～	很强

由样本资料计算出的 *RR* 是一个点估计值，常采用 Woolf 法计算 *RR* 的 95% 可信区间（confidence interval，CI），估计其总体范围，计算公式为：

$$\ln RR95\%CI = \ln RR \pm 1.96\sqrt{Var(\ln RR)} \quad （式 5-6）$$

Var（ln*RR*）是 *RR* 自然对数的方差，$Var(\ln RR) = \frac{1}{a} + \frac{1}{b} + \frac{1}{c} + \frac{1}{d}$

ln*RR* 的 95% 可信区间 = $\ln RR \pm 1.96\sqrt{Var(\ln RR)}$ ，其反自然对数即为 *RR* 的 95% 可信区间。

*RR*95%*CI* 不包括 1 时，说明暴露与疾病有关联，且具有统计学意义。

（二）归因危险度

归因危险度（attributable risk，AR）又称特异危险度、率差（rate difference，RD）和超额危险度（excess risk），是暴露组发病（或死亡）率与对照组发病（或死亡）率相差的绝对值，说明发病（或死亡）危险特异地归因于暴露因素的程度，即使暴露人群由于暴露因素发病（或死亡）率增加或减少的程度。

$$AR = I_1 - I_0 = \frac{a}{n_1} - \frac{c}{n_0} \quad （式 5-7）$$

由于 $AR = \frac{I_1}{I_0}$，$I_1 = RR \times I_0$

所以 $AR = RR \times I_0 - I_0 = I_0（RR - 1）$ （式 5-8）

同样，归因危险度也是一个样本的点估计值，可以计算 *AR* 的 95%*CI*。

$$AR\ 95\%\ CI = AR \pm 1.96\sqrt{\frac{a}{{n_1}^2} + \frac{c}{{n_0}^2}} \quad （式 5-9）$$

RR 和 *AR* 都是表示关联强度的重要指标，彼此密切关联，但其意义却不同。*RR* 说

明暴露者发生疾病的危险是非暴露者的多少倍，具有病因学的意义；*AR* 则是暴露人群与非暴露人群比较，所增加的疾病发生数量，如果暴露因素消除，就可减少这个数量的疾病发生，前者更具有病因学的意义，后者更具有在疾病预防和公共卫生学上的意义。以下表为例说明两者的区别，从 *RR* 看，吸烟对肺癌的作用较大，病因联系较强；而从 *AR* 看，吸烟对心血管疾病的作用较大，预防所取得的社会效果更大，如下所示（表5–4）。

表 5–4　吸烟者与非吸烟者死于不同疾病的 *RR* 与 *AR*

疾病	吸烟者（1/10 万人年）	非吸烟者（1/10 万人年）	*RR*	*AR*（1/10 万人年）
肺癌	48.33	4.49	10.8	43.84
心血管疾病	294.67	169.54	1.7	125.13

（引自：Lee，1982）

（三）归因危险度百分比

归因危险度百分比（attributable risk percent, ARP, AR%）又称为病因分值（etiologic fraction，EF）是指暴露人群中的发病（或死亡）归因于暴露的部分占全部发病（或死亡）率的百分比。归因危险度百分比主要与相对危险度的高低有关。

$$AR\% = \frac{I_1 - I_0}{I_1} \times 100\% \qquad \text{（式 5–10）}$$

或

$$AR\% = \frac{RR-1}{RR} \times 100\% \qquad \text{（式 5–11）}$$

式（5–11）的优点是仅知道 *RR* 就可计算 *AR*%，不需要暴露组和非暴露组的发病率资料，因此在某些情况下可以用病例对照研究资料估计 *AR*%。

（四）人群归因危险度

人群归因危险度（population attributable risk，PAR）是指总人群发病（或死亡）率中归因于暴露的部分。PAR 的计算式如下：

$$PAR = I_t - I_0 \qquad \text{（式 5–12）}$$

式中：I_t 代表全人群的发病（或死亡）率；I_0 为非暴露组的发病（或死亡）率。

（五）人群归因危险度百分比

人群归因危险度百分比（population attributable risk percent，PARP，PAR%）也称人群病因分值（population etiologic fraction. PEF），是指在总人群中发病（或死亡）率中

归因于暴露的部分占全部发病（或死亡）率的百分比。人群归因危险度百分比的计算公式如下：

$$PAR\% = \frac{I_t - I_0}{I_t} \times 100\% \quad （式 5–13）$$

或

$$PAR\% = \frac{P_e（RR-1）}{P_e（RR-1）+1} \times 100\% \quad （式 5–14）$$

式中：P_e 是总人群对某种因素的暴露率。从该式可看出 $PAR\%$ 与反映暴露致病作用的 RR 和人群中暴露者的比例都有关，说明暴露对全人群的危害程度。如果某种暴露是某疾病的一个重要病因，即 RR 较大，但在人群中的暴露率很小，则 $PAR\%$ 也会较小。如二硫化碳（CS_2）暴露使粘胶纤维厂工人患心肌梗死的 RR 达 3.6，但 CS_2 在全人群中的暴露率非常低，是一种职业暴露，因而 $PAR\%$ 会很小，说明在全人群中采取针对 CS_2 的措施对于预防心肌梗死意义并不大，只要做好职业防护即可。

例如，已知非吸烟人群肺癌年死亡率（I_0）为 0.0449‰，吸烟者肺癌年死亡率（I_1）为 0.4833‰，全人群的肺癌年死亡率（I_t）为 0.2836‰，则：

$RR = \frac{I_1}{I_0} = 0.4833/0.0449 = 10.8$，说明吸烟者的肺癌死亡危险是非吸烟者的 10.8 倍。

$AR = I_1 - I_0 = 0.4833 - 0.0449 = 0.4384$，说明如果去除吸烟因素，则可使吸烟人群肺癌死亡率减少 0.4384‰。

$AR\% = \frac{I_1 - I_0}{I_1} \times 100\% = \frac{0.4833 - 0.0449}{0.4833} \times 100\% = 90.7\%$，说明吸烟人群中由吸烟引起的肺癌死亡占所有肺癌死亡人数的 90.7%，亦即吸烟人群中有 90.7% 的肺癌死亡是由吸烟引起的。

$PAR = I_t - I_0 = 0.2836 - 0.0449 = 0.2387$，说明如果去掉吸烟因素，则可使全人群中减少 0.2387‰ 的肺癌死亡。

$PAR\% = \frac{I_t - I_0}{I_t} \times 100\% = \frac{0.2836-0.0449}{0.2836} \times 100\% = 84.2\%$，说明全人群中由吸烟而引起的肺癌死亡占所有肺癌死亡的 84.2%，亦即全人群中有 84.2% 的肺癌死亡是由吸烟引起的。

从上述计算结果可以知道，虽然吸烟导致肺癌的 $AR\%$ 达 90.7%，但因人群中吸烟人群只占一部分，故 $PAR\%$ 仅为 84.2%。注意各指标的单位，有助于理解其意义。

（六）剂量反应关系分析

如果队列研究的暴露因素是计量资料（如每日吸烟量），则可按实际暴露情况将研究对象分成不同暴露水平的亚组，分别计算不同暴露水平亚组的发病（或死亡）率，然后以非暴露组或最低暴露水平组为对照，分别计算各暴露水平亚组的 *RR* 和 *AR*。如果暴露的剂量越大，*RR* 和 *AR* 越大，则暴露与效应之间存在剂量反应关系，说明该暴露作为病因的可能性就越大。必要时，应对危险度或率的变化作趋势性检验。如下表结果显示，肺癌死亡率、*RR* 和 *AR* 都随每日吸烟量的升高而增大，说明存在剂量效应关系，吸烟很可能是肺癌死亡的原因，如下所示（表 5–5）。

表 5–5　肺癌死亡率与吸烟量的关系

吸烟量（支 / 日）	肺癌死亡率（‰）	*RR*	*AR*
不吸烟	0.07	1.00	0.00
1 ～ 14	0.57	8.14	0.50
15 ～ 24	1.39	19.86	1.32
25+	2.27	32.43	2.20

第四节　优点与局限性

一、优点

1. 由于在结局发生之前对研究对象暴露资料进行收集，并且都是由研究者亲自观察得到或来自历史记录，所以资料可靠。

2. 可以直接获得暴露组和对照组的发病（或死亡）率，直接计算出 *RR* 和 *AR* 等反映暴露与疾病关联强度的指标。

3. 由于暴露在前，疾病发生在后，因果时间顺序明确，再加上偏倚较少，所以检验病因假说的能力较强，可证实因果联系。

4. 随访观察过程有助于了解人群疾病的自然史。

5. 可同时观察一种暴露因素所致的多种疾病，分析一种暴露与多种疾病的关系。

二、局限性

1. 前瞻性研究耗费的人力、物力、财力和时间较多，不易实施。

2. 不适于发病率很低的疾病的病因研究。

3. 由于随访时间较长，容易产生失访偏倚。

4. 在随访过程中，未知变量引入人群或人群中已知变量的变化等，都能使结局受到影响，使分析复杂化。

（于澄）

思考题

1. 队列研究有哪些特点？
2. 前瞻性队列研究和回顾性队列研究有哪些区别？
3. 相对危险度和归因危险度的区别是什么？

第六章 病例对照研究

病例对照研究是流行病学分析中最基础，最重要的研究类型之一，它主要用于探索疾病的病因或危险因素，并检验因果假设，它在病因研究中起着越来越重要的作用。与队列研究相比较，病例对照研究具有省时、省力、出结果快的优点，特别适用于罕见的病因或危险因素的研究。

第一节 概 述

一、概念

病例对照研究（case-control study）是根据所研究疾病的存在与否或某种健康事件的有无将研究对象分为病例组和对照组，并追溯其既往（在疾病或某种卫生事件发生之前）对所研究因素的暴露情况进行观察研究，并将其进行比较，以推断疾病与因素之间是否存在关联，以及关联的强度。病例对照研究设计的基本思想是收集病例和对照的过去暴露情况，在时间顺序上属回顾性质，因此也称为回顾性研究（retrospective study）。

二、原理

病例对照研究的基本原理是以当前已经确诊的患有某特定疾病的一组患者或出现研究者所感兴趣的卫生事件的一组个体作为病例组，以不患有该病或不具有所感兴趣的事件但具有可比性的一组个体作为对照组，通过询问、实验室检查或复查病史等方法，搜集既往各种可疑致病因素的暴露史，测量并比较两组对各种因素的暴露比例，暴露因素既可以是增加疾病等事件发生概率的各种危险因素，也可以是降低疾病等事件发生概率的保护因素。如果病例组的暴露比例与对照组的暴露比例差别有统计学意义，则认为这种暴露与所研究疾病存在统计学关联，进而在估计各种偏倚对研究结果的影响之后，推断出危险因素，从而达到探索和检验病因假说的目的。病例对照研究基本原理如下所示（图 6-1）。

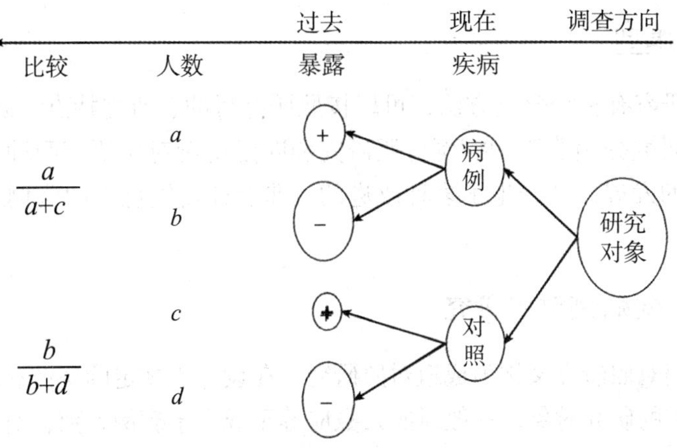

图 6-1 病例对照研究基本原理示意图

三、主要用途

(一) 探索疾病病因或危险因素

病例对照研究最常被用于疾病病因或危险因素的研究，从众多与疾病或卫生事件发生相关的可疑因素中，筛选相关因素，可以广泛探索病因或者危险因素，也可在描述性研究或探索性病例对照研究初步形成病因假说的基础上检验某个或某几个病因假说。

(二) 健康状态等事件发生的影响因素

将研究扩展到与疾病和健康状况相关的医学事件或公共卫生事件的研究，如意外伤害，老年人的生活质量，中学生问题行为、肥胖与超重等相关因素的研究，为制定相应卫生决策提供依据。

(三) 疾病预后因素的研究

病例对照研究也可用于筛选和评价影响疾病预后的因素。将发生某种临床结局者作为病例组，未发生该结局者作为对照组，进行病例对照研究，以分析和理解产生不同结局的相关因素，从而采取有效措施改善疾病的预后，或者对影响预后的因素做出正确的解释。

(四) 临床疗效影响因素的研究

相同的治疗方法对同一疾病的治疗可能具有不同的疗效。将发生和未发生某种临床疗效者分别作为病例组和对照组进行病对照研究，以分析不同疗效的影响因素并更好地指导临床实践。

四、研究类型

病例对照研究有多种分类方法，可以按照研究目的、研究特点、研究设计等分类，可将病例对照研究分为非匹配病例对照研究和匹配病例对照研究两种基本类型，随着流行病学研究的发展，又产生了多种改进的、非上述传统意义的病例对照研究的衍生类型。

（一）非匹配病例对照研究

非匹配病例对照研究又称为成组对照研究，在设计所规定的病例和时照人群中，分别抽取一定数量的研究对象，一般对照人数应等于或多于病例人数，对于病例和对照之间的关系不作限制和规定。

（二）匹配病例照研究

匹配又称作配比，是指所选择的对照在某些因素或特征上与病例保持一致。这些因素或特征被称为匹配因素或匹配变量，如年龄、性别、居住地等。匹配的目的是使匹配因素在病例组与对照组之间保持平衡，从而排除这些因素对结果的干扰，提高研究的效率。

根据匹配的方式不同，可将匹配分为成组匹配和个体匹配两种形式。

1. 成组匹配病例对照研究 成组匹配（category matching）也称频率匹配（frequency matching），是指对照组具有某些因素或特征者所占的比例与病例组一致或相近，即病例组与对照组之间某些因素和特征的分布一致或接近。如病例组男女各半，50岁以上者占1/3，则对照组的性别和年龄分布应与病例组相同，且差异无统计学意义。

2. 个体匹配病例对照研究 个体匹配（individual matching）是指以个体为单位使病例和对照在某种或某些因素或特征方面相同或接近。1个病例可以匹配1个对照，这种情况叫配对（pair matching），如果对照易得而病例罕见时，也可以1个病例匹配多个对照，如1∶2、1∶3……1∶R。由Pitman效率递增公式$2R/(R+1)$可知，随着R值的增加效率也在增加，但增加的幅度越来越小。由于超过1∶4匹配时研究效率增加缓慢并且工作量增加，故不建议采用。

第二节　研究设计与实施

同流行病学其他研究方法一样，病例对照研究首先要了解所要研究问题当前的知识水平以及有关该问题现有的假说或见解以保证研究课题的先进性，并制定严谨而科学的研究方案，在病例对照研究的设计和实施中，应特别注意以下内容。

一、确定研究目的

明确研究目的是制定研究计划的核心和指导思想，根据疾病发生的特点、既往研究的结果及临床或卫生工作中需要解决的问题，结合文献资料，提出病因假设，确定研究目的，即本次研究要解决哪些具体问题。

二、明确研究类型

研究类型的选择可以考虑以下两方面：

1. 根据研究目的进一步确定适宜的研究类型 例如，研究目的是广泛探索疾病的危险因子，可以采用不匹配或频数匹配的病例对照研究方法，如果研究目的是检验病因假设，尤其是对于小样本研究或所能得到的符合规定的病例数很少，则可采用 $1:R$ 个体匹配的设计方法。

2. 根据对照与病例在某些重要因素或特征方面的可比性要求 病例的年龄、性别等构成特殊，随机抽取的对照组很难与病例组均衡可比时，可以采用个体匹配的病例对照研究。

三、确定研究对象

病例对照研究的研究对象包括患有所研究疾病的病例和未患该病的对照，对照组的选择对整个研究尤为重要。

（一）病例的选择

1. 选择原则 病例对照研究中的病例是指患有所研究疾病且符合研究入选标准的人。病例选择的基本原则有两个：①代表性：选择的病例应足以代表产生病例的靶人群中的全体病例。②诊断明确：必须对所研究疾病的诊断标准做出明确的规定，所有病例都应符合严格的诊断标准。应尽可能按照统一的国际及国内标准执行，以便与他人的工作进行比较，并应尽可能使用金标准，对于无明确诊断标准的疾病，可根据研究的需要制定明确的定义。另外，可以指定或限制研究对象的特定特征（性别、年龄、种族等），以控制非研究因素对结果的干扰。

2. 病例的类型 病例类型通常包括新发病例（incident case）、现患病例（prevalent case）和死亡病例（death case）。

不同病例的选择各有其优缺点：①选择新发病例的优点在于，病历资料容易获得，由于病例患病的时间较短，对有关暴露的回忆较为准确可靠，并可避免因临床预后的不同而引起选择偏倚，然而，收集新发病例既耗时并且费用较大，尤其是对于低发病率的疾病。②现患病例则可弥补上述缺点，应用现患病例可在较小范围或较短时间内得到足够的病例数，但现患病例对暴露史的回忆因患病时间较长而易发生偏差，难以区分暴露和疾病的时间顺序，而且容易掺入疾病迁延及存活的因素。③选择死亡病例进行研究，特点是费用低、出结果快，得出的信息对进一步深入研究有一定的帮助，但因暴露情况是由询问亲属或其他人，或经查阅历史资料和记录获得，所获得数据的准确性较低，应充分考虑数据整理和分析中可能存在的偏倚。因此，如果条件允许应尽可能选择新发病例。

3. 病例的来源 病例既可以来自医院，即以医院为基础（hospital-based），也可以来自社区，即以社区为基础（community-based）。

从医院选择的病例，可以是门诊患者或住院患者，也可以是已经出院甚至死亡的患者。其优点是资料易得，节省费用，合作性好，信息较完整、准确，对于罕见病有时是唯一可行的方法，但不同医院接受的患者具有不同的特征，如果仅从一所医院选择病例，代表性较差，容易发生选择偏倚，病例应尽量选自不同水平、不同类型的医院。从社区人群中选择病例时，可以利用疾病监测资料或居民健康档案选择合格的病例，对于常见病也可以组织专门的调查（普查、抽样调查），从社区居民中发现该病的病例。其最大优点是非常具有代表性，结果推及到人群的可信程度较高。但不易得到，并且工作量和难度都相对较大。

（二）对照的选择

1. 选择原则 对照的选择往往比病例的选择更复杂、更困难。对照必须是按照所研究疾病的诊断标准判定的非患者。对照组的选择应遵循代表性原则，即所选择的对照应能代表目标人群暴露的分布情况，最好是全人群的一个无偏样本，或是对照的暴露分布应该与病例源人群的暴露分布一致，以保证对照与病例具有可比性。

2. 对照的形式 选择对照时主要采取匹配与非匹配两种方式。非匹配设计时，选择对照时没有任何限制和要求。进行匹配对照时，需要在某些特征或因素上与病例保持一致，目的主要是提高研究效率，其次是控制混杂因素的干扰。因此，如果条件允许，应尽可能采取匹配的方式选取对照。如果病例和对照的来源都较充分，则以配对为佳；如果病例少而对照相对容易获得，则可以使用一个病例匹配多个对照的方式。匹配变量必须是已知的混杂因素（confounding factor），或至少有充分理由怀疑的混杂因素，如果将不起混杂作用的因素作为匹配变量进行匹配，企图使病例与对照尽可能一致，导致研究因素与疾病间的关联强度降低，这种情况被称为匹配过头（over-matching）。不应匹配的情况：①研究因素与疾病因果链中的中间因素变量不应匹配，例如，吸烟会影响血脂，而血脂与心血管疾病有因果关系，在研究吸烟与心血管疾病关系的病例对照研究中，根据血脂水平进行匹配，则吸烟与疾病的关联可能消失。②只与可疑病因有关而与疾病无关的因素不应用来匹配。例如，避孕药的使用与宗教信仰有关，但宗教信仰与所研究的疾病无关，因此不应将宗教信仰用作匹配因素。

3. 对照的来源

（1）同一或多个医疗机构中被诊断出患有其他疾病的患者 实际工作中常采用这种对照。其优点为易于选取，比较合作，且可利用档案资料，但代表性较差，容易产生选择偏倚。为避免这种选择偏倚，选择医院对照时应遵循以下原则：①因与研究的暴露因素有关的疾病而入院的患者不能用作对照；此排除标准针对此次研究的疾病，而非疾病史。②控制对象应包括尽可能多的疾病患者，尽可能选择多个医院、多科室、多病种的患者作为对照。

（2）社会团体人群中非该病病例或健康人 其最大优点是代表性强，但实施难度大，费用高，所选对照不易配合。

（3）病例的邻居或同一住宅区内的健康人或非该病患者　有助于控制社会经济地位的混杂作用，用于匹配设计。

（4）病例的配偶、同胞、亲戚、同学或同事等　这种对照易选且比较合作，但代表性较差。有助于排除某些环境或遗传因素对结果的影响，如同胞对照有助于控制早期环境影响和遗传因素的混杂作用，配偶对照则可控制某些环境因素对结果的干扰。但研究某职业病的危险因素时，一般不可选择同事对照。

为弥补各种对照在实际工作中的缺点，可以选择多重对照，比如同时选择医院和社区对照。

四、样本含量的估计

病例对照研究中影响样本量主要有四个因素：

1. 研究因素在对照人群（对照组）中的估计暴露率（p_0）。
2. 研究因素与疾病关联强度的估计值（相对危险度 RR 或比值比 OR）。
3. 假设检验的显著性水平 α。
4. 检验的把握度（$1-\beta$）。

一般而言，α 或 β 越小，所需样本量越大；α、β 和 p_0 一定时，*OR* 或 *RR* 的估计值越远离 1，即因素对疾病发生的作用越强，所需的样本量越小；p_0 和 p_1 差值越大，所需样本量越小。

因为样本含量估计是有条件的，而这种条件在重复研究中不是一成不变的，所以样本含量估计具有相对的意义，并非绝对精确的数值。计算公式设想的是单一暴露因素，实际研究中往往需要同时探索几个因素与所研究疾病的关系，因此在实际研究中通常可从两方面考虑：①选择最大的样本量，保证较高的检验效率。②根据研究目的，结合实际情况，舍弃对次要因素和 *OR* 值接近 1 的因素的探讨，适当减少样本含量，使主要的研究因素得到有把握的检验。具体样本量估计方法可使用查表法或 PASS 软件等计算。

五、资料收集

病例对照研究的资料收集方法主要是利用专门设计的调查表进行面访，因此调查表的设计是很重要的一个步骤。有时也可采用通讯调查方法、查阅医疗记录、报告登记资料、职业史档案等，作为询问调查的补充。有时需要现场观察和实际测量某些指标，如体格检查或环境因素的测量、血液或其他生物标本的实验室检查等。应根据研究目的和实际情况，恰当选择资料收集方法。对调查员要进行培训，对调查工作要做好监督和检查，尽量减少调查和测量偏倚，实行质量控制。流行病学研究关键的问题是要保证比较的不同组别之间信息应该具有相似的质量，即病例和对照的调查时间愈近愈好，病例和对照接受调查的环境和方法应相同，资料的准确性要可比，以便减少偏倚。

第三节 资料分析

一、描述性分析

首先，需要对所收集到的资料进行全面检查与核实，以保证资料的完整性和准确性，然后将原始数据分组、归纳或编码输入计算机，建立数据库。

（一）一般特征描述

即对病例组和对照组的一般特征进行描述，如性别、年龄、职业、居住地、疾病临床类型等特征在两组的分布情况，一般以均数或构成比表示。如果为某人群的随机抽样病例，则需要与相应时间和地区的全部病例特征进行比较。

（二）均衡性检验

即比较病例组与对照组某些基本特征是否相似或齐同。常采用 t 检验、方差分析、卡方检验等，以评价两组的可比性。如果两组在某些基本特征方面的差异有统计学意义，则在推断性分析时应考虑到其对研究结果的可能影响并加以控制。

二、推断性分析

即通过比较病例组与对照组对某些研究因素暴露率的差异，分析暴露与疾病有无关联，如果暴露与疾病有关联，则进一步分析关联的强度。

（一）非匹配或成组匹配设计资料的分析

将病例组和对照组按某个因素暴露史的有无整理成如下四格表（2×2 表）的模式，如下所示（表 6–1）。

表 6–1 非匹配或成组匹配病例对照研究资料分析表

暴露因素	病例组	对照组	合计
有	a	b	m_1
无	c	d	m_0
合计	n_1	n_0	T

1. 暴露与疾病关联性分析 检验病例组某因素的暴露率或暴露比例（a/n_1）与对照组（b/n_0）之间的差异是否具有统计学意义。如果两组某因素暴露率差异有统计学意义，说明该暴露与疾病存在统计学关联。检验此假设一般采用四格表卡方检验，见式 6–1、式 6–2。

$$\chi^2 = \frac{(ad-bc)^2 T}{m_1 m_0 n_1 n_0} \quad \text{（式 6-1）}$$

当四格表中一个格子的理论数> 1 但< 5，总例数> 40 时，用校正 χ^2 检验：

$$\chi^2_{校} = \frac{(|ad-bc|-\frac{T}{2})^2 T}{m_1 m_0 n_1 n_0} \quad \text{（式 6-2）}$$

例 6-1 前述研究实例中，Doll 和 Hill 用病例对照研究方法进行了吸烟与肺癌关系的研究。下表为部分调查资料，其中，病例组为 194 ～ 1952 年间在伦敦 20 家医院确诊的 709 例肺癌患者（男性 649 例，女性 60 例），对照组为来自同一医院、同性别、同年龄组（5 岁一组）的 709 例非肿瘤患者（表 6-2）。

表 6-2 吸烟与肺癌病例对照研究资料整理表

吸烟史	病例组	对照组	合计
有	688	650	1338
无	21	59	80
合计	709	709	1418

$$\chi^2 = \frac{(688\times59-650\times21)^2\times1418}{1338\times80\times709\times709} = 19.13，v = 1，查表得：P < 0.01。$$

结果表明：病例组吸烟的比例明显高于对照组，差异有统计学意义，提示吸烟与肺癌有关。

2. 关联强度分析 关联强度（strength of association）分析的目的是推断暴露因素与疾病关联的密切程度，是病因学研究中资料分析的核心内容。描述暴露与疾病联系强度的指标是相对危险度（*RR*），是暴露组发病率或死亡率与非暴露组发病率或死亡率之比。一般情况下，病例对照研究中没有暴露组和非暴露组的观察人数，不能计算发病率，因此不能直接计算 *RR* 但可通过计算比值比（odds ratio，*OR*）来近似估计 *RR*。

比值比（odds ratio，*OR*）是指病例组某因素的暴露比值与对照组该因素的暴露比值之比，反映了病例组某因素的暴露比例为对照组的若干倍。

从表 6-1 可见，病例组暴露的概率为 a/n_1，无暴露的概率为 c/n_1，两者的比值（odds）=（a/n_1）/（c/n_1）=a/c。同理，对照组暴露与无暴露的比值 =b/d。则：

$$OR = \frac{a/c}{b/d} = \frac{ad}{bc} \quad \text{（式 6-3）}$$

如果患病率和发病率不同，则 *OR* 和 *RR* 之间存在差异。通常，如果疾病的发病率较低，并且所选病例和对照具有代表性，则 *OR* 接近于 *RR*。有资料报道，当发病率低于 5% 时，*OR* 可以较好地反映 *RR*。

OR 的含义与 *RR* 相似，均指暴露组的疾病危险性是非暴露组的多少倍。$OR = 1$，表明研究因素与疾病之间无关联；$OR > 1$，表明研究因素与研究的疾病呈“正”关联，暴露因素是疾病的危险因素，数值愈大，该因素为危险因素的可能性愈大；$OR < 1$，表明暴露与疾病呈“负”关联，即暴露可降低疾病的危险性，暴露因素是保护因素，数值愈小，该因素为保护因素的可能性愈大。

以例 6–1，查表 6–2 计算其比值比为：

$$OR = \frac{688 \times 59}{650 \times 21} = 2.97$$

结果表明：有吸烟史者患肺癌的危险性为没有吸烟史者患肺癌危险性的 2.97 倍，提示吸烟与肺癌呈正相关关系，吸烟是肺癌的一个危险因素。

3. *OR* 可信区间的计算 *OR* 值是一个样本的点估计值，它不能反映总体 *OR* 值，故需用样本 *OR* 推测总体 *OR* 所在范围。由于存在抽样误差，通常估计 *OR* 的 95% 可信区间。

目前，常用 Miettinen 氏卡方值法和 Woolf 氏自然对数转换法估计 *OR* 的 95% 可信区间。

（1）Miettinen 氏卡方值法 计算公式为：

$$OR\ 95\%\ CI = OR^{(1 \pm 1.96/\sqrt{X^2})} \quad \text{（式 6–4）}$$

计算时一般用不校正的 χ^2 值。

例 6–1：*OR* 的 95% *CI* $= 2.97^{(1 \pm 1.96/\sqrt{19.13})} =$（1.82 ～ 4.84）结果表明：有吸烟史者患肺癌 *OR* 的 95% 可信范围是在 1.82–4.84 之间。

（2）Woolf 氏自然对数转换法 计算公式为：

$$\text{In}OR\ 95\%\ CI = \text{In}OR \pm 1.96\sqrt{Var(\text{In}OR)} \quad \text{（式 6–5）}$$

Var（ln*OR*）为 *OR* 的自然对数的方差，$\text{Var}(\ln OR) = \frac{1}{a} + \frac{1}{b} + \frac{1}{c} + \frac{1}{d}$

取 In*OR* 95% *CI* 的反对数值即为 *OR* 95% *CI*。

例 6–1：$\text{Var}(\ln OR) = \frac{1}{688} + \frac{1}{650} + \frac{1}{21} + \frac{1}{59} = 0.0676$，则：

$$\text{In}OR\ 95\%\ CI = \text{In}2.97 \pm 1.96 \times \sqrt{0.0676} = (0.5790,\ 1.5982)$$

分别取其反自然对数，得 *OR* 95%*CI* 为 1.78 ～ 4.94。

结果表明：有吸烟史者患肺癌 *OR* 的 95% 可信范围为 1.78 ～ 4.94。

上述两种方法计算结果基本一致，Miettinen 法较 Woolf 法计算的可信区间范围窄，且计算方法简单，较常用。

OR 可信区间计算的意义在于用样本的 *OR* 来估计总体 *OR* 的范围，95% *CI* 表示有 95% 把握说明总体 *OR* 所在的范围。如果 95%*CI* 不包括 1（$OR > 1$ 或 $OR < 1$），说明

如果进行多次病例对照研究，有 95% 的可能 *OR* 不等于 1，该项研究 *OR* 不等于 1 并非抽样误差所致，有理由认为研究因素与研究疾病有关联；如果 95%*CI* 包括 1，说明如果进行多次病例对照研究，可能有 95% 的研究其 *OR* 值等于 1 或接近 1，即研究因素与研究疾病无关。

（二）个体匹配设计资料的分析

以 1∶1 个体配对研究为例，根据每一个病例与其对照构成的每个对子的暴露情况，病例对照研究中，1∶1 配对资料可整理成下表的形式（表 6–3）。

表 6–3　1∶1 配对病例对照研究资料整理模式

对照组	病例组		合计
	有暴露史	无暴露史	
有暴露史	*a*	*b*	*a*+*b*
无暴露史	*c*	*d*	*c*+*d*
合计	*a*+*c*	*b*+*d*	*T*

1. 暴露与疾病有无关联　用 McNemar χ^2 检验公式计算：

$$\chi^2=\frac{(b-c)^2}{(b+c)} \qquad \text{（式 6–6）}$$

当 $b+c<40$ 或有理论数小于 5 但大于 1 时用校正公式：

$$\chi^2=\frac{(|b-c|-1)^2}{b+c} \qquad \text{（式 6–7）}$$

2. 计算 *OR* 及 95% *CI*

$$OR=\frac{c}{b} \qquad \text{（式 6–8）}$$

OR 的 95%*CI* 的计算同公式 5–4、公式 5–5。

例 6–2：在 Doll 和 Hill 关于吸烟与肺癌之间关系的研究中，除了比较病例组和非肺癌组外，还进行了肺癌与其他肿瘤对照的 1∶1 匹配病例对照研究，即每调查一例肺癌患者，同时配一例同医院同期住院的胃癌、肠癌等非呼吸系统肿瘤患者。匹配条件为：年龄相差 5 岁以下，性别和居住地区相同，家庭经济条件相似。下表显示了男性肺癌患者和非呼吸系统肿瘤患者（对照）的吸烟状况（表 6–4）。

表 6-4 男性吸烟与肺癌 1∶1 配对病例对照研究资料分析

对照	病例		合计
	吸烟	不吸烟	
吸烟	1287	7	1294
不吸烟	61	2	63
合计	1348	9	1357

$$\chi^2 = \frac{(7-61)^2}{(7+61)} = 42.88，P < 0.01$$

$$OR = \frac{61}{7} = 8.71，OR\ 95\%\ CI = 4.55 \sim 16.67$$

结果表明：吸烟与肺癌有关，提示吸烟是肺癌发生的危险因素。

第四节 优点与局限性

一、优点

1. 病例对照研究适用于罕见的、潜伏期长的疾病研究，有时往往是罕见病病因研究的唯一选择。也适于研究一些新出现的或原因不明的疾病，能广泛地探索其影响因素，为公共卫生干预策略与方案的制定提供重要依据。

2. 病例对照研究需要的样本量较小，因此相对更省人力、物力、时间和经费，并且易于组织实施、出结果快。

3. 适用于研究多种暴露因素与某种疾病之间的关联，也可进行多种因素间交互作用的研究。

4. 不仅应用于病因的探讨，也可用于防治措施的疗效、疾病预后和不良反应的评价及影响因素的研究。

二、局限性

1. 不适用于研究人群中暴露比例很低的因素，因需要的样本量较大，会影响研究的可行性。

2. 容易发生各种偏倚，包括选择偏倚、信息偏倚、混杂偏倚，尤其难以避免回忆偏倚、选择偏倚，故而会影响到研究结果的真实性。

3. 难以确定暴露与疾病的时间先后顺序，一般无法直接得出因果关联的结论。

4. 不能直接计算暴露组和非暴露组的发病率，只能估计相对危险度，因此难以充分而直接地分析研究因素与疾病之间的关系。

（于澄）

思考题

1. 病例对照研究的特点，主要用途有哪些？
2. 病例对照研究中，如何选择病例组和对照组？
3. 病例对照研究中容易产生的偏倚及控制方法有哪些？

第七章 实验流行病学

实验流行病学（ experimental epidemiology ）是一种以人群为研究对象的实验研究，主要由研究者对研究对象实施一定的干预措施，然后评价干预措施对疾病或健康的影响。实验流行病学研究的基本特点是随机、对照、干预和前瞻性观察。它是流行病学研究的高级阶段，既可以验证病因研究中的假设，也可以评价预防和治疗性措施对疾病或健康的效果。

第一节 概 述

一、概念

实验流行病学（experimental epidemiology）研究又称流行病学实验（epidemiological experiment)、干预试验（interventional trial)，是指研究者根据其研究的目标，按照预先确定的研究方案将研究对象随机分配到试验组和对照组，对试验组人为地施加或减少某种特定的因素，然后追踪观察该因素的作用结果，比较和分析实验组和对照组人群的结局，从而判断干预措施的效果。实验流行病学研究的基本原理如下所示（图 7–1）。

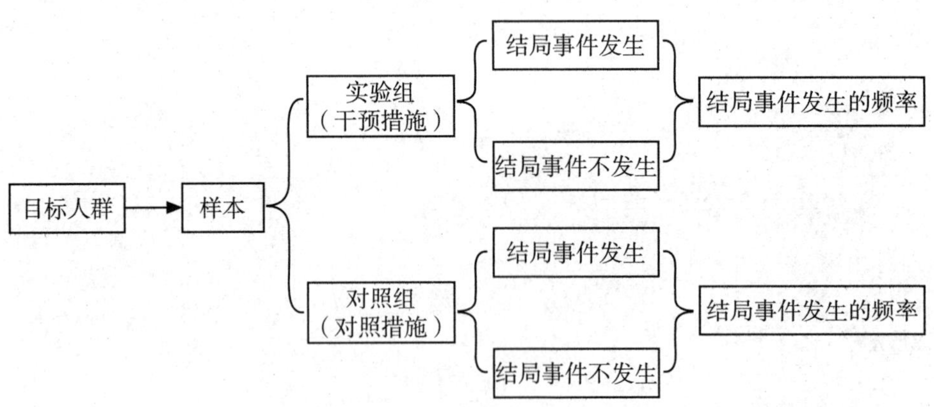

图 7–1 实验流行病学研究原理示意图

二、特点

实验流行病学具有以下基本特点：

1. 有人为施加的干预措施 这是与观察性研究的一个根本的不同点。实验流行病学必须对实验组施加一种或多种的干预处理措施，干预措施可以是治疗某种疾病的药物、干预的方法及预防某种疾病的疫苗等。

2. 属于前瞻性研究 实验流行病学要求研究资料的收集过程是前瞻性的，不是靠历史记录或其他方式获得，即干预在前，效应在后。

3. 随机分组 严格的实验流行病学研究应采用随机方法把来自同一个总体的符合纳入排除标准并且已经签署知情同意的研究对象随机分配到试验组或对照组，以控制研究中的偏倚和混杂。如果受到条件的限制不能采用随机方法分组，那么也应该使试验组和对照组的基本特征均衡可比。

4. 具有均衡可比的对照组 实验流行病学中的研究对象均来自同一个总体的样本人群，其基本特征、自然暴露因素和预后因素应大致相同，这点是与观察性研究的不同之处。

三、主要类型

实验流行病学的作用主要是评价各种干预措施的效果。由于人群因素有太多的不确定性，在人群中开展实验性研究，对实验条件不可控制的像实验室和对动物的实验研究那么严格，因此称为试验（trial），而不是实验（experiment）。根据不同的研究目的和研究对象，实验流行病学研究可以分为临床试验、现场试验和社区干预试验三种。

（一）临床试验

临床试验（clinical trial）是一种以临床患者为研究对象的实验研究，强调以个体为单位对患者进行试验分组并对患者施加一定的干预措施。患者可以是住院的患者也可以是未住院的患者。临床试验通常用来检验和评价治疗方法或某种药物的效果。

（二）现场试验

现场试验（field trial）是以自然人群作为研究对象的实验研究，是以还没有患病的人作为研究对象。现场试验与临床试验一样，接受干预单位通常是个体，即干预措施是具体施加到每个个体的。现场试验主要用于评价疾病预防措施的效果，如评价疫苗预防传染病的效果等。

（三）社区干预试验

社区干预试验（community intervention trial）又称社区试验（community trial）是以社区人群整体作为干预单位进行实验观察，通常用于对那些不便于落实到个体的干预措施进行效果评价。例如，检验食盐加碘预防地方性甲状腺肿的效果，干预措施是施加于整个人群，而不是分别给予每一个体。

第二节 临床试验

一、概念

临床试验（clinical trial）是以已确诊患有某种疾病的患者作为研究对象，以对该疾病的治疗措施、药物或治疗方案为具体的研究内容，通过对试验组和对照组的临床效果和安全性的对比，从而对临床上各种治疗措施的效果进行科学有效的评价。在进行临床试验时，首先从患者中选出合适的研究对象，然后将研究对象分为二组：一组为给予某种干预措施的试验组，另一组为给予安慰剂或传统疗法的对照组。然后观察两组的治疗效果及转归，比较两组的指标（治愈率、好转率、病死率）从而评价临床治疗措施的效果。临床试验主要用途包括：①新药临床试验。新药必须经过临床试验才能取得新药证书，在确定其安全有效后，才能被批准进行批量生产，并且进入市场广泛应用。②临床上不同药物或治疗方案的效果评价。通过临床试验选择有效的药物或治疗方案，提高患者的治愈率，降低致残率和病死率，延长患者的寿命及提高患者的生存质量。

二、基本原则

临床试验根据将研究对象是否进行随机分配，可以分为随机对照试验（randomized controlled trial，RCT）和非随机对照试验（non-randomized controlled trial）。随机对照临床试验是临床试验的一个主要类型。随机对照临床试验应遵循随机、对照、盲法和重复 4 项基本原则。

1. 对照原则 为了排除非研究因素的干扰，实验流行病学研究必须设立对照。要求两组的研究对象必须具有可比性，即除了给予不同干预措施（如治疗和用药）外，其他基本特征如性别年龄、居住环境、身体状况、疾病严重程度等应尽可能一致。只有这样试验结果的组间差别才能归因于干预措施的效应。

2. 随机化原则 随机化包括随机抽样和随机分组。临床试验中很难做到随机抽样，因此为了保证样本具有一定的代表性，临床试验一般是在多个地区的多家临床机构同时招募患者。临床试验中的随机化主要是随机分组，保证样本中的每个研究对象都有同等的机会被分配到试验组或对照组，从而保证两组的可比性或均衡性。

3. 盲法原则 在临床试验过程中，由于研究者和研究对象的主观心理因素影响，在临床观察、资料收集或分析阶段容易出现信息偏倚。为避免这种偏倚，在设计和实施时可采用盲法，研究对象或研究者预先不知道干预措施的分配方案，从而避免了主观因素的影响，使研究结果更加可靠、真实。

4. 重复原则 要获得处理因素的真实效果，除了采用随机分组方法提高两组的可比性外，重复是消除非处理因素影响的又一重要手段。重复是指在相同的条件下多次进行试验的过程。临床试验的可重复性，要求试验必须有一定的样本含量，并且符合统计学要求。

三、设计与实施

（一）确定研究的问题和目的

随机对照试验主要用于医学干预措施作用的评估，即回答一个干预措施是否有效、益处和害处哪个更大等问题。其中一个典型的随机对照试验的研究问题就是：辛伐他汀是否可以在血脂中度偏高的心血管疾病高危男性人群中降低心血管病的5年发病和死亡的危险。这类研究问题一般含有四项主要内容：疾病和患者（patient）、研究的干预（intervention）、比较的干预（comparison）、临床结局（outcome）。英文将这四项内容简称为“PICO”，随机对照试验立题的实质就是对这四个方面详细准确的考量、定义和解释。

医学的干预措施是多样的，不仅仅是药物治疗，还包括其他治疗措施（如外科手术）、诊断、服务管理模式、卫生政策及医疗卫生系统等。研究目的主要有两种，一是为了决定他们的相对价值，与其他同类措施进行比较；二是对干预措施本身的有效性和安全性进行评估。不同患者、不同干预措施，组合构成了不同的研究目的，以化学治疗药物为例，随机对照试验的研究目的大致分为以下几种：①对效果不明或可疑的药物的评估。②药物的剂量效应关系的研究。③不同给药方式的效果差别比较。④老药新用效果的评估。⑤不同药物的效果比较。⑥研究药物间的交互作用。⑦确定药物在特定患者或环境下的效果。⑧重要研究的重复验证。

（二）研究对象的确定

受试者或受试对象是指参与随机对照试验并接受干预措施的人。研究者必须具有可靠的诊断标准和方法并对研究的疾病有严格的定义，研究目的决定研究对象，从界定研究对象的意义上说，研究对象可以分为以下几种：①从该治疗中最易检出疗效的人群，也是可能获取最大利益且受到最小伤害的人群。②儿童或老年人等研究者特别关心的人群。③治疗效果不明确或可疑的人群。

其他决定研究人群选择的因素包括：①不良反应可能出现的概率。②是否有不适用该治疗的指征。③对治疗的依从性。④退出实验和失访的可能性。⑤统计的把握度，即研究可能检出疗效的大小。⑥其他可能影响研究质量的因素，如不能准确理解和回答问卷的问题。以上①和②是为了保证患者安全的伦理方面问题，③、④和⑥是为了降低偏倚和增加研究的科学性，⑤是为了保证研究的可行性。

研究对象的筛选有一定的入选标准和排除标准，入选标准决定了研究者希望未来使用该干预措施或该研究结果的患者范围。用来制订排除标准的因素包括：①疾病的严重程度。②有无并发症和伴发症。③患者的年龄、性别。④病史和既往治疗史。

对研究对象的界定也是对入选患者范围的界定，需要平衡代表性、伦理性和可行性三个方面的因素。从科学角度讲，入选的患者范围越窄越好，因为同一治疗在不同人群的效果可能不同，一旦将不同效果的人群混杂在一起，势必降低了使用药物时确定最适应的人群的可能性，从而错误地治疗不需治疗的患者。因此，疗效明显不同的人群，必须用独立的临床试验或同一试验的亚组分析分别进行研究，但是当入选患者的标准太窄时，会大大降低进入研究的总人数，从而增加研究在短期内完成的困难，其研究结果也只能适用于一个很小的人群。因此，研究对象入选范围的界定对临床试验中科学性和可行性审慎平衡具有重要的影响。

（三）结局的确定和测量

结局特指所施加的干预措施可能影响或改变的事件、指标或变量，如痊愈和死亡，它们是随机对照试验用来估计效果必须收集的资料。一项干预措施的实施可能会出现多种的结局，有些是干预措施产生的间接结果，如患者的满意程度、资料的消耗；也有一些是与疾病和健康有直接相关的结局，如生存时间和生活质量等。

在研究干预措施效果时，人们往往会在设计临床试验时只考虑某一项结局，因为他们错误地认为一种干预措施只影响一种临床结局。然而，实际情况往往不会尽如人意，一种疾病有很多可能的结局，一种干预措施可能会影响一种、多种或所有相关的结局。如果只考虑某一种结局，忽略其他方面的作用，可能会导致错误的结论，从而造成不恰当的决策。比如：高血压和心脑血管病事件是两种不同的临床结局，如果一种药物只能降低血压，不能降低心脑血管病发病和死亡危险，该药预防心脑血管病的用途将很有限。因此，如果只考虑心脑血管病死亡的结果，就会导致错误的结论。临床结局有些是连续变量，如血压、血糖、生活质量和生存时间；有些是分类变量，如痊愈、好转、恶化和死亡。对临床结局重要性的认识，不同的人也不尽相同，如帕金森病治疗时，医生认为病情的改善最重要；患者认为生活质量最重要；而决策者可能更关心治疗所导致的资源分配的公平性。

（四）确定样本量

1. 样本量的估计 决定样本量大小的因素包括以下几方面因素：

（1）决定样本量大小的主要因素是试验组和对照组差异的大小。两组差值（即率差或均数差）越大，所需样本量越小；两组差异越小，所需样本量就越大。

（2）如果观察指标为计数资料，结局事件在人群中发生的频率越低，所需的样本量越大。

（3）如果观察指标为计量资料，个体间的差异（即方差或标准差）越大，所需的样本量越大。

（4）检验的显著性水平 α（Ⅰ类错误的概率）和检验效能 $1-\beta$（β 为Ⅱ类错误的概率），α 和 β 规定得越小，所需样本量越大。

2. 样本量计算公式 由于资料的性质不同，其计算公式也不相同。

（1）计数资料样本量大小的计算 计数资料主要是一些率，如有效率、生存率、死亡率、病死率、治愈率等。按下式计算：

$$N=\frac{(Z_\alpha\sqrt{2\overline{pq}}+Z_\beta\sqrt{p_0q_0+p_1q_1})^2}{(p_1-p_0)^2} \quad （式 7-1）$$

式中：N 为一组样本量；Z_α 与 Z_β 分别为 α 与 β 对应的标准正态分布的分位数，可查表获得。

p_0 与 p_1 分别为对照组与试验组估计的某因素发生率，计算公式如下：

$$q_0=1-p_0,\ q_1=1-p_1,\ \overline{p}=(p_0+p_1)/2,\ \overline{q}=1-\overline{p}$$

（2）计量资料样本量的计算　计量资料是指身高、体重、血压、血脂和胆固醇等有度量衡单位的数据。其样本量大小的计算公式为：

$$N=\frac{2(Z_\alpha+Z_\beta)^2\delta^2}{d^2} \quad （式 7-2）$$

式中：δ 估计的标准差；d 两个样本均数之差（一般为期望值）；Z_α、Z_β 和 N 与上述相同。

3. 样本量计算后需要注意的事项

（1）以上计算所得到的 N 是一组人群（试验组或对照组）的大小。如果两组人数相等，则全部试验所需要的样本量为 $2N$。

（2）试验中 α 和 β 值一般由研究者根据需要确定，如果希望结果更可靠，可选择数值小的 α 和 β 值，则样本量就会大些。

（3）失访对试验结局及统计学检验都会产生影响，确定样本量时，在计算样本量的基础上增加 10% ～ 15% 作为实际应用的样本量。

（五）设立严格的对照

为了消除非实验因素干扰而产生的混杂和偏倚，必须设立对照，以便得出正确的结论。临床上，并不能准确的预料多数疾病的自然病程，当有的疾病自然恢复时，如果没有设立阴性（不用治疗的）对照，则易误认为是某药的治疗效果。若设立对照就可消除这些因素对试验产生的干扰，可得出正确的结论。另外，设立对照还有助于确定治疗的副作用或疾病本身的并发症。

常用的对照方法有：

1. 标准对照　标准对照（standard control）又称阳性对照（positive control）是临床上最常用的一种对照方法，也称有效对照或积极对照。此种对照设立的方法是把现在最有效或临床上最常用的药物与治疗方法作为对照，目的是判断新药或新疗法与该常用药物或疗法哪个更具优势。

2. 安慰剂对照　安慰剂对照（placebo control）又称阴性对照（negative control）安慰剂作为对照常用于检验药物是否具有特异和非特异效应，排除非特异效应的干扰。安慰剂常用没有任何药理作用的淀粉、乳糖、生理盐水等制成。使用安慰剂对照时要注意两点：①运用盲法试验要求安慰剂的剂型和外观尽量与试验药物相同，而且对人体无害。②要掌握安慰剂的使用指征，此种对照由于患者未得到治疗，所以应限于在使用安慰剂期间，对病情和预后基本没有影响，或研究那些目前尚无有效药物治疗方法的疾病，否则不应使用安慰剂对照。

3. 交叉对照 交叉对照（crossover control）是一种特殊的随机对照，即按随机方法将研究对象分为甲、乙两组。甲组先用试验药，乙组先用对照药。一个疗程结束后，间隔一段时间以消除治疗药物的滞留影响，然后两组用药进行调换，甲组用对照药，乙组再用试验药，最后分析和比较疗效。这样既能纵向自身前后对比，又可横向分析用药顺序对疗效的影响。两次治疗的间隔时间因药物残留作用的时间长短或疾病的症状而应有所不同。此种对照一般在研究药物最佳配伍，以及研究药物应用先后顺序对治疗结果的影响时应用。

4. 互相对照 互相对照（mutual control）是在同时研究几种药物或治疗方法时，可以不设专门的对照组，分析结果时各组之间互为对照，从中选出疗效最好的药物或疗法。

5. 自身对照 自身对照（self control）是在同一研究对象中应用试验和对照的方法，如比较用药前后体内某些指标的变化情况，或研究皮肤科用药时使用左右肢体做试验和对照，分析何种药物疗效更好。

（六）随机分组

随机化是指按照预先设定的概率把所有的研究对象分配到试验组或对照组中，而不受研究者或受试者主观愿望或客观原因的影响。随机化的目的是对照组与试验组具有可比性，从而提高研究结果的正确性，减少偏倚和误差。临床疗效试验中常用的随机分组方法有三种。

1. 简单随机化（simple randomization） 利用随机数字表或随机排列表是最简单的随机化常用的方法，也可以用抽签或抛硬币等方法。

2. 区组随机化（block randomization） 研究对象人数较少，但是影响实验结果的因素又较多时，可以采用区组随机化的方法进行分组。其基本方法是将特征（如年龄、性别、病情等）相近的一组受试对象作为一个区组，再将每个区组内的研究对象进行随机化分组。该法在分组过程中，试验组与对照组病例数尽量保持一致，根据实验要求设计不同的区组。

3. 分层随机化（stratified randomization） 按不同的特点将研究对象分为若干层，再运用随机化方法将每层内的研究对象分到试验组和对照组。分层随机化，可以尽可能地使两组的临床特征相近，增加组与组之间的可比性，使结论更加可靠。

（七）应用盲法

盲法可分为单盲、双盲和三盲。盲法的运用，可以消除人们（包括研究对象、观察者及资料整理和分析者）的主观心理因素对临床试验研究结果产生的干扰，保证数据的可靠性。

1. 单盲（single blind） 单盲是指观察者和资料收集分析者知道研究对象的分组和所接受处理情况，但被研究者不知道自己的情况。单盲方法简便，容易进行，且观察者知道研究对象的分组情况，有利于保障受试者的健康和安全。单盲法可以减少来自研究对象的心理因素引起的偏倚，但不能防止来自观察者引起的观察性偏倚，即不能避免观察者主观因素引起的偏倚。一旦观察者发现研究对象的主观回答和客观反应与研究前的假说不一致，就可能有意无意地在研究过程中给研究对象以一定的暗示或引导他们按照观察者的意愿回答，或是有目的地增加某些辅助处理以得到阳性或阴性结果，因此影响结果的可靠性和研究结论的正确性。另外研究人员的许多行为都可能去影响患者的治疗，如医生对试验组患者的细致观察，护士对试验组患者的关心和照顾，这些都可能影响或暗示研究对象做出不同的应答反应。

2. 双盲（double blind） 研究对象和观察者都不知道分组情况，也不知道研究对象接受的处理措施，称为双盲。试验结束和资料分析后才宣布分组情况，在此之前患者与医生只知道研究对象的序号。双盲法因为其特殊性，执行起来也比较困难，必须在经过慎重考虑认为其可行时才能应用，在执行中要有严格的管理制度和方法，在试验过程中，双盲状态可因种种原因遭到破坏，因此在使用时应：①试验所用的药物制剂应防止破密，试验药和安慰剂两种制剂的基本特征（颜色、气味、大小、外形等）要基本相同，甚至容器和外包装也要一模一样，一般较为常用的是胶囊制剂。②试验过程中一定要保证试验对象的安全，在双盲试验中，当医生发现患者在使用药物时出现了严重的副作用、治疗无效或病情加重时，必须从医德的观点出发，保持对患者负责任的态度，遇到上述情况应立即对该患者停止盲法治疗，并公开该患者所用的真实药物，不应单纯为追求资料的完整性而继续试验。因此，在盲法试验之前，设计者应预先制定出盲法需要停止时的指标和条件，以便于观察者在达到相应的条件时执行该方案，避免给患者带来不良影响或严重后果。③危重患者不宜使用该方法。双盲法的缺点是缺乏管理上的灵活性，因此不适于危重患者的抢救。此外，有特殊副作用的药物容易破密。

3. 三盲（triple blind） 三盲法是指除研究的组织者之外，研究过程中所涉及的人（研究对象、观察者和资料整理分析者）均不知道研究对象的分组和处理情况，直到试验结束时才公布分组和处理情况。这种方法在理论上可减少资料分析时产生的偏倚，使研究结果更符合客观情况。但该法减弱了对整个科研工作的监督作用，不能保证科研的安全性，因此三盲法应用并不普遍。在实际应用中通常用双盲随机对照试验。

四、资料分析

（一）收集资料

在收集资料之前，应该根据不同的研究目的设计不同的病例报告表（case report form，CRF），在实施过程中仔细记录调查表中的各项内容。病例报告表中的数据需要来自原始文件并与原始文件内容保持一致，及时、准确、完整、规范、真实地记录试验中的任何观察、检查结果，并正确地填写于病历和病例报告表中，不得随意更改，如果确实因为填写错误，需要做任何修改时应保持原记录清晰可辨，并由更正者签署姓名和时间。

（二）分析资料

资料收集后首先要仔细核对所搜集到的资料，然后按照统计分析计划进行统计分析，并给出统计分析报告。统计分析包括统计描述、统计推断和临床与公共卫生意义的判断等多项内容。常用的指标包括有效率、治愈率、病死率、不良事件发生率、生存率，以及相对危险降低、绝对危险降低和需要治疗人数等。

1. 有效率（effective rate）

$$有效率=\frac{治疗有效例数}{治疗的总例数}\times 100\% \qquad （式 7–3）$$

2. 治愈率（cure rate）

$$治愈率=\frac{治愈例数}{治疗总人数}\times 100\% \qquad （式 7–4）$$

3. 病死率（case fatality rate）

$$病死率=\frac{一定期间内因某病死亡人数}{同期患某病的人数}\times 100\% \qquad （式 7–5）$$

4. 不良事件发生率（adverse event rate）

$$不良事件发生率=\frac{发生不良事件病例数}{可供评价不良事件的总病例数}\times 100\% \qquad （式 7–6）$$

5. 生存率（survival rate）

$$n\ 年生存率=\frac{随访满\ n\ 年尚存活的病例数}{开始随访的病例数}\times 100\% \qquad （式 7–7）$$

6. 相对危险度降低（relative risk reduction，*RRR*）

$$RRR=\frac{（对照组事件发生率-实验组事件发生率）}{对照组事件发生率}\times 100\% \qquad （式 7–8）$$

7. 绝对危险度降低（absolute risk reduction，*ARR*）

$$ARR=对照组事件发生率-实验组事件发生率 \qquad （式 7–9）$$

8. 需治疗人数（number needed to treat，*NNT*）

$$NNT=\frac{1}{ARR} \qquad （式 7–10）$$

在评价治疗或预防疾病措施效果的实验研究中，*NNT* 表示在特定时间内，为防止 1 例某种不良结局或获得 1 例某种有利结局，需要采取某一种干预措施的人数，*NNT* 值越小越好。例如，在一项加强胰岛素治疗是否能减少视网膜病变恶化的随机对照临床试验中，该实验中 *ARR* 值为 25%，那么，*NNT*=1 /*ARR*=1/25%=4，即每 4 例用加强胰岛素治疗的患者，就有 1 例可防止发生视网膜病变恶化。如 *NNT* 为负数，表示在特定时间内，用某种干预引起 1 例某种不良事件所需要的人数（number needed to harm，NNH），*NNH* 用于评价干预造成的有害效应，*NNH* 的绝对值越大越好。

此外，还可采用成本效果比、成本效益比、成本效用比等卫生经济学指标进行评价。

五、偏倚及其控制

（一）常见偏倚

1. 失访（loss of follow up） 失访是指研究对象因迁移或其他疾病死亡等原因而造成失去联系不能跟踪访问，从而破坏了原有样本的代表性。

2. 干扰（co-intervention） 干扰是指试验组额外接受了与实验效应一致的其他处理措施，从而造成人为夸大疗效的假象。

3. 沾染（contamination） 沾染是指对照组患者额外地接受了试验组所使用的药物，从而造成了人为夸大对照组疗效的现象，导致低估效应的现象。

控制干扰和沾染的一般办法就是使用盲法，并严格按治疗方案进行试验，试验过程中不能随意增加或减少药物种类。

（二）偏倚的控制

为了保证达到临床试验研究的预期目的，在研究过程中要注意避免发生偏倚。防止偏倚产生的方法主要有：

1. 排除（exclusion） 在随机分配研究对象之前，应进一步对研究对象进行筛查，凡是治疗或干预措施的禁忌证者、无法追踪者、可能失访者、拒绝参加者及不符合标准的研究对象，均应予以排除。在排除这些研究对象之后，可使偏倚的发生减少，但可能影响研究结果的外推，被排除的研究对象愈多，结果外推的范围越小。此外，如果研究对象在随机分配后依旧发现了不符合标准者，那么可以根据研究对象入选标准将其分为合格者和不合格者两个亚组进行分别分析。如果两者的结果不一致，则应慎重得出结论。

2. 提高试验对象的依从性（compliance） 临床依从性是指患者在临床试验中执行医嘱的程度。完全执行医嘱的研究对象为依从性好，反之为不依从或依从性不好。试验组患者不遵守试验规程，相当于退出试验组；而对照组患者不遵守对照规程私下接受干预措施，相当于加入试验组。在临床试验中，如果试验对象的依从性好，那么其结果真实可靠性就比较高，代表性就好。提高试验对象的依从性将会在一定程度上保证临床试验获得有价值的科学结论。

试验对象不依从或依从性不好的原因一般有以下几种：①试验或对照措施有副作用。②研究对象对试验兴趣较低。③研究对象的某些情况发生改变，如病情加重等。选择医疗水平较高的医院开展临床试验研究是防止和减少不依从者出现的最好方式，在试验开始前要对研究对象进行宣传教育，讲清实验的目的、意义及研究对象遵守试验规程的重要性；要注意对实验进行合理的设计，试验期限不宜太长，要充分考虑治疗或干预措施的可操作性和研究对象的易接受性等，以便取得研究对象的支持与合作。

在临床试验研究中尽量减少失访，一般要求失访率不超过10%。试验中出现研究对象失访时，应尽量采取相应的弥补措施，如通过电话信函或专门访视等对研究对象进行调查。在资料分析时，应详细分析两组失访情况，仔细考虑两组失访率的差异，若失访率不同，则资料的分析结果可能产生偏倚。若两组失访率相同，应详细考虑失访原因或失访者的不同特征对两组的结果产生的影响，通过对两组失访的原因和失访者特征的详细分析，并做出详尽的个案报告。在统计分析计划中需要事先制订对缺失数据、截尾数据的处理方法。

第三节　现场试验和社区干预试验

一、概述

（一）定义

现场试验和社区干预试验均是以社区人群为研究对象、在现场环境下进行的干预研究，但前者接受干预措施的基本单位是个人，后者接受干预措施的基本单位是整个社区，或某一人群的各个亚人群，也有人把两者统称为“现场试验”。这两种方法常用于评价某种预防措施或方法的效果。

现场试验与临床试验的不同之处在于，其研究对象是一般社区人群，需到社区“现场”（工作场所、家庭、部队、学校等）开展研究。

（二）目的

现场试验和社区试验的主要目的：

1. 评价疫苗、药物或其他措施预防疾病的效果。

2. 主要通过干预危险因素的暴露、观察干预对预防疾病或促进健康的效果来评估病因或危险因素。例如，通过评估戒烟对预防肺癌发病的效果来验证吸烟与肺癌的因果关系。

3. 评价卫生服务措施的质量。

4. 评价公共卫生策略。

（三）设计类型

1. 随机对照试验（RCT） 随机对照试验是指一种以个体为干预单位、随机分组的现场试验。例如，评价流感疫苗对流感的预防效果，可采用随机对照试验设计。现场随机对照试验设计的基本原则与临床随机对照试验的基本原则相同。

2. 群组随机对照试验（cluster randomized trial） 采用以群组为单位随机分组的试验研究方法称为群组随机对照试验。对于一些行为或环境暴露的干预研究，有时采用群组随机对照试验往往比个体随机对照试验更为合适，因为在同一个小环境中，成员之间行为可能相互影响也可能受到同样环境因素的影响。例如，为了评价儿童刷牙对预防龋病的效果，可以以家庭为干预单位进行群组随机对照试验。与个体随机对照试验不同，群组随机对照试验的设计更加复杂，要获得相当的统计检验效能就需要更多的受试者，这也加大了数据分析的难度。

3. 类实验 类实验是不能做到随机分组或没有平行对照的实验。因为社区试验中干预措施分配的单位是群体，而且这些研究对象常常数量多，范围广，很难做到随机分配，所以一般属于类实验。类实验的设计与实施原则和标准的现场试验相比，除研究对象的分组方式不同之外，其余基本相同。类实验无法随机设对照组，但通常设非随机对照组，对照组也需要按可比的原则进行选择，必要时需要匹配一些特征。

类实验也可以不另设对照组，而是把试验组自身作为对照，即实施干预前和实施干预后相比较。例如，儿童刷牙对龋病预防效果的评价研究也可以采用类实验设计。在某地区开展广泛的宣传教育活动，教育儿童和家长养成良好的刷牙习惯，然后比较干预前后该地区儿童的龋病率，或与未开展该宣传教育活动的地区做比较。

二、设计与实施中应注意的问题

（一）结局变量的确定

减少发病或死亡是现场和社区试验的主要结局变量，但也包括中间结局变量，如疫苗的抗体反应、危险行为的改变等。在社区试验中，结局是否具有公共卫生意义、能否达到满意程度及是否能被准确记录一般是需要考虑的主要内容。在健康危险行为的干预试验中，健康效应的滞后性也是需要注意的问题，因此评价行为改变这个直接效应也是非常重要的。

（二）资料收集

由于现场试验和社区试验样本量大，所以一般不能像临床试验那样做出比较详细的随访记录，而是需要通过建立社区登记系统来收集结局资料，如发病率或死亡率资料。

（三）减少失访

现场试验的研究对象样本量大，现场范围广，因此现场试验比临床试验更容易出现失访问题。在估计样本量时可以适当增加一定的数量，选择现场及人群也要考虑到随访的方便问题，而且要充分做好动员工作，争取社区和受试者的配合。

（四）避免组间“沾染”（串组）

与临床试验不同，现场试验和社区试验没有那么容易掌握受试者的行为，现场的情况较为复杂，受试者行为也受很多种因素影响，因而容易发生“串组”的问题，即对照组也采用了与试验组相同的措施。例如，在糖尿病的行为干预试验中，对照组个体知道自己的血糖高时，可能主动求医问药。另外，对照组个体还可以通过其他各种途径（大众传媒或社会网络等）得到有关信息，从而自发改变原有行为。如果各组行为改善的实际状况接近，其健康效应也有可能大致相同，差异也可能没有了。

（五）注意控制混杂因素

不是随机分组的现场试验，两组间的特征差异可能较大。控制的方法包括：在试验设计时尽最大可能做到平衡两组人群的基本特征，如在资料分析时可以采用分层分析、标准化或多因素分析等多种方法控制混杂。而对于自身前后对照的类实验资料来说，要注意可能存在时间效应偏倚。

三、评价指标

现场试验和社区干预试验常用于评价干预措施对一般人群疾病预防和控制的效果，常用的指标有保护率、效果指数和抗体阳转率等。

1. 保护率（protection rate，PR）

$$\text{保护率}=\frac{\text{对照组发病（或死亡）率}-\text{实验组发病（或死亡）率}}{\text{对照组发病（或死亡）率}}\times 100\% \quad \text{（式 7–11）}$$

2. 效果指数（index of effectiveness）

$$\text{效果指数}=\frac{\text{对照组发病率}}{\text{实验组发病率}}\times 100\% \quad \text{（式 7–12）}$$

3. 抗体阳转率（antibody positive conversion rate）

$$\text{抗体阳转率}=\frac{\text{抗体阳性人数}}{\text{疫苗接种人数}}\times 100\% \quad \text{（式 7–13）}$$

第四节 优点与局限性

一、优点

1. 采用随机化分组将研究对象随机分为试验组和对照组，两组间除干预措施外，其他特征基本相似，可比性较高，同时减少了混杂偏倚。

2. 实验流行病学研究为前瞻性研究，在整个试验过程中，要自始至终观察、随访每个研究对象的反应和结局，把试验组和对照组进行同步比较，然后再做出肯定性的结论，因而检验假设的能力比队列研究强。

3. 有助于了解疾病的自然史，并且可以获得一种干预与多种结局的关系。

二、局限性

1. 整个过程对实验设计和试验的实施条件要求高、控制严，在实际工作中难度较大甚至有时难以做到。

2. 干预措施具有严格的适用范围，因此它所选择的研究对象代表性就会较差，因此会不同程度的影响实验结果推论到总体。

3. 有时需要随访较长的时间，因此依从性不一定做得很好，也会影响实验效应的评价。

4. 由于随访需要长期进行，所以因死亡、退出搬迁等造成的失访的情况在所难免，这在一定程度上会影响研究的真实性。

5. 有时对照组只使用安慰剂而不使用药物或其他疗法；受试药物的疗效不如传统药物甚至存在副作用，这就会出现很多伦理学问题。

（于澄）

思考题

1. 简述实验流行病学的基本特点。
2. 简述实验流行病学的优缺点。
3. 随机对照试验中常见的偏倚及其控制方法有哪些？

第三篇 毒理学研究理论与方法

第八章 外源化学物的转运、转化和一般毒性作用

毒理学（toxicology）意为描述毒物的科学，该词由“toxikon”和“logos”两个希腊文演化而成。经过数百年的发展，毒理学的研究内涵不断丰富。毒理学主要是研究化学、物理、生物等外源性因素对生物体的损害效应、发生频率、作用程度、生物学机制及防治措施的综合性学科。伴随着工业化的发展，人们在生产过程及生活环境中接触的外源性因素逐渐增多，毒理学的应用范围更加广泛。

第一节 毒理学基本概念

一、毒物、毒性、毒效应和生物学标志物

1. 毒物 在一定条件下，以较小剂量进入机体就能使机体正常的生理功能或生化过程受到影响，造成暂时性或永久性病理改变的外源化学物称为毒物（poison）。毒物可以以气体、液体或固体形式存在，在与机体接触后，通过呼吸道、胃肠道或皮肤等形式进入机体。严格来说，毒物与非毒物之间并无明显界限，世界上并无绝对有毒或绝对无毒的物质。瑞士科学家 Paracelsus 曾经描述，剂量才是决定有毒或无毒的关键。例如，氟是人体必需的微量元素，当摄入过多时，可导致磷、钙代谢紊乱，从而引起以氟斑牙及氟骨症为主要特征的典型病理性改变。

毒物可以分为以下几类：①工业化学品：主要包括工业原料、辅助剂、中间产物、成品、杂质及副产物等。②农业化学品：主要包括化肥、农药、植物生长调节剂、动物饲料添加剂和瓜果素菜保鲜剂等。③生活日用化学品：主要包括洗涤用品、化妆品、家庭卫生用品及家用防虫、杀虫用品等。④环境污染物：主要为生产过程中产生的固体废弃物、废水、废气中含有的各种毒物。⑤食物中的有毒和有害物质：包括食物中本身含

有的毒素及食物变质后产生的毒素，也包括防腐剂及食品添加剂等。⑥医疗用品：包括用于预防、治疗的药物及各类诊断试剂。⑦生物来源毒物：主要为生物类毒素，包括动物毒素（河豚毒素）、植物毒素（蕈毒）、细菌毒素及霉菌毒素（黄曲霉菌毒素）等。⑧军事毒物及放射性核素：包括芥子气等生化毒剂及放射性同位素等。

2. 毒性 毒性（toxicity）是指外源化学物对机体造成损害的能力。在相同剂量下，毒性越高，对机体的损害能力也就越强；若对机体的损害能力相同，毒性越高，所需剂量则越低。只要达到一定的浓度，任何物质均具有毒性；若低于某一剂量，任何物质均不具有毒性。因此，剂量是决定化学物毒性高低的重要因素。

3. 毒效应 外源化学物对机体产生的有害作用称为毒效应（toxic effects），也常称为毒作用或毒性作用。毒效应不同于毒性，毒效应是外源化学物在某些条件下引起机体有害的生物学改变，是毒性在不同条件下的外在表现，条件改变毒效应就有可能发生变化。而毒性是化学物固有的生物学内在属性，无法人为改变。在一定条件下任何一种外源化学物都可能对机体产生有害作用，剂量及与剂量有关的暴露特征（如暴露途径、暴露时间、暴露频率等）是影响毒效应大小的主要因素。

当外源化学物进入机体内的作用强度较低（作用时间较短、剂量或浓度较低）且机体的抗损伤过程和生理适应相对较强时，机体可保持相对稳定，仅有生理意义不明确或负荷增加等改变，不会导致损害作用。当外源化学物进入机体内的作用强度较强（作用时间较长、剂量或浓度较高）时，可以导致损害作用，此时机体出现代偿性肥大和增生、化生等可逆的病理性改变。当外源化学物的作用强度进一步增加时，机体发生不可逆的病理性改变，引起一系列较特异的中毒症状及体征，严重者可导致死亡。

外源化学物随着作用强度的增加所表现出来的一系列不同的生物学效应，称为毒效应谱（spectrum of toxic effects）。毒效应谱具体表现为：①机体负荷增加。②意义不明的生理和生化指标变化。③出现亚临床症状。④明确的临床中毒体征。⑤死亡。此外，毒效应谱也包括致癌、致突变和致畸作用。

4. 生物标志 生物标志（biomarker）是指能反映已被机体吸收的外源化学物或其生物学后果的各类测定指标，可分为暴露生物标志（biomarker of exposure）、效应生物标志（biomarker of effect）和易感性生物标志（biomarker of susceptibility）。当前，生物标志已经成为研究外源化学物对人体健康影响的重要内容，生物标志选择并非易事，通常应符合以下特征：①符合医学伦理要求。②生物关联性强。③特异性与敏感性高。④重复性与稳定性好。⑤创伤小、方便易得。

（1）*暴露生物标志* 是指测定的组织、体液或排泄物等生物材料中吸收的外源化学物、其代谢物或与内源性物质的反应产物的含量，可提供暴露于外源化学物信息的指标，也可作为吸收剂量或靶剂量。

（2）*效应生物标志* 指机体中可测出的行为、生理、生化或其他改变，主要包括反映早期生物效应、结构和（或）功能改变、疾病三类生物标志，可为毒物暴露及其诱发的有害效应提供联系，也可用于剂量 - 反应关系的确定。

（3）*易感性生物标志* 是指能反映机体对暴露外源性物质产生反应能力的指标，可以是先天具有，也可以是后天获得。如环境化学物暴露者体内靶分子的基因多态性（属于遗传易感性生物标志）及代谢酶的检测。环境因素作为应激原时，体内的免疫、内分泌、神经系统的反应状态及适应性等的检测，也可反映机体的易感性。此外，易感性生物标志也可以有效区分易感个体和易感人群，因此在风险评估和管理中应予以充分考虑。

二、剂量与剂量－反应关系

1. 剂量 给予机体或机体暴露的外源化学物数量称为剂量（dose）。剂量是外源化学物毒性作用的最主要影响因素，常用环境中的浓度［mg/m^3（空气），mg/L（水）］或单位体重暴露的外源化学物数量［mg/kg（体重）］来表示。剂量可以包括众多类型，如给予剂量、应用剂量、吸收剂量、送达剂量和靶剂量等。给予剂量，是指应用于皮肤或机体实际摄入、吸入外源化学物的量。应用剂量，是指直接与机体的吸收屏障接触，可供吸收的量。吸收剂量，又称内剂量，表示已被吸收进入体内的量。送达剂量，是指内剂量中可到达所关注的器官组织的部分。靶剂量，又称生物有效剂量，是指送达剂量中到达靶器官的部分。

2. 剂量－反应关系 量反应（gradual response），是效应（effect），指外源化学物引起个体、组织或器官的生物学改变，如免疫功能、血象、心电、脑电、酶活性、条件反射、非条件反射的变化，以及各种中毒症状、死亡的出现等。量反应可用计量单位来表示改变程度，例如白细胞数下降、酶活力降低等。质反应（quantal response），是反应（response），指暴露于外源化学物的群体中，出现某种效应或改变的个体在群体中所占比例，如引起暴露于粉尘环境中尘肺病的发生率，实验动物的肿瘤或其他病症的发生率、死亡率等。剂量－反应关系是受试物与机体损伤之间存在因果关系的证据，可以分为剂量－量反应关系和剂量－质反应关系。剂量－量反应关系表示外源化学物的剂量与个体中发生的量反应（效应）强度之间的关系；剂量－质反应关系表示外源化学物的剂量与群体中质反应（反应）发生率之间的关系。

剂量－反应曲线可以直观地反映实验动物或人体对外源化学物毒作用易感性的分布；剂量为横坐标，以表示效应强度的计量单位或表示反应的百分率（比值）为纵坐标。主要的剂量－反应曲线类型包括S形曲线（对称/非对称）、抛物线型、直线型和“全或无”反应曲线，其中S形曲线是剂量－反应曲线的基本类型。

S形曲线可以直观地反映实验动物或人体对外源化学物毒作用易感性分布的不一致性，整个群体对外源化学物的易感性呈正态分布，少数个体对其特别易感或特别不易感。S形曲线的特征主要表现为：①在低剂量范围内，反应强度随剂量增加的趋势较为缓慢。②在较高剂量范围内，反应强度随剂量增加的趋势急速增加。③但当剂量继续增加时，反应强度随剂量增加的趋势又趋于缓慢。④曲线的中间部分，即50%反应率处的斜率最大。在毒理学实验研究中，由于样本量有限加之样本群体中高耐受性个体的存在，故非对称S形曲线最为常见。

三、毒性常用指标

1. 致死剂量或浓度 致死剂量或浓度是指在急性毒性试验中，外源化学物引起受试实验动物死亡的剂量或浓度。按照引起动物不同死亡率所需的剂量可以将致死剂量或浓度分为最大耐受剂量或浓度（maximum tolerance dose，MTD/LD_0 或 maximum tolerance concentration，MTC/LC_0），最小致死剂量或浓度（minimum lethal dose，MLD/LD_{01} 或 minimum lethal concentration，MLC/LC_{01}），半数耐受限量（median tolerance limit，TLM），半数致死剂量或浓度（median lethal dose，LD_{50} 或 median lethal concentration，LC_{50}）及绝对致死剂量或浓度（certainly lethal dose，LD_{100} 或 absolute lethal concentration，LC_{100}）。

最大耐受剂量或浓度是指表示一组受试实验动物中，不引起实验动物死亡的外源化学物的最大剂量或浓度，也称为最大非致死剂量或浓度。

最小致死剂量或浓度是指表示一组受试实验动物中，能够引起个别动物死亡的外源化学物的最低剂量或浓度。

半数耐受限量在环境毒理学研究中较常用，是指一群水生生物中 50% 个体在一定时间内（通常为 48 小时）可以耐受或不死亡的外源化学物浓度。

半数致死剂量或浓度是指可以引起一组受试实验动物中 50% 死亡所需的剂量或浓度，是毒性研究中最为常用的指标。半数致死剂量或浓度的数值越大，提示外源化学物的毒性越小；反之，表明外源化学物的毒性越大。

绝对致死剂量或浓度表示引起一组受试实验动物全部死亡的外源化学物的最低剂量或浓度。同一群体的不同个体之间对外源化学物的耐受性存在差异，因而由于少数个体耐受性过低或过高，会导致绝对致死剂量或浓度出现减小或增大趋势。

2. 阈剂量和最大无作用剂量 阈剂量（threshold dose）又称最小有作用剂量（minimal effective level，MEL），是指外源化学物引起受试动物中的少数个体出现某种最轻微的异常改变所需要的最低剂量，包括急性阈剂量（与化学物质接触一次）和慢性阈剂量（与化学物质长期、反复、多次接触）。

观察外源化学物毒作用的方法、指标不同，可以得到不同的阈剂量。易感性不同的个体阈值不同，即使是同一个体也可随着时间的改变导致对某种效应的阈值发生改变。因而为了获得更客观、准确的阈剂量，应采用足够数量的受试动物、敏感动物和敏感指标进行实验。阈值是外源化学物使实验动物开始出现效应的最低剂量或浓度，达到阈值时效应将发生，而低于阈值时效应不发生。普遍认为，遗传毒性致突变物和致癌物的剂量 - 反应关系是否存在阈值尚无定论，通常认为是无阈值；外源化学物的致畸作用和一般毒性的剂量 - 反应关系是有阈值的。

最大无作用剂量（maximal no-effective dose，$MNEL/ED_0$）表示外源化学物在一定时间内按一定方式与机体接触，用最灵敏的观察指标和现代的检测方法均不能发现任何损害作用的最高剂量。准确的阈剂量和最大无作用剂量在毒理学实验研究中难以获得，但可以获得未观察到损害作用的剂量（no observed adverse effect level，NOAEL）和观察到损害作用的最低剂量（lowest observed adverse effect level，LOAEL）。

未观察到损害作用的剂量是指在规定的暴露条件下，通过观察和实验，外源化学物不引起受试动物形态、功能、发育、生长及寿命等可检测的有害改变的最高剂量或浓度。观察到损害作用的最低剂量是指在规定的暴露条件下，通过观察和实验，外源化学物引起受试动物形态、功能、发育、生长及寿命等可检测的有害改变的最低剂量或浓度。这种改变与未被外源化学物影响的受试动物可以区别。

从动物实验获得的 NOAEL 和 LOAEL 是确定安全系数（safety factor，SF）和计算参考剂量（reference dose，RfD）的关键参数，也是人群安全限值制定的重要依据。正常情况下，比 NOAEL 高一个剂量组的实验剂量就是 LOAEL，但在具体的研究中，常受剂量组距宽窄、每组样本量大小和实验组数等因素的影响，存在一定的局限性。

3. 毒作用带 毒作用带为致死毒作用上限与阈剂量作用下限之间的距离，可以分为慢性毒用带（chronic toxic effect zone，Z_{ch}）与急性毒作用带（acute toxic effect zone，Z_{ac}），是用于评价外源性化学物毒作用特点和毒性的重要参数。

急性阈剂量与慢性阈剂量的比值表示慢性毒作用带。慢性毒作用带大，说明急性阈剂量与慢性阈剂量之间的剂量范围就越大，提示发生慢性中毒的危险性高，这是由于极轻微的毒效应到较为明显的中毒表现之间发生、发展的过程较为隐匿，易被忽视；慢性毒作用带小，表明发生慢性中毒的危险性低。半数致死剂量与急性阈剂量的比值为急性毒作用带。急性毒作用带小，说明化学物质从产生轻微损害到导致急性死亡的剂量范围窄，提示导致死亡的危险性高；急性毒作用带大，提示导致死亡的危险性低。

四、安全限值

通过毒理学安全性评价实验可以获得外源化学物的 LOAEL 和 NOAEL，常以 NOAEL 为阈值的近似值，将结果外推于人群获得其安全限值。动物实验结果外推到人常用的方法有：①利用数学模型外推。②利用药物动力学外推。③利用不确定系数或安全系数外推。

在制定外源化学物安全限值时，要充分考虑其毒效应是否存在可确定的阈值。对毒效应有阈值的外源化学物，安全限值是指为保护人群健康，对各种介质（食物、空气、土壤、水等）、生产和生活环境中与人群身体健康有关的各种化学、物理和生物因素所规定的暴露时间和浓度的限制性量值。根据现有的知识，在规定的限制性量值内，不会产生任何直接和 / 或间接的毒性作用。换句话说，在低于暴露时间和浓度的限制性量值时，外源化学物对个体或群体健康产生的危险度是可以完全可忽略的。安全限值可以是 RfD、每日容许摄入量（acceptable daily intake，ADI）、最高容许浓度（maximal allowable concentration，MAC）、可耐受摄入量（tolerable intake，TI）等。

对毒效应无阈值的外源化学物，从理论上来说，任何剂量都存在某种程度的危险性。对于致突变物和遗传毒性致癌物就不能应用安全限值，只能引入安全剂量（virtual safe dose，VSD）的概念，其表示与可接受的危险度相对应的外源化学物的暴露剂量。安全限值和安全剂量的制定是毒理学的一项重要工作。

第二节　外源化学物在体内的转运与转化

剂量－反应关系表明外源化学物的剂量越大，引起机体出现质反应的发生率应该越高，或发生量反应的强度应该越大。正常情况下，外源化学物在靶器官存留的时间越久，产生毒效应的可能性就越高。然而，实际情况下相同暴露剂量的不同外源化学物到达靶器官的数量可能差别很大，存留时间亦可能相差悬殊，导致此结果的根本原因在于外源化学物在机体内的处置过程不同。机体对外源化学物的处置过程包括吸收（absorption）、分布（distribution）、代谢（metabolism）和排泄（excretion）四个步骤，简称为ADME过程。ADME过程是一个相互影响，彼此密切关联的复杂过程。在吸收、分布和排泄过程中，外源化学物本身的结构和性质没有发生变化，仅为其穿过各类生物膜的过程，故称生物转运（biotransport）；而在代谢过程中，外源化学物的结构和性质均发生了改变，生成新的衍生物，故称为生物转化（biotransformation）。

一、生物膜和生物转运

1. 生物膜　外源化学物在机体内的生物转运（吸收、分布和排泄）过程中需要通过多个生物膜屏障，即生物膜。生物膜包括细胞膜和细胞器膜，如溶酶体膜、线粒体膜、内质网膜、核膜等，参与细胞内外的物质交换、多种生化、生理反应过程，同时对维持细胞内环境的稳定具有重要意义。许多外源化学物通过影响生物膜功能或破坏其结构而发挥毒性作用。生物膜主要由脂质和蛋白组成，包括磷脂双分子层、膜孔和镶嵌蛋白等结构。生物膜的流动性由磷脂双分子层中不饱和脂肪酸的含量与不饱和程度决定，其对多数脂溶性物质通透性较好，而对水溶性物质具有屏障作用。某些水溶性小分子物质可经由膜孔进行转运，一些离子、极性分子或与蛋白质结合的大分子物质可以借助于镶嵌蛋白通过生物膜。

2. 生物转运　生物转运可分为被动转运、特殊转运和膜动转运，被动转运包括简单扩散和滤过，特殊转运包括主动转运和易化扩散。

（1）简单扩散　是大多数外源化学物通过生物膜的方式，又称脂溶扩散，具有不消耗能量、不需要载体、不受饱和限制与竞争性抑制等特点。经简单扩散方式转运外源化学物必须满足以下条件：①顺浓度梯度。②具有脂溶性。③非解离状态。可以用脂/水分配系数表示外源化学物脂溶性的高低，一般而言，脂/水分配系数越大，越容易被脂肪溶解，经简单扩散转运的速率也就越快。除生物膜的脂相外，外源化学物扩散时也需要通过水相，因此脂/水分配系数极高的物质也难以通过简单扩散方式完成跨膜转运。解离状态也是影响外源化学物扩散的重要因素，非解离态的物质极性小，脂溶性好，易通过生物膜的脂相进行扩散；而解离态的物质恰好相反。弱有机碱在碱性环境中或弱有机酸在酸性环境中往往处于非解离状态，易于通过生物膜完成转运。

（2）滤过　外源化学物通过生物膜上亲水性孔道的过程称为滤过。借助于渗透压梯度和流体静压，水可经膜孔流过，溶解于水的分子直径小于膜孔的物质可被转运。由于肾小球和毛细血管膜上具有约 4nm 的孔，可以允许相对分子质量小于清蛋白（约为 60000Da）的外源化学物通过。

（3）主动转运 指在载体的参与下，外源化学物逆浓度梯度透过生物膜的转运过程。主动转运需要载体的参与，逆浓度梯度转运且需消耗能量，代谢抑制剂可阻断主动转运过程。由于有载体的参与，因此具有特异选择性，在底物达到一定浓度后，转运系统可被饱和；如果多种外源化学物由同一转运系统转运，外源化学物之间可以发生竞争性抑制。近年来，发现了许多外源化学物的主动转运系统，主要包括肽类转运蛋白、二价金属离子转运蛋白、核苷转运蛋白家族、有机阳离子转运蛋白家族、有机阴离子转运蛋白家族、有机阴离子转运多肽家族、P- 糖蛋白（P-glycoprotein，P-gp）和多药耐药蛋白（multidrug resistance protein，MDRP）家族等。P-gp 或 MDRP 家族，可将化疗药物从肿瘤细胞中排出，使肿瘤细胞发生耐药。该系统也可以通过将外源化学物转运出肾细胞、肝细胞、脑上皮细胞、小肠细胞等以避免这些细胞受到损害，也能够使胎儿免受某些外源化学物的伤害。

（4）易化扩散 易化扩散是膜蛋白介导的被动扩散，也叫载体扩散，其机制可能是外源化学物与膜上蛋白质载体特异性结合后，导致其分子内部发生构型变化而形成适合该物质透过的通道而进入细胞。易化扩散不需消耗能量，只能按浓度方向转运。如葡萄糖等水溶性分子在体内的转运，首先由肠道进入血液，再经由血液进入中枢神经系统和由血浆进入红细胞都是通过这一转运过程完成。

（5）膜动转运 指某些大分子物质和颗粒物的转运，生物膜的形态在转运过程中发生变化，表现出主动选择性并需要消耗能量。膜动转运包括吞噬（phagocytosis）、胞饮（pinocytosis）和胞吐（exocytosis）作用。吞噬作用指大气中的烟、尘等固态颗粒物与细胞膜接触后，可使膜的表面张力发生改变，引起外包或内陷，将异物包裹进入细胞的转运方式。某些大分子物质或液体微滴通过吞噬作用进入细胞，称为胞饮作用；胞吐作用也称出胞作用，指某些大分子物质或颗粒物通过此种方式从细胞内转运至细胞外的过程。

二、外源化学物的吸收

吸收是指外源化学物从机体的外表面或内表面的生物膜等暴露部位转运至血循环的过程，经胃肠道、呼吸道和皮肤吸收为主要途径，也包括皮下、肌内、腹腔及静脉注射等途径。

1. 经胃肠道吸收 小肠是经胃肠道吸收的主要部位，其次是胃。经胃肠道吸收的影响因素包括外源化学物本身的理化性质、胃与小肠的结构特点、胃肠道内食物的量和性质、胃肠液的 pH、肠内菌群及特殊转运系统等。对于弱有机碱和弱有机酸，胃肠液的 pH 及其外源化学物自身的 pKa 对其吸收具有决定性作用。简单扩散是多数外源化学物在胃肠道吸收的主要方式，同时，部分物质也可以通过吸收内源性化学物或营养素的专用主动转运系统进入血液。此外，少数外源化学物还可以通过滤过、吞噬和胞饮作用而被吸收。经胃肠道吸收途径还会受到首过消除（first-pass elimination）效应影响，使得经体循环到达靶器官的外源化学物原型数量减少，明显影响其所致毒效应的性质与强度。

2. 经呼吸道吸收　经呼吸道吸收的物质主要有气态物质和气溶胶两种形态。易溶于水的气体如氯气、二氧化硫等在上呼吸道吸收，而脂溶性较好的气态物质如氯仿、二氧化氮等不易被吸收，但易进入呼吸道深部，由肺泡吸收入血。经呼吸道吸收的方式为简单扩散，吸收速度会受到血流量、肺通气量、溶解度、血－气分配系数等影响。气溶胶颗粒的大小是影响气溶胶吸收的主要因素，直径在 1μm 及以下的颗粒物可以到达肺泡并被吸收入血，或通过黏液－纤毛系统清除，或经肺泡巨噬细胞吞噬后移行至细支气管末端，或进入淋巴系统并在其中长期存留。直径在 2 ～ 5μm 的颗粒物多依靠重力沉积于气管、支气管，主要通过呼吸道纤毛黏液层逆向运动至口腔，最终吞咽入胃肠道而被吸收或被咳出。直径在 5μm 或以上的颗粒物通常沉积在鼻咽部。

3. 经皮肤吸收　皮肤主要由表皮层和真皮层组成，其中表皮最上层的角质层是外源化学物经皮肤吸收的限速屏障，穿过表皮层后才能进入真皮层的毛细淋巴管和小血管。外源化学物经皮肤吸收的过程可分为穿透阶段和吸收阶段，其中穿透阶段是指外源化学物通过被动扩散透过角质层的过程，主要受外源化学物极性大小的影响。吸收阶段是指外源化学物通过表皮深层和真皮层并经毛细淋巴管或静脉进入体循环的过程，相对分子质量和脂 / 水分配系数是影响吸收的重要因素。通常情况下，高水溶性或高脂溶性物质经皮肤吸收困难，适宜的脂 / 水分配系数有利于经皮肤吸收。

4. 经其他途径吸收　外源化学物除经胃肠道、呼吸和皮肤途径吸收外，在毒理学研究中，皮下、肌内、腹腔、静脉注射等途径的染毒实验也经常使用。皮下、肌内注射易受外源化学物剂型和局部血液量的影响，可以直接进入体循环，吸收速度相对较慢。腹腔表面积很大、血液供应丰富，受试物吸收速度快，吸收后受试物经门静脉进入肝脏，再进入体循环。静脉注射后受试物直接入血，越过了吸收过程，因而毒效应最为迅速、明显。

三、外源化学物的分布

1. 外源化学物分布的毒理学意义　分布是指外源化学物经胃肠道、呼吸道及皮肤等途径吸收后，进入血液并随着血液流动分散到全身组织细胞的过程。不同的外源化学物在体内各器官组织的分布极不均匀，受器官、组织亲和力和血流量影响。开始时，器官、组织的血流量是影响分布的主要因素；但随着时间的推移，受器官、组织亲和力及经膜扩散速率的影响，还可能发生再分布（redistribution）。例如，铅进入机体后，初始主要分布于红细胞、肝、肾等部位，但 1 个月后会发生再分布，约 90% 的铅转移到骨骼中并沉积下来。

2. 外源化学物的蓄积　蓄积（accumulation）是指外源化学物在某些器官组织中以相对较高浓度富集的现象。许多外源化学物可以发生蓄积，蓄积部位可能仅仅只是其储存场所，也可能是其靶器官，如在脂肪组织中双对氯苯基三氯乙烷（DDT）含量最高，但神经系统才是其所致毒作用的靶器官。脂肪组织、血浆蛋白质（清蛋白）、肝脏、肾脏和骨骼组织是外源化学物在体内的主要贮存库。蓄积有利于减少到达靶器官的毒物数量，降低毒效应强度，缓解或减轻急性毒性作用，对机体有一定保护作用，但也有可能导致慢性中毒的发生。同时，当机体再次暴露于相同作用机制的毒物时，使毒性作用叠加，会导致更为严重的后果。

3. 特殊的屏障 有些组织或器官的生物膜具有特殊的生理学功能和形态学结构，可以延缓或阻止某些化学毒物进入，称为屏障。胎盘屏障、血脑屏障及血－脑脊液屏障等较为重要，对于保护胎儿和中枢神经系统免受毒物影响具有一定的作用。胎盘屏障由分隔胎儿母体和血液循环的一层或几层细胞构成。有机溶剂、重金属、农药、药物等多种化学毒物都可经胎盘转运至胎儿体内，一般认为胎盘屏障的作用有限。简单扩散是外源化学物通过胎盘屏障的主要方式，因而凡是能影响简单扩散速率的因素都会影响化学毒物经胎盘转运。血－脑屏障的屏障作用较强，只有那些既具有脂溶性，又非主动转运蛋白底物的外源化学物才有可能进入脑内。血－脑脊液屏障由脉络丛、蛛网膜和脑室周围的部分区域构成，在脑脊液和循环血液之间，能够有效防止化学毒物的透过。

四、外源化学物的排泄

排泄为生物转运的最后一个环节，是指外源化学物及其代谢产物向机体外转运的过程，其中经尿液排泄、经粪便排泄及经呼气排泄是主要的排泄途径。此外，外源化学物也可以经汗液、唾液、乳汁、脑脊液等分泌物，以及毛发、指甲等途径排出体外。

1. 经尿液排泄 经尿液排泄是机体最有效率、最重要的排泄途径，其排泄机制涉及肾小球被动滤过、肾小管主动分泌和肾小管重吸收。外源化学物进入肾小管腔后，可以被肾小管重吸收，也可以随尿液排出体外。脂 / 水分配系高的外源化学物可以通过简单扩散的方式进入肾小管上皮细胞并可重新吸收入血，而水溶性高的外源化学物则随尿液排泄。弱碱性物质在 pH 值较低、弱酸性物质在 pH 值较高的尿液中多数处于游离态，可被大量排出体外。在生理条件下，尿液的 pH 值低于血浆，更有利于排泄弱酸性物质。调节尿液 pH 值可以使肾小管的重吸收效率受到影响，从而改变相应化学物的排泄速度。

2. 经粪便排泄 混入食物中的毒物、肠道排泄的毒物、胆汁排泄的毒物、肠道菌群及其外源化学物的代谢产物均可以经粪便排泄。经肠道摄入，但还未被吸收的外源化学物可以与未被消化的食物混合，随粪便排泄。某些化学毒物原形及经过肝脏生物转化形成的代谢产物均可以直接排入胆汁，最终随粪便排出体外。外源化学物可在小肠黏膜经生物转化后排入肠腔，也可经被动扩散从血液直接转运至小肠腔内，只有那些经尿液、胆汁清除量少的物质才主要以该种方式排泄。肠道菌群是粪便的主要成分之一，可以有效摄取外源化学物并对其进行生物转化，粪便中的许多化学物质均来源于细菌的代谢产物。

3. 经呼气排泄 室温下以挥发性液体或气态存在的物质均可以经简单扩散的方式由肺排出，排出速度与吸收速度呈反比。

4. 经其他途径排泄 机体还存在汗液、唾液、乳汁、脑脊液，以及毛发、指甲等排泄途径。脂溶性、非解离态外源化学物可经简单扩散排入汗液和唾液。乳汁对于外源化学物的排泄具有重要的毒理学意义，这是因为外源化学物可以经母乳进入婴儿体内，对婴儿健康造成影响。脂溶性毒物如氯丹、艾氏剂、DDT、多溴联苯、多氯联苯和呋喃等可随脂肪从血液进入乳腺中，并主要随乳汁排出体外。包括脂溶性毒物在内的各种物质都可随脑脊液穿越蛛网膜离开中枢神经系统，该过程为主动转运过程。锰、铅、砷、汞等重金属可在毛发、指甲中富集，当它们脱落时，其中的外源化学物也随之排出。

五、外源化学物的生物转化

1. 生物转化和生物转化酶 生物转化为机体对外源化学物处置的重要环节，是其在机体内经多种酶化而形成代谢产物的过程，也称代谢转化。经生物转化后，大多数外源化学物的代谢产物水溶性增加，使其毒性降低，更易排出体外，此过程称为代谢解毒。然而，也有少量外源化学物经生物转化后，毒性明显增加，甚至引起致癌、致畸、致突变作用，此过程称为代谢活化或生物活化。

生物转化酶广泛分布于机体各组织中，肝脏作为担负生物转化的主要器官，代谢酶的种类和数量最多。一类或一种生物转化酶可代谢多种外源化学物，通常具有广泛的底物特异性。生物转化酶可分为结构酶和诱导酶两类，前者可持续在机体内少量表达，后者在外源化学物诱导或刺激下才能合成。某些生物转化酶具有多态性，即在不同的个体中酶的结构或氨基酸序列有一定差异，从而使代谢活性发生变化。生物转化酶的多态性也是导致同一外源化学物在不同个体间存在代谢差异的最根本原因。某些外源化学物存在立体异构体，有一个和多个手性中心，其生物转化表现出明显的立体选择性。

2. Ⅰ相反应 Ⅰ相反应（phase Ⅰ biotransformation）是指经过氧化、还原和水解等反应使外源化学物暴露或产生—OH、—NH、—SH、—COOH 等极性基团，增加水溶性并更易使Ⅱ相反应顺利进行。

氧化反应主要在肝脏微粒体内进行，通常是外源化学物代谢的第一步。微粒体并非独立的细胞器，而是组织经细胞匀浆和差速离心后，由内质网形成的囊泡和碎片。细胞色素 P_{450} 酶系和黄素加单氧酶是催化氧化反应的主要生物转化酶。由于具有还原性的外源性化学物或代谢物在细胞内的积累，可以使机体局部为还原环境，参与还原反应的酶系主要是细胞色素 P_{450} 酶系和黄素蛋白酶。含有羰基、偶氮基和硝基的外源化学物及卤代烃、烯烃、亚砜、N- 氧化物、二硫化物、酮、醛等可在体内发生还原反应。机体对外源化学物的水解作用主要由水解酶、肽酶、酰胺酶和酯酶等催化，它们广泛分布于血浆、神经组织、肾脏、肝脏和肠中。

3. Ⅱ相反应 Ⅱ相反应（phase Ⅱ biotransformation）是指具有一定极性的物质与内源性辅因子（结合基团）进行化学结合的反应，也称为结合作用（conjugation）。这些具有一定极性的物质包括外源化学物暴露出原有的极性基团，或Ⅰ相反应产生的—OH、—NH、—SH、—COOH 等极性基团。Ⅱ相反应需要消耗能量，且需要酶的参与，其反应速度通常比Ⅰ相反应快。

经Ⅱ相反应后，多数产物的水溶性增加，使其更容易排出体外；同时，相应的毒性或生物活性也会减弱或完全消失。但也有毒性增强情况发生，如2-乙酰氨基芴经N-羟化后，可通过乙酰化或与葡萄糖醛酸、硫酸结合生成亲电子致癌物，使毒性增强。

4. 生物转化的影响因素 外源化学物在体内的生物转化过程复杂多变，受诸多因素影响，概括起来包括遗传因素和环境因素两大类。遗传因素涉及动物的营养状态、年龄、性别、物种等，常表现为生物转化酶的种类、分布、数量和活性的差别。不同个体对外源化学物的敏感性存在差异，其原因主要与生物转化酶的遗传多态性有关。

第三节　外源化学物的一般毒性作用

研究外源化学物的一般毒性作用是毒理学工作中非常重要的内容。根据接触外源化学物的时间长短，可分为急性毒性、亚慢性毒性和慢性毒性。相应地，接触外源化学物的时间长短所开展的毒效应研究即为急性毒性试验、亚慢性毒性试验和慢性毒性试验。外源化学物的一般毒性作用研究对防治外源化学物所致急、慢性中毒，对毒理学危险度评定、安全性评价，卫生标准的制定、管理毒理学的决策等方面均具有重要意义。

一、急性毒性作用

1. 急性毒性作用的概念 急性毒性（acute toxicity）是指人或实验动物一次或24小时内多次接触外源化学物后，在短期内产生的一般行为和外观改变、大体形态变化及死亡等毒性效应。为更好地理解急性毒性概念的内涵，需要注意以下问题：

（1）*接触的次数* 在经皮肤与经呼吸道染毒时，“一次”是指在一段规定的期间内使实验动物持续接触毒物的过程；在经口和经注射途径染毒时，“一次”是指瞬间给予实验动物染毒。而当外源化学物毒性很低时，一次最大染毒仍不能达到了解该毒物急性毒性作用的目的，则需要24小时内多次染毒，即为“多次”。

（2）*中毒效应出现的时间* 有的化学毒物在接触实验动物数分钟内即可产生中毒症状，严重者甚至瞬间发生死亡；而有些化学毒物在接触实验动物几天、十几天后才发生中毒症状和死亡，表现为迟发型毒效应。因此，不能简单地以接触毒物后出现症状的时间来判断是否属于急性毒性。国内外许多毒理学安全性评价程序中均对急性毒性的观察时间做出了相关规定，一般情况下为7～14天，如有必要可延长至14天以上。

（3）*中毒效应的强度* 与亚慢性、慢性中毒相比，为了观察到明确的急性毒性作用，受试动物需一次性大剂量接触毒物，中毒症状严重，一般行为、外观、大体形态的改变十分明显，常发生死亡。

2. 急性毒性试验的目的 急性毒性试验是探讨外源化学物对机体毒效应的第一步，能够提供短期接触所致毒作用的许多资料和信息，急性毒性试验的目的主要包括以下几点：

（1）得出LD_{01}、LD_{50}及其他毒性参数，并进行急性毒性的分级。

（2）观察急性毒性中毒表现、强度及死亡情况，初步判断毒效应特征、可能的靶器官、剂量－反应关系及对人的危害性。

（3）为其他毒理实验提供观察指标和接触剂量选择的依据。

（4）为深入的毒效应机制探索提供线索。

3. 急性毒性试验方法的要点　急性毒性试验是评估毒性大小的第一步工作，应用很广，尤其对于和人类生活密切接触的化学物如新的药品、食品、工业毒物、农药、化妆品等毒理学安全性评价，通常是必做的实验。急性毒性试验主要包括实验动物的选择、受试物处理、染毒方法、剂量选择、毒性作用观察、观察时间和周期等。

（1）实验动物的选择　动物的急性反应与人需尽量接近；动物繁殖生育力较强，数量较大能够保障供应；实验操作方便、易于饲养管理；价格低廉、获得容易。

1）实验动物的物种和品系：除特殊需要外，大小鼠等哺乳动物最常用，其中大鼠品系以 Sprague-Dawley（SD）、Wistar 为主，小鼠品系以昆明种为主。

2）实验动物的年龄和体重：除特殊需要外，实验动物的年龄和体重均要求刚成年，且未曾交配和受孕的健康动物，通常小鼠 18 ～ 25g，大鼠 180 ～ 240g，豚鼠 200 ～ 250g，家兔 2 ～ 2.5kg，杂种犬 8 ～ 15kg，Beagle 犬 4 ～ 6kg。一般情况下，同一次实验的实验动物体重变异范围应在平均体重的 20% 之内。

3）实验动物的性别：通常要求为雌雄各半。但如有预实验或资料发现受试品的毒效应有明显的性别差异，则应分别计算雌性和雄性动物各自的 LD_{50} 值。特殊的实验研究，如致畸试验可仅做雌性动物的急性毒性试验；雄性生殖方面的毒理学研究，可仅选择雄性动物进行急性毒性试验。

4）实验动物分组及数量：所用动物的总数根据急性毒性试验的组数和每组动物数量来决定。急性毒性试验的组数一般为 4 ～ 6 组，大、小鼠等小动物每组通常为 10 只，兔、犬等大动物一般为 6 只。

5）实验动物的预检：在急性毒性试验开展前，实验动物应先进行检疫观察。小鼠、大鼠、豚鼠、兔的检疫期为 1 周，猴、犬等的检疫期需适当延长至 2 ～ 3 周。

6）染毒前禁食处理：采用经口一次性途径染毒时，大鼠、小鼠等小动物在染毒前通常隔夜禁食，大动物常在上午染毒，染毒前不喂食即可。禁食期间均正常给予饮水，染毒 2 小时后可饮食。经口多次染毒，可不禁食。

（2）受试物处理　受试物配制的常用剂型为水溶液、混悬液及油溶液，除非已证明受试物溶液贮存是稳定的，一般应临用前新鲜配制。水溶性受试物通常用去离子水或蒸馏水配制，注射等胃肠道外染毒需用生理盐水。水不溶性受试物应溶于或悬浮于适当的有机溶剂中，常用天然植物油（橄榄油、玉米油）、10% 阿拉伯乳胶或 0.5% 羧甲基纤维素钠。

受试物若毒性较大，一般按适宜容积染毒；受试物若毒性较低，需一次较大量的染毒但不应超过最大给药容积。给药容积的大小，取决于实验动物物种及染毒途径。一般情况下，染毒最大推荐量为：①经口 20mL/kg（对空腹动物）。②肌内注射 0.5mL/kg（一个部位）。③静脉 1mL/kg（5 分钟以上）。④经皮 2mL/kg（根据体表面积计算）。⑤每眼 0.01mL。⑥阴道：大鼠 0.2mL，兔 1mL。⑦鼻：猴或犬每鼻孔 0.1mL。⑧吸入 2mg/L。⑨直肠 0.5mL/kg。

（3）染毒方法　经口（胃肠道）、经呼吸道、经注射及经皮肤途径染毒最为常用，一般情况下，环境污染物经口、经呼吸道、经皮肤多途径接触；食品多以经口途径；药品多以经口和经注射途径；农用化学物多以经口、经皮肤接触和经呼吸道吸入；工业化学物多以经呼吸道吸入和经皮肤接触为主。

经口途径染毒可分为灌胃、喂饲、吞咽胶囊等方式，其中经口灌胃染毒是急性毒性试验中最常用的染毒途径。在研究新的外源化学物时，一般首先进行经口途径染毒，求出 LD_{50} 值。经呼吸道途径染毒方式分为吸入和气管内注入，吸入染毒又分为动式吸入染毒和静式吸入染毒。在研究生产条件下存在于空气中的粉尘、烟、雾、气体及蒸汽等工业毒物，以吸入为给药途径的药物，评价环境空气污染物，常常采用经呼吸道染毒途径。经注射途径染毒可分为静脉注射或滴注、皮下注射、肌内注射、腹腔注射、皮内注射等。对注射药品或需做比较毒性观察的药品，进行化学毒物毒作用机制研究及了解毒物代谢动力学等研究时，常用经注射途径染毒。外源化学毒物经皮肤接触的机会很多，如职业接触、环境污染物、化妆品、农药及外用药物等，常用经皮肤途径染毒。

（4）剂量选择　了解受试物的化学结构式、分子量、常温常压下的水溶性、脂溶性、挥发度、溶解度、比重、pH 值等理化性质对测试一个新型外源化学物的急性毒性和 LD_{50} 极为必要。可以通过文献检索，找到与受试化合物结构和理化性质相近的化学物的毒理学资料，为剂量范围的确定提供参考。在剂量选择时，各剂量组间的组距可适当增大，以便确认受试物的致死剂量范围。

剂量选择是成功进行急性毒性试验的前提，总的原则是尽量减少动物消耗，以较大的剂量间隔（通常为几何级数），找出 10% ～ 90%（或 0% ～ 100%）致死剂量范围。根据实验设计所选用的 LD_{50} 计算方法来确定剂量组数，一般设 5 ～ 8 个剂量组。

各组剂量可根据式 8–1 计算：

$$i=\frac{\lg LD_{90}-\lg LD_{10}}{n-1} \text{ 或 } i=\frac{\lg LD_{100}-\lg LD_{0}}{n-1} \quad \text{（式 8–1）}$$

式中：n 为设计的剂量组数；i 为组距（相邻的两个剂量组对数剂量之差）。

LD_0 或 LD_{10} 为最低剂量，第二剂量的对数值为最低剂量与 i 值之和，依次类推直至最高剂量，查各自的反对数即可得出各组剂量值。对于未知化学物，当估计毒性较低时，预实验可以按 5g/kg 剂量进行摸索；若此剂量下实验动物无死亡，则可不再求 LD_{50}。在实际工作中，除有特殊要求外，均无须设立对照组。

（5）毒性作用观察　在急性毒性试验中，除了测定 LD_{50} 外，也要全面观察动物的各种变化和反应，详细记录实验动物在染毒后出现的中毒体征、体重变化、死亡情况和病理形态学等，这才是一个成功和完整的急性毒性试验。

1）中毒体征：应详细观察和记录动物出现中毒体征的时间和体征发展的经过，机体对毒物作用的反应可以表现出各个系统的特征，应仔细观察和记录。毒性体征的记录要避免使用自撰或不规范的术语。啮齿类动物急性中毒表现如下所示（表 8–1）。

表 8-1　啮齿类动物急性中毒表现

系统和器官	观察项目	中毒后常见的表现
中枢神经与躯体感觉和运动系统	行为	叫声异常，体位异常，活动异常，不安，侧倒，多动、少动或呆卧
	对外界刺激的反应	易激怒、易兴奋，反应过高或低下，感觉过敏或迟钝
	运动状态	步态蹒跚、运动失调、后肢无力，麻痹、痉挛、强直、抽搐，管状尾
	脑、脊髓反射	减弱或消失
	肌肉张力	紧张或松弛
自主神经系统	腺体分泌	出汗、流泪、流涎
	瞳孔	缩小或散大
呼吸系统	呼吸表现	张口或腹式呼吸，呼吸过快或过缓，呼吸困难、衰竭
	鼻	鼻翼扇动、鼻口溢液
消化系统	摄食	少食、拒食、不摄食
	大便	便秘、腹泻
	腹部外形	凹陷、膨隆
	粪便外观	色泽异常、不成形
心血管系统	四肢末端血管	发红、充血
	心区触诊、听诊	心律不齐、心动过缓或过速、震颤
被毛和皮肤	颜色、张力	竖毛或被毛蓬松，皮肤松弛、溃疡、皮疹、发绀、褶皱，皮肤松弛
眼睛	眼睑、眼球及角膜	上睑下垂，充血、震颤、突出，血性分泌物、浑浊
黏膜	口腔、结膜	黄疸、发绀、苍白、水肿、充血、分泌物增多
其他	一般情况	姿势异常、消瘦等
	直肠温、皮温	降低或升高

受试物不同毒性表现也不同，有些可能是由多系统病变引起，而很难列于某一系统和器官中。可以根据急性毒性试验结果初步判断该受试物的急性毒性靶器官。如心搏过速或缓慢其靶器官可能是自主神经、心肺循环障碍；管状尾则提示神经肌肉系统受累；发绀往往是心、肺循环障碍、肺损伤的表现；出现侧倒（侧卧），则神经肌肉和中枢神经系统受累；鼻孔血性分泌物，则可能是肺损伤、肺出血；血尿则反映毒性靶器官为肾脏等。

实验动物的毒性表现常存在一些规律，毒物染毒后，往往出现抑制→死亡或者兴奋→抑制→死亡的现象。动物染毒后，最高剂量组和高剂量组许多中毒体征发展迅速，很快出现死亡，常来不及观察，能否全面、充分地观察急性毒性表现需要长期经验的积累和多方面的准备。不同化学物的毒性表现常有所不同，如含有氰基的丙烯腈和氢氰酸对小鼠和大鼠染毒后，均很快出现兴奋。接触丙烯腈的动物首先出现窜跑、骚动、活动增加，甚至跳跃，随后出现耳与尾青紫色，呼吸困难；而氢氰酸呈表现为一过性兴奋，呼吸加快、加深，随后耳与尾则为桃红色，呼吸困难。可见即使同为氰化物，中毒机制也会有所不同。动物的中毒表现呈多种多样形式。小鼠与大鼠灌胃染毒 N– 苯甲酰基 –（3,4– 二氯苯基）–2– 氨基丙酸乙酯后，很快表现为呼吸减慢、步态蹒跚、站立不稳、四肢无力、闭目静卧等抑制现象，随后出现口鼻青紫色，最终因缺氧而死亡。伊班磷酸钠染毒后，动物先出现一般性的中毒表现，然后很快恢复。1 周后，才逐渐表现为衰弱、消瘦、拒食、昏迷直至死亡。

2）体重变化：实验动物的体重变化，是一个比较客观简便的量化指标，可以反映动物中毒后综合性整体变化。在观察实验动物中毒体征的同时，对存活动物的体重变化也应详细记录，一般每周 1 次。体重增长缓慢或降低的原因是多方面的，毒物影响食物的吸收和利用，可以导致体重变化；毒物影响消化系统功能和食欲，也可以使体重改变。如果毒物造成肾功能急性损伤或影响水的摄取，也可能在体重上有所反映。

3）死亡情况：应认真观察和记录动物死亡情况，动物死亡数量每减少或增加 1 只都会对 LD_{50} 值产生明显影响。实验动物死亡时间的分布规律，也可以提供重要信息。例如，小鼠腹腔注射过氧化二磷酸二环己酯后，染毒剂量对数值与死亡时间无明显相关，但大鼠腹腔注射后出现明显的染毒剂量对数值与死亡时间呈负相关关系，可能与该化学物在小鼠和大鼠体内代谢途径不同有关。小鼠经口与腹腔注射久效磷后，染毒剂量增加死亡时间缩短，呈直线负相关，这表明实验动物致死原因是化学物原形所致。

4）病理形态学检查：在急性毒性试验中，对死亡动物应及时进行解剖，肉眼观察大体病理变化，如脏器外观、色泽的变化、大小、有无水肿、充血、出血或其他改变。若肉眼观察有明显改变，需进一步取材进行组织病理学检查。而对于存活动物，在观察期结束时亦应进行解剖检查。

（6）观察时间和周期　实验动物染毒当天，应连续或多次观察，其中高剂量组应即刻开始观察动物的中毒表现和死亡情况；以后可根据情况，每天 2 次或多次观察直到实验周期结束。急性毒性试验观察周期一般为 2 周（14 天），计算时以观察周期内各组动物的总死亡数为依据计算 LD_{50}（LC_{50}）。不同的外源化学物引起中毒体征出现的时间和特点各有不同，导致动物死亡的时间也存在很大的差异。有些化学物染毒后迅速引发中毒体征并导致动物死亡，如某些有机磷化合物和氰化物染毒后多数动物在数分钟至数小时内死亡。而有些外源化学物中毒体征发展迟缓，甚至出现暂时缓解的现象，然后再发生严重体征及死亡。如羰基镍染毒早期出现上呼吸道体征，很快症状就会缓解，但 2 ～ 3 天后发生为严重的肺水肿、呼吸困难，然后出现死亡。另外，有些外源化学物对实验动物的个体差异非常明显，如氧化二磷酸二环己酯染毒小鼠后，出现死亡的时间最早可在染毒 7 小时后，最迟可达 150 小时。

4. 急性毒性分级和评价　根据急性毒性试验的 LD_{50}（LC_{50}）值，开展急性毒性分级，进而根据分级结果比较毒物的急性毒性大小。WHO 推荐的急性毒性分级标准如下所示（表 8–2）。急性毒性分级是一种相对粗略的评价毒性大小的方法，存在诸多缺点和不足，在实际工作中，除对 LD_{50} 和急性毒性级别报告外，还应包括出现体征的时间、中毒体征和程度、死亡前征兆、死亡时间和剂量的组间分布、死亡动物的病理变化、存活动物的恢复情况和体重变化等。

表 8–2　WHO 急性毒性分级

毒性分级	大鼠一次经口 LD_{50}（mg/kg）	6 只大鼠吸入 4 小时，死亡 2 ～ 4 只的浓度（ppm）	兔经皮 LD_{50}（mg/kg）	对人可能致死的剂量	
				g/kg	总量（g/60kg）
剧毒	＜ 1	＜ 10	＜ 5	＜ 0.05	0.1
高毒	1 ～	10 ～	5 ～	0.05 ～	3
中等毒	50 ～	100 ～	44 ～	0.5 ～	30
低毒	500 ～	1000 ～	350 ～	5 ～	250
实际无毒	5000 ～	10000 ～	2180 ～	15 ～	1000 ～

二、亚慢性毒性作用

1. 亚慢性毒性的概念　亚慢性毒性（subchronic toxicity）是指实验动物或人连续较长时间接触外源化学物所产生的中毒效应。“较长时间”是相对急性和慢性毒性而言，通常为 6 个月，并没有统一的、严格的时间界限。

2. 亚慢性毒性试验的目的

（1）研究亚慢性毒性剂量 – 反应关系，明确 LOAEL 和 NOAEL，提出安全限量参考值。

（2）研究亚慢性毒作用靶器官、毒作用特点和毒性效应谱。

（3）探索亚慢性毒性作用是否具有可逆性。

（4）为设计慢性毒理试验的剂量和选择观察指标提供依据。

（5）为在急性试验中未被发现的毒作用提供新的信息。

3. 亚慢性毒性试验方法的要点

（1）*实验动物的选择*　为了全面地了解受试物的毒性，亚慢性毒性试验一般要求选择两种实验动物（啮齿类和非啮齿类）。亚慢性经口染毒试验常用大鼠、犬及猴，亚慢性经皮毒性试验可用豚鼠或兔，大鼠品系常用 SD 和 Wistar，犬多用 Beagle 犬。一般要求选用两种性别，雌雄各半；如研究某种受试物的生殖毒性或性腺毒性，也可选用单性别。一般选择离乳不久的动物，同组动物体重相差不超过平均体重的 10%，组间不超过 5%。大鼠、小鼠每组不少于 20 只，犬、猴每组不少于 6 只，对照组动物数量、体重（年龄）同染毒组一致。此外，亚慢性毒性试验应在符合国家实验动物标准的实验环境中进行，并尽可能使用高等级实验动物。

（2）*染毒方式*　一般以经口、经呼吸道和经皮染毒为主。染毒频率通常为每日 1

次，连续染毒，如实验期超过 3 个月，也可每周 6 次。在要求染毒量准确性较高的情况下，大、小鼠建议灌胃法，犬采用灌胃法或胶囊法。在染毒量准确性要求不高时，可以将受试物混入饲料，让动物自行食入。经呼吸道染毒的时间一般为每日 2 ～ 6 小时，环境污染物可延长至 8 小时，工业毒物可以缩短至 1 小时。大鼠长期反复的静脉注射十分困难，如无专用的大鼠静脉注射和留置装置，可用腹腔注射，但应注意无菌操作。犬静脉注射比较易行。亚慢性毒性试验每日染毒的时间应尽量保持一致，每日上午较合适，染毒后喂食。

（3）剂量选择和分组　一般至少应设 1 个阴性（溶剂）对照组和 3 个剂量组，其中低剂量组应无中毒反应，相当于 NOAEL；高剂量组应能引起明显的毒性或少于 10% 的动物死亡，比较理想的中剂量组相当于 LOAEL。高剂量通常可根据 1/5 ～ 1/20 的 LD_{50} 剂量或急性毒性的阈剂量确认，高、中、低剂量组距一般不少于 2 倍，3 ～ 10 倍为宜。对于药物，常以人临床拟用剂量为依据，非啮齿类可用人临床拟用剂量的 50、15、5 倍，大鼠可用 100、30、10 倍。

（4）观察指标　在实验过程中及染毒结束时，需对实验动物进行全面、系统、深入地观察检测，有些情况下，还需在染毒前和染毒结束后的恢复期做检查。采用精确、灵敏的检测方法及合理地选择观察指标是正确评价化学毒物对机体毒效应的关键，观察指标主要包括一般性指标、实验室指标、系统尸解、组织病理学检查及其他特殊指标检查等。一般性指标主要指行为活动、外观体征、粪便性状、体重变化及食量等，往往是敏感的综合毒效应指标，能综合反映毒物对机体的毒作用。实验室检查通常包括血液生化指标和血、尿常规检测，目的是发现受试物所致功能紊乱和器官损伤。实验结束时活杀实验动物，做系统解剖，测定脏器重量，进行详细的肉眼检查，并作组织病理学检查；在实验中间处于濒死状态或死亡动物，也应及时做系统尸解和病理学检查。此外，常根据受试物的结构、毒性资料及实验中的观察等线索增加一些指标，如推测受试物可能对心血管系统有毒性，可进行眼底、血压、心电图检测；如推测对神经系统有影响，可进行神经反射、神经行为等检查。

三、慢性毒性作用

1. 慢性毒性的概念　慢性毒性（chronic toxicity）是指实验动物或人长期反复接触外源化学物所产生的毒性效应。“长期”，通常情况下指 2 年，此时间相当于大鼠整个生命周期，相当于兔生命命期的 36%，犬的 20%，猴的 13%。

2. 慢性毒性试验的目的

（1）研究慢性毒性剂量 – 反应关系，明确长期接触造成有害作用的 LOAEL 和 NOAEL，为人类接触时安全限量标准的制定及危险度评价提供毒理学依据。

（2）研究慢性毒性效应的毒作用靶器官和特点。

（3）探索慢性毒性作用是否具有可逆性。

（4）研究毒性机制和将研究结论外推到人提供依据。

3. 慢性毒性试验方法要点

（1）实验动物的选择　应使用2种哺乳动物，多用大鼠、犬和猴，如果采用经皮染毒也可使用家兔和豚鼠。每组动物数量要多于亚慢性试验，雌雄各半，大鼠每组40～60只，犬8～12只。实验结束时，每剂量组每性别啮齿类动物不少于10只，非啮齿类动物不少于4只。一般选择初断乳的动物，大鼠50～70g（3周龄），犬一般在4～6月龄时开始实验。

（2）染毒途径　应选择与人类实际接触外源化学物相似的途径进行染毒，但在2年左右的实验中，很多染毒途径难以实现，常采用经口染毒，每周染毒5～6天。根据需要也可经呼吸道染毒和皮肤染毒，长期呼吸道染毒需有良好的专用动式吸入染毒装置。

（3）剂量分组　慢性毒性试验一般设对照组和3个染毒剂量组，如有必要可另设溶剂对照组。染毒剂量以亚慢性毒性试验的LOAEL确定，低剂量组为1/100，中剂量组为1/50～1/10，高剂量组为1/5～1/2。若无亚慢性毒性资料，可根据LD_{50}值设计剂量，1/1000 LD_{50}为低剂量组，1/100 LD_{50}为中剂量组，1/10 LD_{50}为高剂量组。

（4）观察指标　观察指标同亚慢性毒性试验，每个方面的观察指标更多、更全面，重点观察在亚慢性毒性试验中筛选出来的特异性指标或敏感指标。组织病理学检查是最有说服力和最客观的指标，在慢性毒性试验中是非常重要和必不可少的。

（姜爽　丁爽　宋伍）

思考题

1. 化学毒物通过哪些方式进行跨膜转运？
2. 影响吸收、分布、排泄等生物转运过程的因素有哪些？
3. 什么是LD_{50}？LD_{50}如何获得？其毒理学意义是什么？
4. 一般毒性评价主要包括哪几类试验？其主要目的和意义分别是什么？

第九章 外源化学物的致突变、致癌和致畸作用

除了一般毒性作用之外，有些外源化学物长时间作用于人类或哺乳动物往往还会产生特殊毒性作用，主要表现为致突变、致癌和致畸作用。外源化学物的特殊毒性作用往往涉及遗传物质的改变，一般需要经过较长时间才会显露出来，有些甚至会遗传给子代，危害深远，因此也被称作远期危害。

第一节 外源化学物的致突变作用

一、基本概念

1. 遗传（heredity）和变异（variation） 遗传和变异是生物界普遍存在的生命现象。生物物种以相对稳定的状态存在于自然界，并通过繁衍子代来保证世代间生命的延续，这个过程被称作遗传。历代或同一代不同个体生物体之间出现的差异称为变异。遗传保持了物种性状的相对稳定，而变异则使物种不断进化，促进生物物种的推陈出新。

2. 突变（mutation） 细胞内遗传物质结构发生的可以遗传的变异称为突变。突变可分为自发突变（spontaneous mutation）和诱发突变（induced mutation）。自发突变的发生率较低，与物种进化具有密切关系。诱发突变则比较常见，是指由环境因素中的物理、化学、生物性因素引起的突变。自20世纪初，有学者陆续发现X射线可使细胞的遗传物质发生改变。1966年，Cattanack报道了化学物可诱导哺乳动物遗传物质的突变，至此，致突变对人体健康的危害才开始受到人们的关注。

3. 致突变物（mutagen） 致突变物又称诱变剂，指能够引起突变的物质。致突变物的种类繁多，包括多种化学物质、电离辐射和紫外线等物理因素、内源性及外源性生物因子。根据作用方式，致突变物可被分为直接致突变物（direct-acting mutagen）和间接致突变物（indirect-acting mutagen），前者具有较高的化学活性，不需要代谢活化就能引起生物体突变，后者本身不具有致突变活性，必须经过代谢活化后才具有致突性。

4. 致突变性（mutagenicity）和致突变作用（mutagenesis） 化学物质或其他环境因素引发遗传物质发生突变的性质称为致突变性。致突变作用是指突变发生的过程或状态，是致突变物和生物体的遗传物质相互作用的结果。突变是致突变作用的后果。

二、外源化学物致突变的类型

根据遗传物质的受损程度，可将化学物诱导的突变分为基因突变、染色体畸变和

基因组突变三类。基因突变是在染色体上的一个或几个基因发生改变，突变范围较小（$< 0.2\mu m$），无法用光学显微镜直接观察，要依靠生长发育、生化、形态等表型改变来判断。染色体畸变和基因组突变是某一个或几个染色体的结构或染色体数目发生变化，损伤范围较大（$\geq 0.2\mu m$），可以直接用光学显微镜进行观察。

1. 基因突变（gene mutation） 基因突变是指基因中由于碱基对组成或排列顺序改变而导致的 DNA 序列变化。由于基因突变通常发生在基因的某一特定位点，因此又称为点突变。根据基因结构的改变，可将外源化学物诱导的基因突变分为碱基置换、移码突变和密码子的插入或缺失三类。

（1）*碱基置换（base substitution）* 碱基置换是指 DNA 多核苷酸链上某个碱基被另一种碱基取代，导致 DNA 碱基序列的异常。碱基置换包括转换和颠换两种情况。原来的嘌呤被另一种嘌呤置换或原来的嘧啶被另一种嘧啶置换，称为转换（transition）；原来的嘌呤被嘧啶置换或原来的嘧啶被嘌呤置换，则称为颠换（transversion）。无论是转换还是颠换都只涉及一对碱基，其结果可造成一个三联体密码子的改变，可能出现同义密码、错义密码和无义密码（终止密码），相对应的突变类型分别为同义突变、错义突变和无义突变。同义突变（synonymous mutation）是由于密码子具有简并性，碱基置换前后的密码子所编码的是同一种氨基酸，表型不改变；错义突变（missense mutation）是 DNA 分子中的碱基被置换后形成新的密码子，导致所编码的氨基酸种类发生改变；无义突变（nonsense mutation）是由于某个碱基的改变使编码某种氨基酸的密码子变为终止密码子，从而使肽链合成提前终止。碱基置换对生物损害的后果取决于其在蛋白质合成过程中的错义密码和无义密码的多少。

（2）*移码突变（frameshift mutation）* 移码突变是指在 DNA 碱基序列中，增加或减少不为 3 或 3 的倍数的碱基对所造成的突变。移码突变改变了从突变点开始到信息末端的碱基序列，使突变点 mRNA 的每个三联密码均发生变化，指导合成的多肽链也全部发生改变。在移码突变中，基因产物有明显的改变，易成为致死性突变。

（3）*密码子的插入或缺失* 在基因突变中，如果增加或减少的碱基对刚好为 3 对，则称为密码子的插入或缺失，导致生成的肽链中增加或减少一个氨基酸。密码子的插入或缺失的后果与碱基置换相似，与移码突变不同，因此被定义为第三种基因突变类型。

2. 染色体畸变（chromosome aberration） 染色体畸变是指染色体的结构改变，是由染色体或染色单体断裂及断裂的不正确重接所致。由于物理或化学因素的作用，引起染色体或染色单体断裂，造成染色体或染色单体部分片段缺失、重排或扩增，从而出现染色体结构异常，一般可用光学显微镜观察细胞有丝分裂中期的染色体来发现。当畸变发生在两条染色单体时称为染色体型畸变（chromosome-type aberration），发生在一条染色单体时则称为染色单体型畸变（chromatid-type aberration）。某种化学物质引起染色体型畸变还是染色单体型畸变，主要取决于该化学物质的性质及接触该化学物质时靶细胞所处的细胞周期。一般来说，大多数化学断裂剂主要引起染色单体型畸变，而染色单体型畸变都将在下一次细胞分裂时衍生为染色体型畸变。染色体畸变包括缺失（deletion）、重复（duplication）、倒位（inversion）、易位（translocation）、插入

（insertion）、环状染色体（ring chromosome）和双着丝粒染色体（dicentric chromosome）等几种类型。

此外，根据畸变的方式，染色体畸变又可分为稳定性染色体畸变（stabilizing chromosome aberration）和非稳定性染色体畸变（non-stabilizing chromosome aberration）两类。稳定性染色体畸变多数为染色体重排，如缺失、重复、倒位及平衡易位等，畸变后的染色体仍具有与正常染色体一样的着丝点，能进行有丝分裂，因此细胞的复制不受影响，可通过细胞分裂传给子代。非稳定性染色体畸变是不稳定的畸变，如染色体断裂可产生无着丝点的片段、环状染色体、双着丝粒染色体及各种其他不对称重排等。非稳定性染色体畸变丧失了重要的遗传物质或造成有丝分裂障碍，常导致细胞死亡。

3. 基因组突变（genomic mutation） 基因组突变，又称染色体数目畸变，指的是基因组中染色体数目发生改变，一般由细胞分裂异常和染色体分离障碍所致。以二倍体细胞染色体数目为标准，染色体数目异常可表现为整倍性畸变（euploidy aberration）和非整倍性畸变（aneuploidy aberration）。整倍性畸变是指细胞内染色体数目以染色体组为单位的增减，胞内含有本物种配子染色体组数的个体称为单倍体，含有三个或三个以上染色体组则称为多倍体。非整倍性畸变是指细胞内增加或减少一条或非染色体组整倍数的多条染色体，如单体、三体等。

三、外源化学物致突变的相关机制

外源化学物诱导的突变在肿瘤和遗传性疾病的发生和发展中有重要作用。因此，了解外源化学物致突变作用的相关机制是十分必要的。化学物诱导基因突变和染色体畸变的主要靶分子是DNA，而诱导基因组突变的靶部位则主要是细胞分裂中的成分，如纺锤体。另外，机体对外源性化学物导致的DNA损伤也有着一定的修复作用。目前普遍认为，化学物致突变作用的机制是损伤－修复－突变模式。即当细胞内发生DNA损伤时，只要正确修复，就不会发生突变，如果修复错误或未能修复，损伤就会固定下来，导致突变的发生。

1. 以DNA为靶分子的直接诱变作用

（1）*碱基烷化* 烷化剂（alkylating agent）是对DNA和蛋白质都有强烈烷化作用的物质，可提供DNA和烷基（如甲基、乙基等）共价结合的过程。如硫酸二甲酯、甲基磺酸乙酯、乙基磺酸乙酯、氮芥和硫芥等。烷化活性受烷化剂上烷基的影响，通常情况下，甲基化 > 乙基化 > 高碳烷基化。易发生烷化作用的有鸟嘌呤的N-7和O-6位，以及腺嘌呤的N-1、N-3和N-7位。烷化的位置不同会导致烷化碱基的不同配对特性，导致碱基错配。例如，一般在鸟嘌呤N-7位上的烷化有正常的配对特性，而在鸟嘌呤O-7位上的烷化很容易与胸腺嘧啶错配，引起G:C → A:T转换。

（2）*碱基结构的改变* 有些化合物可对碱基产生氧化作用，使碱基的结构发生破坏，甚至引起链断裂。例如，羟胺使胞嘧啶C-6位的氨基变为羟氨基；亚硝酸盐能使腺嘌呤和胞嘧啶发生氧化性脱氨，生成次黄嘌呤和尿嘧啶，以上改变均将造成碱基置换。此外，有些化合物还可在体内形成有机过氧化物或自由基，间接破坏嘌呤的化学结构，最终导致 DNA 链断裂，如甲醛。

（3）碱基类似物的取代 碱基类似物（base analogue）是指与碱基的化学结构非常相似的物质，它们能在 DNA 复制的过程中与互补链上的碱基配对，取代正常碱基的位置，引起碱基替代突变。

（4）平面大分子嵌入 DNA 链 有些大分子化合物能插入单链 DNA 的碱基或双链 DNA 的相邻多核苷酸链之间，称为嵌入剂（intercalating agent）。嵌入剂多数为多环的平面结构，大小与 DNA 的碱基对类似，可以很容易地嵌入 DNA 的碱基对之间，造成移码突变。

（5）形成二聚体 当机体或细胞受到紫外线或某些化学物的刺激后，会导致同一条 DNA 链上的两个相邻的嘧啶核苷酸发生共价连接，形成嘧啶二聚体。嘧啶二聚体能使 DNA 双螺旋链之间的氢键减弱，使 DNA 局部结构变形，不能作为模板进行 DNA 的复制和转录，导致突变的发生。

（6）DNA 加合物和交联分子的形成 一些活性化学物或其产物是亲电子剂，易与核酸等生物大分子中的亲核基团发生共价结合，形成加合物（adduct）。例如，苯并（α）芘和黄曲霉素 B 经生物活化形成环氧化物，然后与 DNA 共价结合，形成 DNA 加合物，从而诱发突变。此外，某些化学物还能够引起 DNA 和蛋白质的共价结合，形成稳定的 DNA- 蛋白质交联物而造成突变。

2. 不以 DNA 为靶分子的间接诱变作用

（1）影响细胞分裂过程 一些化学物可作用于纺锤体、中心粒或其他核内细胞器，从而干扰细胞分裂过程。如秋水仙碱可与微管蛋白二聚体结合，影响纺锤体正常功能，也可妨碍有丝分裂早期中心粒的分离和移动，导致细胞分裂异常。某些重金属如铅、汞、砷及其化合物可以与微管上的巯基结合，使细胞分裂部分抑制，造成非整倍体；灰黄霉素、毛地黄皂苷和异丙基 -N- 氨基甲酸苯酯等可使微管结构或功能受损。

（2）干扰酶促反应 DNA 的合成和复制需要多种酶类的参与，在其中的任何一个环节出现问题，均会间接的损伤 DNA，诱发基因突变或染色体畸变。例如，一些氨基酸类似物可破坏与 DNA 合成有关的酶系统，从而诱发突变。此外，一些化学物可作用于酶促防错修复系统而诱发突变，如普鲁卡因、咖啡因、铁和锰等。

3. DNA 损伤的修复 DNA 可执行高保真度的复制，并能对复制中的错误及时修复。此外，细胞还能够通过对 DNA 损伤的修复而保护亲代 DNA 链，使之避免由于内、外各种因素的损伤而发生改变。DNA 损伤的修复主要分为以下几种类型。

（1）直接修复 直接修复存在于多数生物体内，主要依赖酶的作用，如光裂合酶和烷基转移酶。

（2）碱基切除修复 碱基切除修复是细胞对碱基氧化损伤的主要防御系统。碱基切除修复的 DNA 糖基酶有很强的特异性，可作用于受损的 DNA，识别并切除异常的碱基，留下一个缺损区。无碱基核酸内切酶将 DNA 链切断，由聚合酶及连接酶作用完成修复过程。

（3）核苷酸切除修复 核苷酸切除修复过程是一系列连续的酶促反应，基本步骤是：①识别损伤位点。②在损伤两侧切开损伤链，释放低聚体。③切除寡聚核苷酸。④以互补链为模板，修复产生的缺口。⑤DNA连接酶封闭，恢复原有DNA序列。核苷酸切除修复可使细胞从DNA上移除较大的损伤，是生物体内最常见的修复机制。

（4）双链断裂修复　DNA双链断裂是DNA损伤中最具有破坏性的一种，严重威胁细胞存活。当出现DNA双链断裂时，DNA损伤反应系统启动，使细胞周期停滞或诱发细胞凋亡。双链断裂修复的分子机制比较复杂，主要由同源重组和非同源末端连接组成。同源重组的特点是可以从同源双螺旋中重新获得因双螺旋断裂而丢失的信息。在非同源末端连接中，修复蛋白可以直接将双链断裂的末端彼此拉近，再由DNA连接酶将断裂的双链重新结合，整个修复过程不需要任何模板的帮助。非同源末端连接是高等真核细胞中双链断裂修复的主导机制。

（5）交联修复　DNA链内交联会造成双链断裂。当胞内出现DNA交联时，机体启动两种修复机制：①无误交联修复，降解双螺旋，使链内交联变为链内二核苷酸加合物连接于双链断裂处，随后Hollidy连接体分解，通过核苷酸切除修复除去二核苷酸交联。②易误交联修复，包括整个核苷酸切除修复系统和易误DNA聚合酶的参与，其作用是次要的。

上述各种修复机制是生物体长期进化的结果，不同的修复途径可以共用某些酶和反应的中间体，特定的损伤也可以通过一种或多种修复途径修复。细胞内修复与突变有着不可分割的关系。

四、致突变作用的后果

外源化学物引起的致突变大多是有害的。突变对人体健康的危害主要取决于靶细胞的类型，当体细胞发生突变时，只会对接触者本身造成影响，不会影响子代。而生殖细胞发生突变时，则会对其后代造成健康危害。

1. 体细胞的突变　体细胞突变会引起许多健康危害，包括致癌、致畸和其他不良后果。

（1）体细胞突变与致癌　肿瘤是体细胞突变中最受关注的问题。肿瘤是细胞中多种基因突变累积的结果，一般涉及原癌基因（proto-oncogene）和抑癌基因（tumor suppressor gene）的突变。原癌基因突变后可转变成活化的癌基因。例如，在人类许多肿瘤中均发现ras原癌基因的碱基置换。抑癌基因的突变、失活或缺失在许多肿瘤的发生过程中起重要作用。目前已发现许多人体细胞致癌物具有致突变性，如黄曲霉素B、苯并（α）芘、氯乙烯等。

（2）体细胞突变与致畸　一些外源性致突变物可以透过胎盘屏障而直接作用于胚胎体细胞，导致胚胎体细胞突变，导致畸胎。有研究表明，人类妊娠最初3个月流产中，有60%存在染色体畸变，这不完全是亲代生殖细胞突变的后果，也有体细胞突变的影响。

（3）体细胞突变的其他不良后果　体细胞突变也与动脉粥样硬化症有关。研究发现，氯乙烯和多环芳烃等致突物具有致动脉硬化的效应。此外，体细胞突变与衰老也存在密切关系。一些内外环境因素，如细胞内产生的自由基以及外源性化学物和辐射等均可引起 DNA 的损伤，使体细胞的突变积累，进而可能导致细胞死亡、转化和衰老。

2. 生殖细胞的突变　当突变发生在生殖细胞，无论其发生在任何阶段，都可能会对后代产生影响，其后果可分为致死性和非致死性两种。

（1）致死性突变　致死性突变可能是显性致死和隐性致死。显性致死即突变的精子不能受精，或合子在着床前死亡或着床后的早期胚胎死亡，对基因库不会产生影响。隐性致死要纯合子或半合子才能出现死亡效应。

（2）非致死性突变　有些生殖细胞的突变不会引起胚胎死亡，即非致死性突变。显性非致死性突变导致的遗传缺陷可在子一代表现出来，出现显性遗传病，如地中海贫血、马凡氏综合征等。隐形非致死性突变在杂合子不能表现出来，必须在纯合子才能出现疾病，如白化病和镰状细胞贫血等。

个体生殖细胞或受精卵的遗传物质发生突变引起的疾病称为遗传病，可分为由基因突变引起的基因病和由染色体突变引起的染色体病。某些遗传病是环境致突变物危害的结果。除遗传病外，突变还可造成生殖毒性，表现为胚胎死亡、畸胎、胚胎功能不全及生长迟缓。生殖毒性可由亲代生殖细胞突变所致，也可由胚胎体细胞突变所致。

五、观察外源化学物致突变作用的基本方法

致突变试验是观察外源化学物致突变作用的基本方法，其主要目的是：①鉴定致突变物。②预测潜在的致癌物。③各种遗传毒物的监测和评价。目前致突变试验已有 200 余种，但重要且作为常规使用的约 20 种。

1. 遗传学终点（genetic endpoint）　致突变试验的观察终点称为遗传学终点。目前致突变试验的遗传学终点包括基因突变、染色体畸变、染色体组畸变和 DNA 的原始损伤。

2. 成套实验　由于一种致突变试验很难反映多个遗传学终点，体外实验与体内实验在生物转化方面有明显的差别，同一种致突变物作用于不同靶细胞的突变后果也有所不同，因此在实际应用中常常同时采用集中致突变试验进行测试，即成套实验。成套试验的入选原则主要有：①一组可靠的实验系统应包括每一类型的遗传学终点。②常用的实验材料应包括多种进化程度不同的物种。③体内实验与体外实验配合。

3. 常用的致突变试验

（1）细菌回复突变试验（Ames 试验）　Ames 试验是利用营养缺陷型的突变体菌株（如鼠伤寒沙门菌组氨酸营养缺陷型和大肠杆菌色氨酸营养缺陷型），观察受试物能否纠正或补偿突变体所携带的突变改变，以判断其致突变性。Ames 试验的方法可分为平板掺入法、点试验法和预培养法。其中平板掺入法是 Ames 试验的标准方法，点试验法一般用于预实验，而对于某些受试物可以通过预培养来提高实验的灵敏度。

（2）微核试验　在有丝分裂过程中，无着丝粒的染色体片段，或者完整染色体在分裂末期被遗留在细胞质中，从而形成的由生物膜包被的圆形或椭圆形结构，被称为微核（micronucleus）。微核试验（micronucleus test，MNT）是以微核发生率或有微核的

细胞率为观察指标来检测化学物染色体损害能力的实验。传统的微核试验是体内实验，最常用的是啮齿类动物骨髓嗜多染红细胞（PCE）微核试验。体外微核试验则主要观察体外培养的细胞系，常用的有人外周血淋巴细胞、中国仓鼠卵巢细胞（CHO）、肺细胞（CHL）和成纤维细胞（V79）等。

（3）染色体畸变分析　染色体畸变分析，又称细胞遗传学试验，是利用显微镜直接观察细胞分裂中期染色体损伤的方法。根据观察细胞来源的不同，染色体畸变分析可分为体外和体内两种。体外实验的观察对象主要是经受试物处理过的离体培养细胞，如人外周血淋巴细胞、CHO、CHL 等。体内实验观察的是经受试物处理过的实验动物体内分离出来的细胞，以骨髓来源的细胞最为常见。

（4）姐妹染色体交换试验　姐妹染色体交换（sister chromatid exchange，SCE）是指同一条染色体的两条姐妹染色单体在同一位置发生同源片段的交换，可以较灵敏地反映出 DNA 的损伤。SCE 试验通过姐妹染色单体差别染色法，将 5- 溴脱氧尿嘧啶核苷（BrdU）掺入合成中 DNA 的方法来标记存在差异的染色单体。SCE 试验同样包括体外实验和体内实验两种。体外实验常采用人外周血淋巴细胞或细胞系，体内实验常选用骨髓细胞。

（5）显性致死试验　显性致死试验（dominant lethal assay）是以受精卵着床前死亡和胚胎早期死亡为观察终点，检测受试物对哺乳动物生殖细胞遗传性损伤的体内实验。实验动物常选用性成熟的雄性大、小鼠。观察指标主要包括受孕率、平均着床数及平均早期胚胎死亡数等。

（6）单细胞凝胶电泳试验　单细胞凝胶电泳（single cell gel electrophoresis，SCGE）试验，是一种在单细胞水平上检测 DNA 损伤的方法。将要检测的体内或体外细胞制成单细胞悬液，然后包埋在琼脂糖凝胶中，在碱性条件下使细胞裂解，解旋 DNA 后进行电泳，若 DNA 出现断裂损伤则会引起 DNA 迁移速率增加，形成彗星尾状结构，故又称彗星试验（comet assay）。

（7）程序外 DNA 合成试验　在一般情况下，正常细胞分裂中 DNA 的合成仅发生在 S 期，并按固定程序进行，称为程序性 DNA 合成（scheduled DNA synthesis）。当 DNA 出现损伤时，对 DNA 进行修复常需要合成新的核酸，称为程序外 DNA 合成（unscheduled DNA synthesis）。程序外 DNA 合成试验可以通过 DNA 损伤的修复情况来反映 DNA 的受损情况。

随着分子生物学的快速发展，一些新兴技术也日益成熟，如转基因小鼠突变检测系统、DNA 测序以及荧光原位杂交技术等，它们为外源化学物遗传毒性的检测提供了新的手段。

第二节　外源化学物的致癌作用

一、化学致癌物的分类

癌症是全球第二大死因，每年导致近千万人的死亡。癌症的发生是遗传因素和外部环境因素相互作用的结果，这些外部因素主要包括：①物理因素，如电离辐射、紫外线等。②化学因素，如石棉、烟焦油、黄曲霉毒素、砷等。③生物因素，如某些病毒、细菌或寄生虫引起的感染等。以上外部因素中以化学因素最为重要。化学致癌作用（chemical carcinogenesis）是指化学物质引起或诱导正常细胞发生恶性转化并发展成为肿瘤的过程。具有化学致癌作用的物质统称为化学致癌物（chemical carcinogen）。

目前，针对化学致癌物主要有两种分类方法。

1. 根据对人类和动物致癌作用分类　世界卫生组织下属机构国际癌症研究所（international agency for research on cancer，IARC）根据人类致癌性资料（如人群流行病学调查和临床病例），并结合动物致癌性资料，将化学物对人的致癌证据分为 4 级：①致癌性证据充分：致癌物和人类癌症发生之间存在着明确的因果关系。②致癌性证据有限：虽有较为可信的因果关系，但尚不能完全排除偶然性、偏倚以及混杂因素等。③致癌性证据不足：指没有对人致癌性的资料或以现有的资料尚不足以判断因果关系。④缺乏致癌性证据：在已知的人类充分暴露水平范围内，未发现该化学物暴露与癌症的关联。

根据动物诱癌试验证据将化学物分为 5 级：①致癌性证据充分：在多物种、多品系以及不同的染毒方式的动物实验中，均观察到呈剂量依赖性的肿瘤发生率升高。②致癌性证据有限：只在部分动物诱癌试验（如单一物种或品系，或单一实验）中获得阳性结果，资料有限。③致癌性证据不足：由于实验设计因素（如动物数量、剂量、接触时间、观察时间等）或某些重要因素的限制，导致现有的结果无法明确化学物与致癌作用的关系。④致癌性证据阴性：在多物种或多品系的动物诱癌试验中得到的均是阴性结果。⑤无证据可引用：目前尚无相关诱癌试验数据。

IARC 根据对人类和实验动物致癌性资料，以及在实验系统和人类研究相关的资料（包括癌前病变、肿瘤病理学、遗传毒性、构效关系分析、代谢动力学、理化参数等）进行综合评价，将各种致癌因素分为三类四组（组 1、组 2A、组 2B 和组 3）。

组 1：人类致癌物（carcinogenic to human）。有足够的证据证明对人类具有致癌性。

组 2：分为组 2A 和组 2B，评价标准为：①人类致癌性证据有限。②实验动物有足够的致癌证据。③强有力的证据显示具有致癌物质的关键特征。

组 2A：人类可能致癌物（probably carcinogenic to humans）。符合上述标准的其中两项，且其中包括至少一次涉及人体和人体细胞或组织的评价。

组 2B：人类可疑致癌物（possibly carcinogenic to humans）。符合上述评价标准任意一项，不需要涉及人体和人体细胞或组织的评价。

组 3：对人的致癌性尚无法分类（not classifiable as to its carcinogenicity to humans）：动物实验和人类致癌性证据均不足；或强有力的证据表明在实验动物中有致癌性机制但不能在人类身上起作用，在人类身上的证据还不够。

根据 IARC 官网专家组报告，对环境因子和类别、混合物及环境暴露与人类致癌关系的评价结果，截止至 2020 年 6 月，组 1 有 120 种，组 2A 有 88 种，组 2B 有 313 种，组 3 有 499 种。部分已知的人类致癌物及其靶器官如下所示（表 9–1）。

表 9–1 部分已知的人类致癌物及其靶器官

致癌物	靶器官
苯	造血系统（肺）
联苯胺	膀胱
多氯联苯	皮肤（乳房、造血系统）
黄曲霉毒素	肝（肺）
4- 氨基联苯	膀胱
石棉	喉、肺、胸膜、腹膜、卵巢（胃肠、咽部）
含石棉纤维的滑石	肺
硫唑嘌呤	淋巴系统、皮肤
双氯甲醚及工业级氯甲甲醚	肺
甲醛	造血系统、鼻咽（鼻腔、鼻窦）
砷及无机砷化物	肺、皮肤（泌尿系统、肝胆系统）
镉及其化合物	肺（前列腺。肾）
氡及其裂变产物	肺（造血系统）
己烯雌酚（含宫内暴露）	乳房、生殖道、子宫（睾丸）
硫替哌	造血系统
曲奥舒凡	造血系统
氯乙烯	肝、血管（肺、脑、淋巴系统）
酒精饮料	口腔、咽、食管、结肠、肝、乳房（胰腺）
煤焦油	皮肤、肺（膀胱）
煤焦油沥青	皮肤、肺、膀胱（咽、口腔）
矿物油（轻度处理或不处理）	皮肤（肺、膀胱、胃肠道）
页岩油	皮肤（胃肠道）
含烟草的槟榔	口腔、咽喉、食管
不含烟草的槟榔	口腔、食管（肝胆系统）
有烟烟草制品	口腔、咽、食管
无烟烟草制品	肺、膀胱、口腔、咽喉、食管、胰、肾

注：靶器官栏（ ）内是指可能的靶器官或系统

2. 根据化学致癌作用模式分类 按照化学致癌作用模式可将化学致癌物分成三类：①直接致癌物（direct acting carcinogen），即不经过体内代谢活化就具有致癌作用。②间接致癌物（indirect acting carcinogen），必须经过体内代谢活化才具有致癌作用。③促癌剂（tumor promoting agent），本身不致癌，但具有促癌作用。

致癌物在代谢活化前称为前致癌物（procarcinogen），在活化过程中接近终致癌物的中间产物称为近致癌物（proximate carcinogen），近致癌物进一步代谢活化生成的终产物称为终致癌物（ultimate carcinogen）。终致癌物通常是带正电荷的亲电子物质，寿命极短，易与生物大分子物质（如 DNA、RNA 和蛋白质）共价结合并导致遗传损伤，进而诱导肿瘤的发生。

二、化学致癌的过程

肿瘤的发生是一个多阶段的复杂过程，主要分为引发（initiation）、促长（promotion）和进展（progression）三个阶段。

1. 引发阶段 在肿瘤的引发阶段，细胞在各种致癌物作用下，发生基因突变或表观遗传变异，导致异常增生的单克隆癌细胞（引发细胞）的生成，从而引发致癌过程。具有引发作用的化学物称为引发剂（initiator）。一般认为在癌变过程中，单克隆癌细胞并不是一开始就获得了恶性细胞所有的特征，而经常是积累了一系列的基因突变，这些突变可涉及不同染色体上多种基因的变化，如原癌基因、抑癌基因、细胞周期调节基因、细胞凋亡基因等。根据基因变化的来源可将癌症分为遗传性和散发性两类，遗传性癌症的基因变化是从种系细胞遗传获得的，而散发性癌症的基因变化是因为环境作用由体细胞后天获得的。

2. 促长阶段 促长阶段是在引发阶段产生的单克隆的癌细胞在一种或多种促癌物质的不断作用下，表型发生了改变，恶性肿瘤细胞的各种性状得以表达的过程。这个过程涉及选择性地促使启动细胞增殖的某些遗传或非遗传的改变。具有促癌作用的促癌剂是通过刺激细胞增生使启动的细胞发展至促长阶段，促癌剂本身无或仅有极微弱的引发作用，但反复使用能刺激细胞分裂，形成肿瘤，它们的作用相对短暂，且是可逆的。促癌剂包括许多人工合成的或天然的化学物质，如多肽、固醇类激素及生长因子等，通过受体结合介导它们的作用，或改变基因表达的特性、刺激细胞的增生，或抑制细胞的凋亡而发挥肿瘤促进剂的作用。佛波酯是经典促癌剂之一，它可通过激活蛋白激酶 C 刺激细胞增生进而产生促癌作用。

3. 进展阶段 肿瘤的进展阶段指的是由良性肿瘤转变为恶性肿瘤，并进一步演变成更具恶性表型或具有侵袭特征的肿瘤的过程，主要表现为细胞自主性和异质性增加、生长加速、侵袭性加强、出现浸润和转移的恶性生物学特征。能使细胞从促长阶段进入进展阶段的化学物被称为进展剂（progressor）。当细胞开始失去维持核型稳定的能力并出现染色体畸变时，即进入进展期。核型不稳定性进一步促进肿瘤细胞的生长和恶性表型的发展，同时引起细胞代谢调节功能的改变，并赋予肿瘤细胞逃避机体的免疫监视等功能。核型不稳定性的原因是多方面的，既有 DNA 的破坏和基因突变的修复机制缺陷，也有癌基因、抑癌基因或细胞周期调节基因表达水平的改变。肿瘤的进展过程比引发和促长过程更为复杂，且作用机制目前尚未被完全阐明。

有些化学物同时具有引发、促长和进展的作用，被称作完全致癌物，如多环芳香烃、芳香胺、亚硝胺等。

三、外源化学物致癌作用的机制

虽然目前化学致癌机制还未彻底阐明，但一致认为化学致癌是多因素、多基因参与的多阶段过程。在化学致癌机制研究中形成了多种学说，如体细胞突变学说、癌基因学说、癌变多阶段学说、表观遗传机制学说等，其中最经典的是体细胞突变学说。目前普遍认为外源化学致癌物诱导的肿瘤发生可能是体细胞突变机制和与之相对应的非突变致癌机制共同作用的结果。

1. 体细胞突变机制 体细胞突变机制，又称遗传损伤机制，专指可以通过细胞分裂传递给子代的 DNA 碱基序列的改变。主要涉及 DNA 加合物的形成、原癌基因的激活及抑癌基因的失活以及 DNA 损伤的错误修复。

2. 非突变致癌机制 除了体细胞突变机制外，许多研究发现一些化学致癌物并不会引起细胞 DNA 的改变，即突变并不是化学致癌的唯一机制，因此有些学者提出了非突变致癌机制。主要包括表观遗传变异、细胞异常增生、免疫抑制、内分泌激素失衡等。

四、观察外源化学物致癌作用的基本方法

观察化学物的致癌作用，目前通常先进行化学物构效关系分析、致突变组合试验、细胞恶性转化试验等对化学物的致癌性进行初步的筛查，实验结果若出现阳性结果再进行动物诱癌试验。

1. 定量构效关系分析 定量构效关系（quantitative structure-activity relationship，QSAR）是利用理论计算和统计分析方法来研究化合物结构与其生物学效应间的定量关系。致癌物的种类繁多，分析一般从一种同系物入手，找出该系物质化学结构中与致癌性关系最密切的结构成分，以及其他结构成分改变时对其致癌性的影响。因此，在预测化学物的致癌性时，可以首先从其化学结构特点来预评估化学物潜在的致癌风险。近年来，随着计算毒理学、毒物数据库和生物信息学的发展，QSAR 相关软件和数据库开发迅速，已广泛运用于化学物致癌性的评价。

2. 遗传毒性试验 遗传毒性试验是以致突变试验来对致癌物进行筛检，因此又称致突变筛检试验。许多化学致癌物都具有诱导突变的作用，因此可用致突变试验进行潜在致癌物的鉴别。由于每个实验只能反映 1 ～ 2 个遗传终点，因此通常以组合实验进行。致突变试验具有方法简单、快速、费用低、无须特殊检测仪器等优点，但缺点是无法检出非遗传毒性致癌物。常见的致突变筛检有 Ames 试验、微核试验、彗星试验、染色体畸变试验、程序外 DNA 合成试验、姐妹染色单体交换试验等。

3. 细胞恶性转化试验 细胞转化（cell transformation）是指外源因素对体外培养的细胞所诱发的恶性表型改变，包括细胞形态、细胞生长能力、生化表型、染色体畸变以

及移植于动物体内形成肿瘤能力等的变化。细胞转化的观察终点是细胞恶性转化，既可以筛查遗传毒性化学物，又可以检测非遗传毒性化学物。细胞恶性转化试验选择细胞的主要原则有：①在体外容易培养和传代，阴性细胞克隆背景较低。②细胞自发突变率低或自发转化能力很弱，动物裸鼠试验呈阴性。③已获无限生长能力，但仍保持接触抑制而无致瘤性的细胞系。目前，欧洲替代方法验证中心（European centre for the validation of alternative methods，ECVAM）已经把细胞转化试验研发为致癌试验的替代实验，其中叙利亚仓鼠胚胎 SHE 细胞形态转化试验是比较成熟的方法，可靠性较好。

4. 哺乳动物致癌试验　根据观察时间和靶器官可将哺乳动物致癌试验分为哺乳动物短期致癌试验和哺乳动物长期致癌试验。

（1）*哺乳动物短期致癌试验*　哺乳动物短期致癌试验，又称有限试验（limited in vivo bioassay），是指在有限的短时间内完成，且观察的靶器官限定为一个而非全部的致癌实验。国内外目前应用较多的短期致癌试验有 4 种：①小鼠肺肿瘤诱发试验。②雌性 SD 大鼠乳腺癌诱发试验。③大鼠肝转变灶试验。④小鼠皮肤肿瘤诱发试验。一般情况下，短期致癌试验适用于按照构效关系能预测靶器官的受试物，其中肺和肝是最常发生肿瘤的器官，也是众多致癌物的靶器官。由于实验期短，又未检查其他器官和系统，所以哺乳动物短期致癌试验阳性结果意义较大，而阴性结果的意义较弱。

（2）*哺乳动物长期致癌试验*　哺乳动物长期致癌试验，又称哺乳动物终生试验（life time test），是外源化学物致癌性判定或肿瘤流行病调查结果验证的基本方法。由于化学致癌具有潜伏期长的特点，如果用流行病学方法去确认一种化学物的致癌性需要人类暴露受试物 20 年以上。在啮齿动物中，进行 1.5 ～ 2 年的实验即相当于人类大半生的时间。而且动物实验能严格控制实验条件，排除混杂因素的影响。因此哺乳动物长期致癌试验在毒理学安全性评价中的地位是任何其他体外实验所不能替代的，是目前公认的确认动物致癌物比较可靠的方法。一些化学致癌物如氯乙烯、黄曲霉毒素 B_1、己烯雌酚、芥子气等都是通过哺乳动物长期致癌试验发现的。

哺乳动物长期致癌试验在实验设计阶段有着严格的要求：①动物选择和数量：通常选用断乳或断乳不久的大鼠或小鼠，雌雄各半，除非已有证据说明该受试物的作用具有明显的性别差异，或者观察的靶器官是性腺时，才选择单一的性别。②染毒方式和剂量：取决于受试物的理化性质和人类的主要接触方式。通常可通过进食、饮水、灌胃、皮肤涂抹、吸入等方式给药。为了观察剂量 – 反应关系，一般设计 3 个或以上剂量。最高剂量一般参照动物能够耐受的不引起动物死亡的最高剂量，即 MTD，低剂量组应略高于人的实际接触剂量，且不会对实验动物产生任何毒性效应，一般不低于高剂量的 10%。③染毒期限和时间：原则上染毒期要求覆盖实验动物的整个寿命期。染毒时间通常是从实验开始直至结束反复多次染毒。④结果的观察和评定：实验过程中密切观察动物，及时发现濒死动物并进行病理学解剖。记录发现第 1 例肿瘤时存活的动物数，作为实验终结时的有效动物数。用于分析结果的指标有肿瘤发生率（如肿瘤总发生率、恶性肿瘤总发生率、各器官或组织肿瘤发生率和恶性肿瘤发生率、各种病理类型肿瘤发生率）、多发性（一只动物出现多种器官肿瘤或一个器官出现多个肿瘤）、潜伏期（从接触致癌物到各组出现第一个肿瘤的时间）。

动物实验也有一定的局限性，比如花费大、周期长、动物使用数量大等。此外，由于动物实验的暴露水平往往高于人体的实际接触剂量，染毒的方式也不能完全模仿人类的实际暴露途径，因此实验结果外推到人存在一定不确定性。

5. 促癌剂的检测 上述哺乳动物短期致癌试验的 4 种方法中，除大鼠乳腺癌诱发试验外，其余 3 种都适用于促癌剂的检测。具体方法是选用适当的启动剂，在启动后的 1～2 周开始用受试物染毒。对于启动剂，在小鼠皮肤肿瘤诱发试验中可用多环芳烃类，在小鼠肺肿瘤诱发试验中可用氨基甲酸乙酯；在大鼠肝转变灶诱发试验中可用二甲基苯并蒽，启动剂的剂量应较低，单独使用时不应引起或仅引起很少肿瘤形成。对于一些作用靶器官未知的受试物，可以应用体外实验进行检测。常用的有细胞恶性转化试验、划痕试验等。

6. 转基因动物模型在致癌物筛查中的应用 随着分子生物学技术的飞速发展，一些转基因动物在毒理学研究以及评价中已经得到广泛应用，为快速检测致癌物、促癌物和研究化学致癌的机制提供了新的重要途径。常见的应用于致癌物筛查的转基因动物模型主要有：①抑癌基因敲除动物模型。②癌基因高表达动物模型。转基因动物模型的诱癌试验一般在 6 个月内就可完成，具有快速、经济、高敏感性等优点。

第三节 外源化学物的发育毒性与致畸作用

一、概念

1. 畸形（malformation） 畸形是指发育生物体解剖学上形态结构的异常或缺陷。畸形可分为严重畸形（major malformation）和轻微畸形（minor malformation），前者对外观、生理功能和（或）寿命有明显影响，后者则只有轻微影响或没有影响。

2. 致畸物（teratogen） 致畸物又称致畸原，指能引起畸形的环境因子。致畸物引起畸形的过程和特性分别叫致畸作用（teratogenic effect）和致畸性（teratogenicity）。

3. 胚胎毒性（embryo-fetal toxicity） 为胚体毒性和胎体毒性的统称。其中外源性理化因子对孕体着床前后直到器官形成期结束时的有害影响称为胚体毒性（embryo toxicity），对孕体器官形成期结束以后的有害影响称为胎体毒性或胎儿毒性（fetotoxicity）。

4. 发育毒性（developmental toxicity） 发育毒性是指出生前后接触有害因素，子代个体发育为成体之前诱发的任何有害影响，主要包括以下几类：

（1）生长异常（abnormal growth） 一般指生长迟缓（growth retardation）。当胎儿生长发育指标低于正常对照的均值两个标准差时，可认定为生长迟缓。

（2）结构异常（structural abnormality） 是指胎儿形态结构异常，即畸形，包括外观畸形、内脏畸形和骨骼畸形。

（3）功能缺陷（functional deficiency） 即生理、生化、免疫、行为、智力等方面的异常。在正常情况下，有些功能在出生后一定时间才发育完全，因此功能缺陷往往要在出生后经过一段时间才被发现。

（4）致死作用（lethal effect） 包括受精卵未发育即死亡或胚泡未着床即死亡，或着床后发育到某一阶段死亡。具体表现为天然流产或死产、死胎率增加。

5. 出生缺陷（birth defect） 也称为先天畸形，是指婴儿出生前即已形成的功能或结构缺陷。常见的有先天性心脏病、唇腭裂、神经管畸形和尿道下裂等。

6. 不良妊娠结局（adverse pregnancy outcomes） 是指妊娠后不能产生外观和功能正常的子代，包括所有的不良结果，如流产、死胎、死产、宫内生长迟缓、发育异常、新生儿和婴幼儿期死亡等。

二、发育毒性的特点

1. 各阶段发育毒性的特点 生物体的发育大致可分为着床前期、器官形成期、胎体期和出生后的发育期。外源化学物可作用于不同的发育阶段，产生不同的生物学效应。

（1）着床前期 从受精时算起，到完成着床之前，在人类妊娠的 11 ～ 12 天，啮齿类动物妊娠的前 6 天。一般情况下，此时很少发生特异的致畸效应，通常是未分化细胞受化学毒物损伤而致胚泡死亡，称为着床前丢失（preimplantation loss）。

（2）器官形成期 从受精卵着床到胚胎硬腭闭合期间称为器官形成期。人类的器官形成期为妊娠的第 3 ～ 8 周，大鼠和小鼠为妊娠 6 ～ 15 天，家兔为妊娠 6 ～ 18 天。器官形成期是发生畸形的关键期（critical period），因此也叫致畸敏感期。在这一时期外源化学物发育毒性的表现以结构畸形最为突出，也可以有胚胎死亡和生长迟缓。

（3）胎体期 器官形成结束后即进入胎体期，人类从妊娠第 56 ～ 58 天开始，直到分娩。在这一阶段主要器官分化、发育过程基本结束，但生殖器官和中枢神经系统的发育仍在进行，因此一些发育毒物很可能对这些器官或系统产生影响，造成结构畸形。胎体期外源化学物的不良作用主要表现为生长迟缓、特异的功能障碍，如免疫系统、生殖系统、中枢神经系统的异常等。

（4）出生后的发育期 出生后，新生儿的个体发育尚未结束，各方面的生理功能（如中枢神经系统、肝脏系统等）都需要进一步的完善。有研究表明，围生期是一生中对致癌物最敏感的时期。围生期接触某些外源化学物，如二噁英、多氯联苯、菊酯类农药、乙醇等，可以影响出生后免疫细胞的分化和功能，可能暂时或永久性损伤子代的免疫系统；也可以影响子代感觉、运动、认知、学习、记忆等神经系统的功能。

2. 发育毒性的剂量 – 反应模式 发育毒性的剂量 – 反应关系十分复杂，可因化学物的类型、暴露的时间和剂量而改变，常见的有以下 3 种类型：

（1）正常胎、生长迟缓、结构畸形和胚胎死亡可同时存在。低剂量致畸物的暴露可先引起生长迟缓、胚胎吸收和畸形，随着剂量增加，出现胚胎致死作用，直至整窝胚胎死亡。这种反应类型较常见，多为细胞毒性致畸物，包括烷化剂、抗癌药及很多致突变物。

（2）在远低于致死剂量下即可出现致畸（甚至全窝致畸）。当剂量增加到超过全窝畸形的剂量时，出现胚胎死亡，常伴有明显的母体毒性。这种情况比较少见，表示受试物有较高的致畸作用，如反应停、天然或合成的糖皮质激素等。

（3）低剂量时出现生长迟缓，较大剂量才出现死亡，但并无畸形出现。具有这种反应谱的化学物被认为具有胚胎毒性，但没有致畸性。出现这种情况时，应在开始出现生长迟缓到致死的剂量之间多设几组重复实验，以确证无畸形发生。

三、发育毒性（致畸）的作用机制

发育毒性与致畸的作用机制较为复杂，且多数还尚在研究之中。

1. 基因突变与染色体畸变机制 已知的致突变物往往具有潜在致畸性，如电离辐射、烷化剂、亚硝酸盐等；多数致癌物可以引起基因突变和染色体畸变，也有致畸作用。例如，烷化剂环磷酰胺是一种典型的发育毒物，常作为动物致畸试验的阳性对照。动物实验表明环磷酰胺的发育毒性主要通过其代谢产物丙烯醛和磷酰胺氮芥来实现，磷酰胺氮芥主要诱导 DNA 损伤，而丙烯醛则可能通过与蛋白质结合而发挥直接作用。此外，某些外源化学物还诱导染色体结构和数目的异常。孕前经常饮酒可能会导致卵母细胞的染色体分离出现错误，产生非整倍体胚胎，引发妊娠早期的自然流产，而少数顺利出生的婴儿一般会出现典型的胎儿酒精综合征，主要表现出精神迟滞、生长迟缓等症状。

2. 细胞传导改变机制 细胞与细胞间的相互作用主要通过细胞通讯来实现。当一个细胞发出信号后可以通过缝隙连接（gap junction）直接到达相邻细胞，也可以与相邻细胞的膜表面蛋白、糖蛋白、糖脂等表面分子或跨膜受体特异性相互识别和作用，启动信号通路。信号通路是细胞内的一些中间体，信号在这些中间体中逐一传递，最终使通路末端靶蛋白激活或抑制，从而调控基因转录表达，影响细胞增殖、分化、迁移等。因此，细胞通讯在胚胎发育尤其是组织器官发生过程中有十分重要的作用。有些外源性化学物已可通过干扰细胞通讯，引起信息传递的改变，产生发育毒性。如反应停的代谢活化产物引起胚胎细胞的粘连受体（adhesive receptors）下调，阻碍发育过程中细胞与细胞和细胞与基质之间的相互作用，干扰了细胞之间的通讯从而导致肢芽结构异常。

3. 细胞死亡与发育毒性 细胞死亡在胚胎的正常发育尤其是形态中扮演重要角色，其具体形式主要有凋亡（apoptosis）、自噬（autophagy）、副凋亡（paraptosis）、焦亡（pyroptosis）、胀亡（oncosis）、裂亡（mitotic cell death）或有丝分裂突变等。研究最多的是细胞凋亡。高温、电离辐射、化学致畸物、病毒感染等均可以通过不同机制影响细胞凋亡，干扰正常发育，引起胚胎畸形。典型的致畸物反应停就是一种强烈的致凋亡原，可以诱导胚胎细胞凋亡，并能通过抑制胰岛素样生长因子 -1（insulin like growth factor-1，IGF-1）及纤维母细胞生长因子（fibroblast growth factor，FGF）的基因复制而阻止其表达，从而抑制血管生成，导致胎儿畸形。此外，甲基汞可以通过细胞凋亡引起胚胎脑部畸形，乙醇、生长激素等也可以通过促进细胞凋亡引起畸形。

4. 表观遗传修饰异常机制 有研究发现外源化学物可以通过表观遗传修饰影响胚胎的发育，如 DNA 甲基化、组蛋白修饰等。在孕鼠饲料中添加可以诱发 DNA 甲基化的染料木黄酮，可以改变子代的毛色。环磷酰胺的发育毒性也涉及表观遗传学修饰。雄性小鼠交配前接触环磷酰胺可以影响着床前胚胎DNA甲基化和组蛋白乙酰化，这些表观遗传学改变可能与胚胎丢失、畸形和行为缺陷有关。妊娠期大鼠暴露高水平的DDT和烯菌酮，会导致雄性子鼠精子生成减少并伴随DNA甲基化水平显著增加，且直到F4代还可观察到DNA甲基化水平显著增加的现象，说明某些外源化学物引起的表观遗传学改变可以在后代中持续存在，影响深远。

四、观察外源化学物致畸作用的基本方法

观察外源化学物致畸作用的基本方法主要包括哺乳动物发育毒性试验、人群流行病学调查和发育毒性替代试验。

1. 哺乳动物发育毒性试验 动物发育毒性试验主要有一代或多代毒性试验和三段生殖毒性试验。一代和多代生殖毒性试验主要用于评价食品添加剂、农药及其他化学物的生殖发育毒性。三段生殖毒性试验主要用于评价药物和医药相关产品的生殖发育毒性。本部分内容主要介绍三段生殖毒性试验。

为了便于生殖发育毒性试验的设计和实施，人为将连续、完整的生殖发育过程分为6个阶段：①从交配前到受孕。②从受孕到着床。③从着床到硬腭闭合。④从硬腭闭合到妊娠结束。⑤从出生到断乳。⑥从断乳到性成熟。三段生殖毒性试验主要是根据以上发育阶段的区分来设计的（每一段试验大致相当于上述两个阶段），主要包括：①Ⅰ段：生育力和早期胚胎发育毒性试验（一般生殖毒性试验）。②Ⅱ段：胚体—胎体毒性试验（致畸试验）。③Ⅲ段：出生前后发育毒性试验（围生期毒性试验）。三段生殖毒性试验的名称主要是根据给药的时间，设计的关键是各个生殖阶段之间不留空隙，受试药物的暴露时间至少有一天的重叠，并能直接或间接地评价生殖发育过程的所有阶段。

（1）*生育力和早期胚胎发育毒性试验（一般生殖毒性试验）* 又称交配前和妊娠前期给药的生殖毒性试验，其目的是评价化学毒物对配子发生和成熟、交配行为、生育力、胚体着床前和着床的影响。

实验动物首选大鼠。建议每种性别16～20只（窝）。给药时间为雄性交配前4周至交配成功，雌性交配前2周至着床前（大鼠孕6天）。染毒期间观察雌、雄亲代的摄食量、饮水量、体重变化。雄性证实交配并使雌性受孕成功后处死，雌性在孕13～15天终止妊娠。雄鼠处死后进行睾丸、附睾的组织形态学检查和精子的数量、形态和活力的测定；孕鼠处死后观察黄体数、着床数、吸收胎、死胎和活胎数以及卵巢和子宫的组织形态变化。实验结果主要根据F_0、F_1代毒性及NOAEL，并考虑各组受影响的窝数等进行综合评价。

（2）*胚体—胎体毒性试验（致畸试验）* 即敏感期给药的生殖毒性试验，其目的是评价母体自胚泡着床到硬腭闭合期间接触受试物对妊娠雌体和胚体—胎体发育的影响。

实验通常选用两种动物，一种啮齿类动物（首选大鼠）和一种非啮齿类动物（首选家兔），建议每组妊娠动物为16～20只（窝）。给药时间为大鼠、小鼠孕第6～15天，家兔孕6～18天。在这期间记录受孕动物的体重变化，观察妊娠情况、胚胎发育

和中毒症状。在分娩前 1 ～ 2 天将动物处死（大鼠在受孕后第 19 ～ 20 天，小鼠在第 18 ～ 19 天，家兔在第 29 天），剖腹取出子宫称重，记录着床数、吸收胎、早死胎、晚死胎和活胎数。并检查活产胎仔的性别、体重、身长、外观畸形、内脏畸形、骨骼畸形和发育（骨化）情况。实验结果以母体毒性及 NOAEL，胚胎毒性、致畸性及 NOAEL 进行评价。

（3）出生前后发育毒性试验（围生期毒性试验） 即妊娠后期和哺乳期给药的生殖毒性试验。其目的是评价母体从着床至断乳期间接触化学毒物对妊娠 / 哺乳母体、孕体及子代发育直至性成熟的影响。

实验动物首选大鼠，建议每组 16 ～ 20 只（窝）。给药时间为雌性从着床到哺乳期结束，大鼠孕 15 天至产后 28 天。在这期间记录母鼠的摄食量、饮水量、体重变化、中毒症状和死亡率、妊娠分娩时间、产仔数、受孕率，以及 F_1 代的性别比例、外观畸形、出生存活率、哺育存活率、生长指数，生理发育和断乳前神经行为测试等。断乳后处死母体和部分幼仔，检查主要脏器及睾丸附睾或卵巢子宫重量、内脏畸形；每窝选 8 只幼仔（尽量雌雄各半）抚育到性成熟并交配，评价生育力的 F_1 代在 F_2 代出生后处死，观察交配行为及受孕率。实验结果主要依据母体毒性及 NOAEL，胚胎毒性、致畸性、子代神经行为影响及 NOAEL 进行综合评定。

2. 流行病学研究

（1）发育毒性的流行病学研究 生殖流行病学是研究父体和母体、孕体特定的暴露与生育结局之间统计学关联的科学。利用流行病学研究生殖结局异常的目的主要有 3 个：①寻找导致出生缺陷的原因，通常借助于对病例报道或对同类现象集中报道的分析获得信息。②通过广泛监督世界各国的出生缺陷登记，了解出生缺陷发生的趋势。③引起公众注意，并保护公众健康。

有些致畸物的发育毒性较强、暴露少见、导致不良的妊娠结局罕见，因此可能不需要正式的流行病学研究就可以识别异常生育结局的病因，如反应停、风疹等。而在其他多数情况下往往需要通过病例对照研究或队列研究来寻找关联关系。这两种研究方法都需要有十分肯定的生殖结局和暴露，明显的毒效应和大样本的研究人群，才能得出相对可靠的结论。比如在美国，丙戊酸的暴露率不到 1‰，其导致脊柱裂畸形的风险也只有对照的 2 倍，因此需要至少观察 100 万例分娩才能发现具有统计学意义的结果。流行病学研究的另一个挑战是人群中妊娠的失败率很高，据统计，大约有 31% 左右的妊娠失败发生在着床前后，还有 15% 是临床可见的流产。因此，在一般人群中，有很多特定暴露导致的妊娠失败被忽略了。此外，随着产前检查的普及，一些人选择性地尽早将畸胎流产。因此出生缺陷发病率可能难以真实反映孕体发育异常的比率。最后，研究的同质性、记录的专业性以及对混杂因素的处理等也会对流行病学研究的结果产生影响。

（2）人类发育毒物的确定 据估计目前经过动物致畸试验的化学物至少有 4100 多种，且结果表明至少有 1000 种以上的化学物对动物有致畸作用。但是由于人群接触剂量较低或物种的差异性，不能把动物实验的结果轻易外推到人，因此以流行病学研究和受控的临床研究结果作为确定人类发育毒物的主要依据。确认人类致畸物的标准：①一种特殊的缺陷或几种缺陷并发（综合征）的频率突然增加。②缺陷的增加与某种已知的环境改变（如一种新药的广泛使用）相关联。③在妊娠的特殊阶段已知暴露于某种环境的改变，产生有特征性缺陷的综合征。④缺少妊娠时引起特征性缺陷婴儿的其他共同的因子。

目前经证实的人类致畸物只有 40 种左右，按照来源主要分为以下几类：①辐射，如放射碘、原子辐射微尘等。②感染，如风疹病毒等。③母体创伤和代谢失调，如叶酸缺乏、糖尿病等。④化学品，如有机汞、多氯联苯、环氧乙烷及一些雄激素类化学物等。⑤药物，如己烯雌酚、环磷酰胺、卡托普利、四环素、氨基蝶呤等。

3. 发育毒性的初筛和替代试验　常规的哺乳动物生殖发育毒性试验费钱、费时，很难满足对大量投放市场的化学品进行生殖与发育毒性评价的需求。近年来已有一些体外、体内发育毒性替代试验方法相对比较成熟，主要用于发育毒性的初筛以及发育毒作用机制的探讨。

（姜爽　丁爽　宋伍）

思考题

1. 化学致癌过程共分几个阶段？每个阶段有什么特点？
2. 什么是发育毒性？发育毒性有哪些表现？
3. 外源化学物致突变、致癌和致畸作用之间存在什么关系？

第四篇 人群营养指导与社区食品安全

第十章 营养学基础

“民以食为天”，食物是人类赖以生存的物质条件。人体需要不断地从外界摄取食物以满足自身的需要；不论是营养素摄入不足，还是营养素摄入过多都会对健康产生危害；合理膳食、平衡膳食是维持人体健康的重要原则。

第一节 概 述

一、概念

（一）营养

营养（nutrition）是指食物在体内经过消化、吸收和代谢以满足机体生长发育、生理功能、组织更新、体力活动需要的生物学过程。

（二）营养学

营养学（nutriology）是研究机体营养规律以及预防或改善营养相关疾病措施的科学，它主要包含食物营养、人体营养和公共营养三大领域，又可分为基础营养、食物营养、公共营养、特殊人群和临床营养这五个部分。

二、膳食营养素参考摄入量

膳食营养素参考摄入量（dietary reference intakes，DRIs）是为了保证人体合理摄入营养素，避免缺乏或过量，在推荐膳食营养素供给量（recommended dietary allowance，RDA）基础上发展起来的一组每日平均膳食营养素摄入量的参考值。制定 RDA 的目的是预防营养缺乏病；2000 年制定的 DRIs 包括平均需要量（estimated average requirement，EAR）、推荐摄入量（recommended nutrient intake，RNI）、适宜摄入量（adequate intake，AI）、可耐受最高摄入量（tolerable upper intake level，UL）一组 4 个概念，目的是预防营养缺乏病和防控营养素摄入过量对健康的危害。2013 年修订的 DRIs 增加了与慢性非传染性疾病有关的三个参考摄入量，有宏量营养素可接受范围（acceptable macronutrient distribution ranges，AMDR）、预防非传染性慢性病的建议摄入量（proposed intakes for preventing non-communicable chronic diseases，PI-NCD，简称建议摄入量，PI）和特定建议值（specific proposed levels，SPL）。

（一）平均需要量

平均需要量（estimated average requirement，EAR）是满足特定性别、年龄及生理状况群体中 50%个体需要量的摄入水平。EAR 用于评价或计划群体的膳食摄入量，或判断个体某营养素摄入量不足的可能性。

（二）推荐摄入量

推荐摄入量（recommended nutrient intake，RNI）是指满足某一特定性别、年龄及生理状况群体中 97%～98%个体需要量的摄入水平。长期摄入推荐摄入量水平，可以满足机体对该营养素的需要，维持组织中有适当的营养素储备和机体健康，主要用途是作为个体每日摄入该营养素的目标值。$RNI=1.2\times EAR$。

（三）适宜摄入量

适宜摄入量（adequate intake，AI）是指通过观察或实验获得的健康人群对某种营养素的摄入量。适宜摄入量可作为目标人群中个体营养素摄入量的目标值，可以满足该群体中几乎所有个体的需要。但适宜摄入量的准确性远不如推荐摄入量，可能高于推荐摄入量，当某群体的营养素平均摄入量达到或超过适宜摄入量水平，则该群体中摄入不足者的危险性很小。

（四）可耐受最高摄入量

可耐受最高摄入量（tolerable upper intake level，UL）是指某一生理阶段和性别人群，几乎对所有个体健康都无任何副作用和危险的平均每日营养素最高摄入量。可耐受最高摄入量的主要用途是检查摄入量过高的可能，尤其在食品工业中控制强化营养素添加量，避免过多造成的危害。对许多营养素来说，目前尚缺乏足够的资料来制订可耐受最高摄入量，这并味着摄入过多没有潜在的危害。

不论营养素摄入不足，还是摄入过多均可对机体导致一定的危险性，如下所示（图 10-1）。

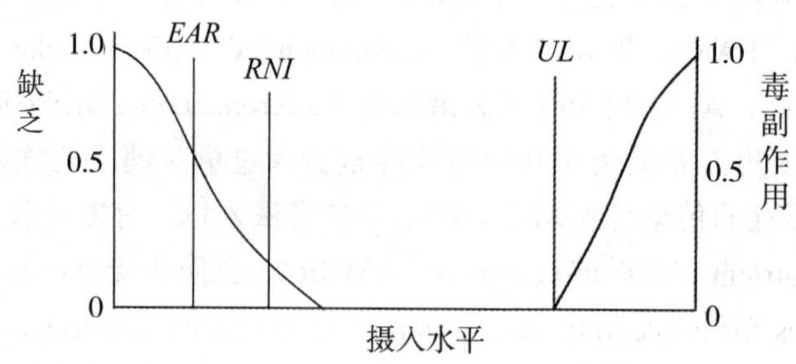

图 10-1　营养素摄入不足和过多的危险性

（五）宏量营养素可接受范围

宏量营养素可接受范围（acceptable macronutrient distribution ranges，AMDR）是指脂肪、蛋白质和碳水化合物理想的摄入量范围，该范围可以提供这些必需营养素的需要，并且有利于降低慢性病的发生危险，常用占能量摄入量的百分比表示。其显著的特点之一是具有上限和下限。

（六）预防非传染性慢性病的建议摄入量

预防非传染性慢性病（NCD）的建议摄入量，简称建议摄入量（PI）。膳食营养素摄入量过高或过低导致的慢性疾病，一般涉及肥胖症、糖尿病、高血压、血脂异常、脑卒中、心肌梗死以及某些癌症。建议摄入量是以非传染性慢性病的一级预防为目标，提出的必需营养素的每日摄入量。当非传染性慢性病易感人群某些营养素的摄入量接近或达到建议摄入量时，可以降低他们发生非传染性慢性病的风险。某些营养素的建议摄入量可能高于 *RNI* 或 *AI*，如维生素 C、钾等；而另一些营养素可能低于 *AI*，如钠。

（七）特定建议值

特定建议值（specific proposed levels，SPL）是指某些疾病易感人群膳食中某些生物活性成分的摄入量达到或接近这个建议水平时，有利于维护人体健康。专用于营养素以外的其他食物成分而建议的有利于人体健康的每日摄入量。

第二节　人体必需的营养素及能量

营养素（nutrients）指食品中具有特定生理作用，能维持机体生长、发育、活动、繁殖以及正常代谢所需的物质。包括水、碳水化合物、蛋白质、脂类、维生素、无机盐和纤维素等七类。其中水、碳水化合物、脂肪、蛋白质和常量元素构成膳食的主要部分，称为宏量营养素（macronutrients）。维生素和微量元素的需要量较小，称为微量营养素（micronutrients）。

一、碳水化合物

碳水化合物（carbohydrate）是指单糖、双糖、寡糖、多糖的总称，由碳、氢和氧三种元素组成，由于它所含的氢、氧的比例和水一样为 2 ∶ 1，故称为碳水化合物。

（一）分类

1. 单糖 以己糖为主。食物中主要有葡萄糖、果糖、半乳糖，还有少量的糖醇类物质，是单糖还原后的产物。

2. 双糖 主要有蔗糖、乳糖、麦芽糖；蔗糖由一分子的葡萄糖和一分子的果糖结合而成，主要来源于甘蔗和甜菜，最具商业意义；乳糖由葡萄糖和 β- 半乳糖结合而成，是仅存于乳品中的双糖；麦芽糖是由两分子的葡萄糖构成。

3. 寡糖 是由 3 ～ 10 个单糖分子通过糖苷键聚合而成的小分子多糖；低聚果糖、异麦芽低聚糖、海藻糖、低聚木糖、大豆低聚糖是重要的功能性低聚糖，多数低聚糖不能被人体吸收，但能够选择性地促进肠道内益生菌的生长繁殖，抑制有害细菌，从而达到调整肠道菌群，促进机体健康的目的，这类物质被称为益生元，最具代表性的有乳果糖（lactulose）、异麦芽低聚糖（isomalto-oligosaccharides）等。

4. 多糖 由 10 个以上单糖构成的大分子糖。重要的有糖原、淀粉、膳食纤维，均由葡萄糖分子构成。糖原是储存在动物体内的多糖。淀粉存在于谷类、根茎类等植物中。膳食纤维是不能被人类消化酶水解的植物多糖，主要包括纤维素、木质素、抗性低聚糖、果胶、抗性淀粉等，以及其他不被消化的碳水化合物。

（二）生理功能

1. 提供能量 膳食碳水化合物是人类最经济和最主要的能量来源，以葡萄糖供给能为主，每克葡萄糖在体内彻底氧化分解可产生 16.736kJ（4kcal）的能量。在人体内碳水化合物以糖原的形式储存在肌肉和肝脏中，肝脏储存的糖原约占体内的 1/3。葡萄糖是神经系统和心肌的主要能量来源。

2. 构成组织结构及生理活性物质 碳水化合物主要以糖脂、糖蛋白和蛋白多糖的形式分布在细胞膜、细胞器膜、细胞质以及细胞间基质中。碳水化合物也是一些抗体、酶和激素的组成成分。

3. 血糖调节作用 不同类型的碳水化合物在肠道中消化吸收速率不同，因而升高血糖的水平有很大差异；食物血糖生成指数（glycemic index，GI）简称生糖指数，是反映食物引起人体餐后血糖升高程度的指标。*GI*=（某食物在餐后 2 小时血糖曲线下面积 / 相当含量葡萄糖在餐后 2 小时血糖曲线下面积）×100%。*GI* 反映食物被消化吸收后升高血糖的程度，*GI* 高的食物或膳食，进入胃肠后消化快、吸收完全，葡萄糖入血快；反之食物在胃肠内停留的时间长，消化缓慢，葡萄糖进入血液后峰值低，下降速度也慢。因此 *GI* 在糖尿病患者选用含碳水化合物食物时具有参考意义。

4. 节约蛋白质作用和抗生酮作用 当膳食中碳水化合物供应不足时，机体为了满足自身对葡萄糖的需要，则通过糖异生作用产生葡萄糖，主要动用体内蛋白质。而当碳水化合物摄入充足时，则不需要动用蛋白质来供能，进而减少蛋白质的消耗，即碳水化合物具有节约蛋白质的作用。

脂肪酸在肝中氧化分解（β- 氧化）时，会产生中间产物酮体，必须与碳水化合物代谢产生的草酰乙酸结合才能进入三羧酸循环而最终被彻底氧化。当膳食中碳水化合物供应不足时，食物脂肪或体内脂肪被动员并加速分解为脂肪酸来供应能量，脂肪酸不能彻底氧化而致使酮体积聚，以致产生酮血症和酮尿症。膳食中充足的碳水化合物可以加速脂肪酸彻底氧化，防止酮血症及酮尿症，此为碳水化合物的抗生酮作用。

5. 增强肝脏的解毒功能 葡萄糖醛酸直接参与肝脏解毒，糖原不足时，机体对有害物质的解毒作用减弱。

6. 膳食纤维的生理功能 膳食纤维的生理功能包括：①增加饱腹感。②促进排便、预防癌症。③降低血糖和血胆固醇。④改变肠道菌群。⑤膳食纤维摄入过多会影响食物消化吸收，也影响矿物质吸收；产生肠胀气，大便次数过多等不适现象。

（三）供给量

每克碳水化合物在体内氧化可供给 16.736kJ（4kcal）能量。我国建议除 2 岁以下的婴幼儿外，碳水化合物应提供 50%～65% 的膳食总能量；膳食纤维适宜摄入量 25～35g/d。

（四）食物来源

粮谷类、薯类及根茎类是我国的主要食物来源，主要给机体提供淀粉类多糖。蔬菜、水果是膳食纤维的主要来源。各种糖果、甜食则是单、双糖的主要来源。

二、蛋白质

蛋白质（protein，Pro）是一切生命的物质基础。蛋白质在人体内始终处于不断分解和合成的动态平衡之中，一般来说，成人体内每天约有 3% 的蛋白质被更新，其中以肠道和骨髓内的蛋白质更新速度最快。

（一）相关概念

1. 氨基酸（amino acid，AA） 氨基酸是蛋白质的基本单位，分为必需氨基酸和非必需氨基酸。

（1）*必需氨基酸*（essential amino acid，EAA） 指人体自身不能合成或合成速度不能满足人体需要，必须从食物中获取的氨基酸。构成人体蛋白质的氨基酸有 20 种，其中 9 种氨基酸为必需氨基酸，即异亮氨酸、亮氨酸、赖氨酸、蛋氨酸、苯丙氨酸、苏氨酸、色氨酸、缬氨酸和组氨酸。对婴儿来说，组氨酸也是必需氨基酸。半胱氨酸和酪氨酸在体内分别由蛋氨酸和苯丙氨酸转变而成，如果膳食中能直接提供这两种氨基酸，则人体对蛋氨酸和苯丙氨酸的需要可分别减少 30% 和 50%；在创伤或患病期间谷氨酰胺为必需氨基酸，肠道代谢功能异常或严重生理应激条件下，精氨酸也成为必需氨基酸，这些都称为条件必需氨基酸或半必需氨基酸。

（2）非必需氨基酸（nonessential amino acid） 指可在动物体内合成，作为营养源不需要从外部补充的氨基酸。对人来说非必需氨基酸为甘氨酸、丙氨酸、丝氨酸、天冬氨酸、谷氨酸（及其胺）、脯氨酸、精氨酸、组氨酸、酪氨酸、胱氨酸。

2. 氨基酸模式（amino acid pattern，AAP） 氨基酸模式是指食物蛋白质中各种必需氨基酸的相互比值，其计算方法是将该种蛋白质中的色氨酸含量定为1，分别计算出其他必需氨基酸的相应比值，这一系列的比值就是该种蛋白质的氨基酸模式。不同食物蛋白质所含必需氨基酸的种类和数量各异，而人体对各种必需氨基酸的需求有固定模式。食物蛋白质质量的高低取决于其必需氨基酸的种类及相互比例是否接近人体所需的模式，必需氨基酸的含量和比值越接近人体需要，食物蛋白质的营养价值也越高。可利用蛋白质的互补作用提高混合食物中蛋白质的生物价，尤其是以植物性食物为主的人群，充分利用蛋白质的互补作用可提高混合食物中蛋白质的营养价值。

3. 限制氨基酸（limiting amino acid，LAA） 限制氨基酸是指将某种食物蛋白质的氨基酸构成与人体所需要的氨基酸模式相比较，其中含量不足的某种或某几种必需氨基酸。其中含量最低的称为第一限制氨基酸，以此类推，第2、3限制氨基酸等。植物性蛋白往往相对缺少下列必需氨基酸：赖氨酸、蛋氨酸、苏氨酸和色氨酸，所以其营养价值相对较低，如大米和面粉蛋白质中赖氨酸含量相对较少。为了提高植物性蛋白质的营养价值，往往将两种或两种以上的食物混合食用，从而达到以多补少，提高膳食蛋白质营养价值的目的。这种不同食物间相互补充其必需氨基酸不足的作用称蛋白质互补作用。

（二）生理功能

1. 人体组织的构成成分 蛋白质是人体组织和器官的重要组成成分；从细胞膜到细胞器的各种结构中均含有蛋白质，如肌肉、心、肝、肾等器官均含大量蛋白质；骨骼和牙齿中含有大量胶原蛋白；指（趾）甲中含有角蛋白。

2. 构成各种重要的生理活性物质，调节生理功能 如构成酶、激素、抗体、转运体、维持体液渗透压和酸碱度等。

3. 供给能量 每克蛋白质在体内完全氧化可供机体16.736kJ的能量。

4. 肽类的特殊生理功能 参与机体的免疫调节，促进矿物质吸收，降血压如降压肽，清除自由基。

（三）食物来源

鸡、鸭、鱼、肉、蛋、奶及其制品等动物性食品以及植物性食品中的豆类是优质蛋白质的来源。

（四）供给量

人体每日所需能量10%～15%来自蛋白质。蛋白质的生理需要量一般是通过观察机体摄入氮与排泄氮的平衡状态，既氮平衡（nitrogen balance，NB）来确定的。

氮平衡＝摄入氮－（粪氮＋尿氮＋皮肤排泄氮） （式 10–1）

维持机体氮代谢平衡状态的蛋白质量即为蛋白质生理需要量（在此基础上增加5%）。成人每日排泄氮约为3.5g，以蛋白质平均含氮16%计，约相当于蛋白质22g。处于生长发育期的儿童、孕妇、乳母以及疾病恢复期患者，摄入氮大于排泄氮，机体才能处于正氮平衡状态；而处于消耗状态的患者，摄入氮则小于排泄氮，机体处于负氮平衡状态。

中国营养学会推荐成人蛋白质的*RNI*为：男性65g/d、女性55g/d。成人每千克体质量1.16g/d，要求优质蛋白质摄入比例要大于1/3，对于老人、儿童、患者等特殊人群，要求达到1/2。

（五）食物蛋白质营养价值的评价

1. 蛋白质的含量 蛋白质的含量是评价食物蛋白质营养价值的基础，蛋白质的含量高不等于质量高，但蛋白质的含量低蛋白质其营养价值也有限。食物中蛋白质含量测定一般使用凯氏（Kjeldahl）定氮法。一般来说，食物中含氮量占蛋白质16%，由氮计算蛋白质的换算系数即是6.25。

2. 蛋白质消化率（digestibility） 指蛋白质被消化道酶分解的程度以及消化后的氨基酸和肽被吸收的程度。计算公式如下：

$$\text{蛋白质真消化率（\%）}=\frac{\text{食物氮}-\text{（粪氮}-\text{粪代谢氮）}}{\text{食物氮}}\times 100\% \quad \text{（式 10–2）}$$

$$\text{蛋白质表观消化率（\%）}=\frac{\text{食物氮}-\text{粪氮}}{\text{食物氮}}\times 100\% \quad \text{（式 10–3）}$$

动物性食品中蛋白质的消化率一般高于植物性食物。大豆整粒食用时，消化率仅为60%，而加工成豆腐后，消化率提高到90%以上。

3. 蛋白质利用率

（1）生物价（biological value，BV） 是反映食物蛋白质消化吸收后，被机体储留和利用的程度，计算公式如下：

$$\text{生物价（\%）}=\frac{\text{储留氮}}{\text{吸收氮}}\times 100\% \quad \text{（式 10–4）}$$

吸收氮＝食物氮－（粪氮－粪代谢氮） （式 10–5）

$$储留氮 = 吸收氮 - (尿氮 - 尿内源性氮) \quad (式 10-6)$$

（2）蛋白质净利用率（net protein utilization，NPU） 是反映食物蛋白质被利用的程度，包括食物蛋白质的消化和利用两方面。

$$蛋白质净利用率(\%) = 消化率 \times 生物价 = \frac{储留氮}{食物氮} \times 100\% \quad (式 10-7)$$

（3）蛋白质功效比值（protein efficiency ratio，PER） 指处于生长阶段中的幼年动物在实验期内，其体重增加（g）与摄入蛋白质的量（g）的比值。该指标被广泛用来作为婴幼儿食品中蛋白质的评价。实验期为 28 天，饲料中被测蛋白质是唯一蛋白质来源，占饲料的 10%。

$$蛋白质功效比值 = \frac{动物体重增加(g)}{摄入食物蛋白质(g)} \quad (式 10-8)$$

（4）氨基酸评分（amino acid score，AAS）和经消化率修正的氨基酸评分（protein digestibility corrected amino acid score，PDCAAS） 氨基酸评分又叫蛋白质化学评分（chemical score），氨基酸评分分值为食物蛋白质中的必需氨基酸与参考蛋白或理想模式中相应的必需氨基酸比值。

$$氨基酸评分 = \frac{被测蛋白质每克氮(或蛋白质)中氨基酸量(mg)}{理想模式或参考蛋白质中每克氮(或蛋白质)中氨基酸量(mg)} \quad (式 10-9)$$

确定某一食物蛋白质氨基酸评分分两步：第一步计算被测蛋白质每种必需氨基酸的评分值；第二步是在上述计算结果中，找出最低的必需氨基酸（第一限制氨基酸）评分值，即为该蛋白质的氨基酸评分。

氨基酸评分的方法没有考虑食物蛋白质的消化率。经消化率修正的氨基酸评分计算公式：

$$经消化率修正的氨基酸评分 = 氨基酸评分 \times 真消化率 \quad (式 10-10)$$

除上述方法和指标外，还有一些蛋白质营养评价方法和指标，如相对蛋白质值（relative protein value，RPV），净蛋白质比值（net protein ratio，NPR）和氮平衡指数（nitrogen balance index，NBI）等，一般使用较少。

（六）蛋白质－热能营养不良

1. 蛋白质－热能营养不良 蛋白质缺乏往往伴有热能摄入不足，称为蛋白质－热能营养不良（protein-energy malnutrition，PEM）。原发性 PEM 的病因是因贫穷和饥饿引起的蛋白质－热能摄入不足；继发性 PEM 的病因是由于其他疾病导致蛋白质吸收不良、合成不足、消耗过多等。PEM 根据临床特征可分为：①水肿型营养不良：能量摄入基本满足需要，而蛋白质严重不足，主要表现为水肿、虚弱、表情淡漠、生长迟缓、发稀色淡易断、易感染等。②重度消瘦型营养不良：是全营养素摄入均严重不足，患儿消瘦无力，易感染其他疾病而死亡；也有两者兼有的混合型。对成人来说，蛋白质摄入不足，同样可引起体力下降、水肿、抗病能力下降。

2. 蛋白质摄入过多 蛋白质摄入过多，尤其是动物蛋白质，同样对人体产生有害影响。首先，摄入过多的动物性蛋白质必定伴有较多的脂肪和胆固醇的摄入。其次，蛋白质摄入过多会加重肾脏的负荷，若肾功已经受损，则危害更大。过多的动物性蛋白摄入，会造成含硫氨基酸摄入过多，可加速骨骼中钙的流失，易产生骨质疏松症（osteoporosis）。此外，过多摄入同型半胱氨酸可能是心脏疾病的危险因素。此外，摄入蛋白质过多可能还与一些癌症有关，尤其是结肠癌、乳腺癌、肾癌、胰腺癌和前列腺癌等。

三、脂类

（一）概念和分类

脂类（lipids）包括中性脂肪（fat）和类脂（lipid），前者主要是甘油及脂肪酸（fatty acid），后者包括磷脂（phospholipids）、糖脂（glycolipid）和类固醇（steroid）等。脂肪酸可按其饱和程度分为饱和脂肪酸（saturated fatty acid）、单不饱和脂肪酸（monounsaturated fatty acid）和多不饱和脂肪酸（polyunsaturated fatty acid，PUFA）。三者最佳的比例是 1∶1∶1。也可按脂肪酸的空间结构不同分为顺式脂肪酸（cis–fatty acid）和反式脂肪酸（trans–fatty acid）。人体脂类总量约占体重的 10% ～ 20%。

（二）生理功能

1. 储能、供能。脂肪细胞可以不断地储存脂肪，至今还未发现上限；脂肪不能直接给脑和神经细胞以及血细胞提供能量，脂肪在体内代谢分解的产物，可以促进碳水化合物的能量代谢，使其更有效地释放能量。

2. 提供脂溶性维生素。脂肪不仅是这类脂溶性维生素的食物来源（植物油中含维生素 E），也可促进它们在肠道中的吸收。

3. 为机体提供必需脂肪酸（essential fatty acid，EFA）。EFA 指机体生理需要体内不能合成，必须由食物供给的多不饱和脂肪酸，包括亚油酸和 α– 亚麻酸。EFA 的主要生理功能：①组织细胞的主要成分。②参与脂质代谢。③合成前列腺素的前体。EFA 的缺乏可以引起生长迟缓、生殖障碍、皮肤损伤（出现皮疹）等，并与心血管疾病、炎症、肿瘤等相关。

4. 构成机体成分。细胞膜中含有大量脂类，是细胞维持正常的结构和功能的重要成分。

5. 改善食物的感官性状、增进食欲、维持饱腹感。

6. 维持体温，保护脏器。皮下脂肪组织可起到隔热保温的作用；同时脂肪组织在体内对器官有支撑和衬垫作用，可保护内部器官免受外力伤害及减少器官间的摩擦；皮脂腺分泌脂肪对皮肤也起到了润滑护肤作用。

7. 人体的脂肪组织还具有内分泌作用。由脂肪组织所分泌的因子有许多，如瘦素（leptin）、雌激素（estrogen）、胰岛素样生长因子 –1（insulin–like growth factor，IGF–1）、肿瘤坏死因子 α（tumor necrosis factor α，TNF–α）、白细胞介素 –6（interleukin–6，IL–6）、脂联素（adiponectin）等。这些脂肪组织来源的因子参与机体的代谢、免疫、生长发育等生理过程。

8. 反式脂肪酸可增加冠心病的风险，诱发肿瘤、2 型糖尿病等疾病。

9. 磷脂能改善脂肪的吸收和利用，防止胆固醇在血管内沉积、降低血液的黏度、促进血液循环，对预防心血管疾病具有一定作用。食物磷脂被机体消化吸收后释放出胆碱，进而合成神经递质乙酰胆碱，可促进和改善大脑组织和神经系统的功能。

10. 胆固醇（cholesterol）是人体内许多重要的活性物质的合成材料，如胆汁、性激素（如睾酮）、肾上腺素（如皮质醇）等，胆固醇还可在体内转变成 7– 脱氢胆固醇，后者在皮肤中经紫外线照射可转变成维生素 D_3。对膳食胆固醇敏感的人群和代谢障碍的人群（糖尿病、高血脂、动脉粥样硬化、冠心病等），须严格控制膳食胆固醇和饱和脂肪的摄入。

（三）其他多不饱和脂肪酸

n–3 系列多不饱和脂肪酸，如 EPA 和 DHA，主要来源于深海鱼的脂肪中。其中，DHA（$C_{22:6}$，n–3）是视网膜光受体中最丰富的多不饱和脂肪酸，是维持视紫红质正常功能所必需的。同时，DHA 还具有促进胎儿大脑发育的作用。EPA 具有降低胆固醇和甘油三酯的作用，降低血液黏度，预防动脉粥样硬化等心血管疾病。此外，n–3 系列脂肪酸在冠心病、高血压、关节炎、其他炎症性和自身免疫性疾病及肿瘤防治中具有一定作用。

（四）食物来源

人类膳食脂肪主要来源于动物脂肪组织、肉类及植物的种子。畜禽等动物脂肪中饱和脂肪酸和单不饱和脂肪酸含量较多，而多不饱和脂肪酸含量较少。水产品却富含不饱和脂肪酸，如深海鱼、贝类食物含二十碳五烯酸（EPA）和二十二碳六烯酸（DHA）相对较多。植物脂肪（或油）主要富含不饱和脂肪酸。植物油中普遍含有亚油酸，豆油和紫苏籽油、亚麻籽油中 α– 亚麻酸较多，但可可油、椰子油和棕榈油则富含饱和脂肪酸。磷脂含量较多的食物为蛋黄、肝脏、大豆、麦胚和花生等。胆固醇含量丰富的食物是动物脑、肝、肾等内脏和蛋黄，肉类和奶类也含有一定量的胆固醇。

（五）供给量

每克脂肪可产生 37.656kJ（9kcal）能量。中国营养学会建议 18 岁以上居民膳食脂肪 AI 为所供能量占每日所需能量的 20%～30%。EFA 的摄入量每天应不少于总能量的 3%。EPA+DHA 每天为 0.25～2.0g/d。

四、能量

人体的热能消耗主要包括基础代谢、体力活动和食物热效应等三个方面。对孕妇与乳母而言，能量消耗还用于胎儿生长发育、母体的子宫、胎盘以及乳房等组织增长、合成分泌乳汁和体脂储备等。对于婴幼儿、儿童和青少年，能量消耗还应该包括生长发育所需要的能量。

（一）基础代谢

基础代谢（basal metabolism）是维持人体基本生命活动所必需的能量消耗，即用于维持体温、心跳、呼吸、各器官组织和细胞基本功能的能量消耗，占人体总能量消耗的60%～70%。基础代谢的水平用基础代谢率（basal metablic rate）来表示，即指单位时间内人体基础代谢所消耗的能量。基础代谢率受体型 、年龄、性别、种族、睡眠、情绪、内分泌、应激状态、机体构成等因素影响。

（二）身体活动

身体活动（physical activity）是指任何由骨骼肌收缩引起能量消耗的身体运动，约占人体总能量消耗的15%～30%。人体活动水平或劳动强度的大小直接影响着机体能量需要量。不同的身体活动水平是导致人体能量需要量不同的主要因素，人体可通过调整身体活动水平来控制能量消耗、保持能量平衡和维持健康。影响身体活动能量消耗的因素包括：①肌肉越发达者，活动时消耗能量越多。②体重越重者，做相同的运动所消耗的能量也越多。③工作越不熟练者，消耗能量就越多。

（三）食物热效应

食物热效应（thermic effect of food，TEF）即食物特殊动力作用（specific dynamic action，SDA），指人体在摄食过程中，由于要对食物中营养素进行消化、吸收、代谢转化等，需要额外消耗能量，同时引起体温升高和散发能量。食物中不同产能营养素的食物热效应不同，其中蛋白质的食物热效应最大，为本身产生能量的20%～30%，而脂肪为0%～5%，碳水化合物为5%～10%。

（四）能量消耗的特征

摄食量越多，能量消耗也越多；机体能量需要量与年龄、性别、生理状态、体重及身体活动有关；当能量长期摄入不足时，机体将动员组织和细胞中储存的能量以维持生理活动中的能量消耗。当能量摄入量高于需求量时，多余的能量将以脂肪的形式储存在体内。能量过剩与缺乏均会影响人体健康。

（五）能量来源及摄入量

能量主要来源于食物中的碳水化合物、脂肪和蛋白质，其普遍存在于各种食物中。

谷薯类含有丰富的碳水化合物，是最经济最廉价的膳食能量来源；油脂类富含脂肪；动物性食物则富含蛋白质与脂肪；果蔬类能量含量较少。中国营养学会在2013年制定的中国居民膳食营养素参考摄入量（DRIs）中规定：18～49岁成年男性轻、中、重身体活动水平的*RNI*分别为9.41MJ/d、10.88 MJ/d、12.55 MJ/d；18～49岁成年女性轻、中、重身体活动水平的RNI分别为7.53MJ/d、8.79 MJ/d、10.04 MJ/d（1MJ=239kcal）。

五、维生素

维生素（vitamin）是一类人体不能合成或合成数量不能满足生理需要，但又是机体正常生理代谢所必需，且功能各异，必须由食物供给的微量低分子有机化合物。通常根据其溶解性的不同分为脂溶性维生素和水溶性维生素两大类。

维生素的特点：①以其本体或前体形式存在于天然食物中。②多数维生素不能在体内合成（维生素D例外）必须由膳食供给；即使有些维生素（如维生素K、B_6）可由肠道微生物合成一部分，但也不能满足机体的需要。③维生素不提供能量，也不构成人体组织，且每日需要量较少（仅以mg或μg计），但必不可少。④一些维生素具有几种结构相近，但生物活性相同的化合物。如维生素A_1、A_2，维生素D_2、D_3。⑤脂溶性维生素包括维生素A、D、E、K，吸收与肠道脂肪有关，吸收后可在体内贮存、蓄积，摄取过多可引起中毒。⑥水溶性维生素包括B族维生素（维生素B_1、维生素B_2、维生素PP、维生素B_6、叶酸、维生素B_{12}、泛酸、生物素等）和维生素C，摄入过多时可以从尿中排出，体内储存较少，容易出现缺乏症，必须经常补充；水溶性维生素只溶于水，在加工或烹饪时易丢失。各类脂溶性维生素的功能、缺乏症状、食物来源和推荐摄入量如下所示（表10-1）。各类水溶性维生素的功能、缺乏症状、食物来源和推荐摄入量如下所示（表10-2）。

表10-1 脂溶性维生素的功能、缺乏症状、食物来源和推荐摄入量

分类	生理功能	缺乏症状	良好食物来源	推荐摄入量
A	维持正常视觉；维持上皮肤黏膜层的完整性；维持和促进免疫功能；促进生长发育；维持生殖功能；抗癌作用	暗适应能力降低及夜盲症；毛囊过度角化症；皮肤干燥症；呼吸道炎症，反复感染；干眼病；儿童发育缓慢；影响生殖功能	肝脏（如羊肝）、禽蛋、鱼肝油、鱼卵和牛奶等；蔬菜、水果的颜色越深胡萝卜素含量越高（如枸杞子、胡萝卜、辣椒）	*RNI*： 男性：800μgRE/d 女性：700μgRE/d
D	调节骨代谢，主要调节钙代谢	儿童：佝偻病 成人：骨质疏松症、骨软化症	鱼肝油、动物肝脏、蛋黄、强化奶等；皮肤经紫外线照射合成	*RNI*：14～<50岁组均为5ug/d； >50～岁组10ug/d
E	抗氧化作用；抗衰老；调节血小板的黏附力和聚集作用；与动物的生殖功能和精子生成有关；调解体内某些物质合成；阻断亚硝胺生成	新生儿溶血性贫血；癌症、动脉粥样硬化等病变的危险性增加；视网膜退行性病变、蜡样质色素积聚、肌无力、神经退行性病变、小脑共济失调等	在食物中分布广泛，植物油、麦胚、坚果、种子类、豆类及其他谷类胚芽	*AI*：14岁以上所有年龄组均为：14mgα-TE/d

续表

分类	生理功能	缺乏症状	良好食物来源	推荐摄入量
K	通过γ羧基谷氨酸残基激活凝血因子Ⅱ、Ⅶ、Ⅸ、Ⅹ；参与骨骼代谢	儿童：新生儿出血性疾病 成人：凝血障碍	肠道细菌合成，绿叶蔬菜，大豆，动物肝脏	*AI*：120μg/d

表 10–2　水溶性维生素的功能、缺乏症状、食物来源和推荐摄入量

分类	生理功能	缺乏症状	良好食物来源	推荐摄入量
B_1（硫胺素）	参与体内三大产能营养素的代谢；维持神经、肌肉的正常功能、维持正常食欲；抑制胆碱酯酶活性，维持胃肠道正常蠕动和消化液分泌	脚气病、Wernicke–Korsakoff综合征（也称为脑型脚气病）	动物内脏、瘦肉、谷物、酵母、豆类、坚果、蛋类	*RNI*： 男性：1.4mg/d 女性：1.2mg/d *UL*：50mg/d
B_2（核黄素）	催化广泛的氧化–还原反应，如呼吸链能量产生，蛋白质与某些激素的合成，Fe的转运，参与叶酸　吡多醛　尼克酸的代谢；具有抗氧化活性	口腔–生殖综合征；睑缘炎、儿童生长迟缓、轻中度缺铁性贫血	动物内脏、瘦肉、奶油、无脂牛奶、蛋、牡蛎；绿色蔬菜、豆类、小米	*RNI*： 男性：1.4mg/d 女性：1.2mg/d
B_3（烟酸、尼克酸）	是以NAD、NADP为辅基的脱氢酶类绝对必要的成分；参与细胞内生物氧化还原过程，Fat、类固醇等的生物合成；是葡萄糖耐量因子的重要成分，具有增强胰岛素效能的作用	糙皮病、腹泻、皮炎、痴呆或精神压抑	海鱼、动物肝脏、鸡肉、牛肉、蘑菇	*RNI*： 男性：15mgNE/d 女性：12mgNE/d
B_6（吡多醇、吡哆醛、吡哆胺）	参与神经系统中多种酶促反应；在营养素代谢中起到重要作用；促进体内烟酸、抗体的合成；促进维生素B12、铁和锌的吸收；参与一碳单位和同型半胱氨酸代谢	口炎、唇干裂、舌炎、神经精神症状；易受刺激、抑郁、神志错乱抽搐和神经精神症状	白肉、肝脏、豆类、蛋类、柠檬、香蕉、卷心菜、菠菜、奶	*AI*： 男女均为1.4mg/d
叶酸（维生素B_9、蝶酰谷氨酸）	一碳单位的供体；参与嘌呤和嘧啶核苷酸的合成，在细胞分裂和增殖中发挥作用；催化二碳氨基酸和三碳氨基酸相互转化；在某些甲基化反应中起重要作用	血红蛋白合成减少，形成巨幼红细胞贫血；孕妇先兆子痫和胎盘早剥；同型半胱氨酸转化为蛋氨酸障碍；胎儿神经管畸形	肝、肾、蛋、梨、蚕豆、芹菜、花椰菜、莴苣、柑橘、香蕉及其他坚果类	*RNI*： 成年男女均为400μg DEF/d *UL*： 1000μg DEF/d
B_{12}（钴胺素）	辅酶参与生化反应；促进蛋白质合成；维持造血系统正常	巨幼红细胞性贫血、高同型半胱氨酸血症、神经系统损害	肉类、动物内脏、鱼、禽及蛋	*AI*：2.4μg/d
C（抗坏血酸）	抗氧化作用；促进铁的吸收和储存；促进胶原蛋白合成；促进胆固醇代谢；参与神经递质合成；解毒作用；阻断某些致癌物的形成	牙龈肿胀出血、毛囊周围轮状出血、皮下淤血、紫癜和关节疼痛；维生素C缺乏病；伤口愈合延迟	猕猴桃、青枣、柑橘、草莓、番茄、花椰菜、青椒等深色叶菜	*RNI*：100mg/d 预防慢病：200mg/d *UL*：1000mg/d

六、矿物质

体内各种元素，除碳、氢、氧、氮主要以有机化合物形式存在外，其余元素无论含量多少统称为无机盐（inorganic salt）。无机盐分为两类，占人体质量0.01%以上的钾、钠、钙、镁、磷、硫和氯七种为常量元素（macroelements），占体质量的0.01%以下的铁、锌、铜、碘、硒、锰、钴、氟、钼、铬、镍、锡、硅和钒等14种为微量元素（microelements）。

矿物质的特点：①矿物质在体内不能合成，必须从外界摄取。②矿物质是唯一可以通过天然水途径获取的营养素。③矿物质在体内分布极不均匀。④矿物质之间存在协同或拮抗作用。⑤某些矿物质元素在体内的生理剂量与中毒剂量范围较窄，摄入过多易产生毒性作用。

主要的无机盐的功能、缺乏症状、食物来源和推荐摄入量如下所示（表10-3）。

表10-3 无机盐的功能、缺乏症状、食物来源和推荐摄入量

分类	生理功能	缺乏症状、相关疾病和毒性	食物来源	推荐摄入量
Ca	构成骨骼和牙齿的主要成分；维持神经与肌肉活动；促进体内某些酶的活性；参与凝血过程、激素分泌、维持体液酸碱平衡以及细胞内胶质稳定性及毛细血管渗透压等	儿童佝偻病；成人骨质软化症；老年人骨质疏松症；影响生殖机能；骨质增生、手足痉挛	奶与奶制品、小虾皮、海带、黑芝麻和豆与豆制品	*AI*：＞18岁800mg/d；UL：2000mg/d
Fe	血红蛋白与肌红蛋白、细胞色素A以及某些呼吸酶的成分；参与体内氧与CO_2的转运、交换和组织呼吸过程；促进药物在肝脏的解毒	缺铁性贫血；工作效率降低、学习能力下降、冷漠呆板；儿童表现为易烦躁、抗感染能力下降	动物肝脏、全血、黑木耳、海带、肉类、鱼类、紫菜（干）	*AI*：男性12mg/d 女性20mg/d；UL：42mg/d
Zn	酶的组成成分或激活剂，在组织呼吸、蛋白质合成、核酸代谢中起重要作用；维持食欲、味觉、生殖机能的正常发育和免疫功能	儿童和青少年生长发育迟缓；性功能减退，精子产生过少；创伤愈合不良，抵抗力下降，易感染；智力下降；胎儿中枢神经系统先天畸形	动物肝脏、生蚝、龙虾、扇贝、坚果、小麦胚粉、黄豆粉	*RNI*：＞18岁男性12.5mg/d；女性7.5mg/d；*UL*：40mg/d
Se	抗氧化作用；解毒和细胞保护作用；保护心血管、维护心肌的功能；促进生长和繁殖、保护和改善视觉器官功能及抗肿瘤作用	缺乏已被证实是发生克山病的重要原因；生长迟。硒摄入过量可致中毒。主要表现为头发变干、变脆、易断裂及脱落	动物肝脏、肾、肉类、海产品、大蒜、小麦胚粉、花豆（紫）	*RNI*：成人60μg/d *UL*：400μg/d
Cr	参与葡萄糖耐量因子的形成，增加葡萄糖的氧化，使葡萄糖转化为脂肪，降低血液中的胰岛素水平；降低血液中的胆固醇水平，增加高密度脂蛋白的水平，防止胆固醇在血管壁的沉积；参与蛋白质代谢	生长停滞、血脂增高、葡萄糖耐量异常并伴有高血糖及尿糖；Cr^{3+}见于天然食物和生物体，低毒性；Cr^{6+}毒性大，来源于工业生产，可致急慢性中毒和致癌	牡蛎、蘑菇、啤酒、酵母、干酵母、蛋黄、肝脏、牛肉、肉制品、海产品	成人*AI*：30μg/d

续表

分类	生理功能	缺乏症状、相关疾病和毒性	食物来源	推荐摄入量
Cu	维持正常的造血功能；维护中枢神经系统的完整性；促进骨骼、血管和皮肤的健康；抗氧化作用；有利于肠粘膜中的铁进入血液循环；与胶原的结构有关；参与超氧化物歧化酶的形成；与儿茶酚胺、黑色素的形成有关	皮肤、毛发脱色、精神性运动障碍、骨质疏松等；低色素性小红细胞性贫血；Menke 氏病；肝豆状核变性。过量的铜摄入可致急性中毒	牡蛎、贝类、动物肝脏、肾、坚果类、谷类胚芽、豆类等	*AI*：0.8mg/d *UL*：为 8mg/d

第三节　合理营养和平衡膳食

合理营养可以保证机体正常的生理功能，促进健康和生长发育，提高机体的免疫力，避免营养失衡及其相关疾病的发生。

一、合理营养的概念和要求

（一）合理营养

合理营养（rational nutrition）是指通过平衡膳食（balance diet）提供给机体种类齐全，数量充足，比例适宜的热能和各种营养素，并使之与机体的需要保持均衡。合理膳食是合理营养的物质基础，是达到合理营养的唯一途径，也是反映现代人类生活质量的一个重要标志。

（二）平衡膳食

平衡膳食（balance diet）又称合理膳食（rational diet）或健康膳食（health diet），指通过膳食提供给人体种类齐全、数量充足、比例适宜的能量和各种营养素，并与机体的需要保持平衡。使机体获得平衡膳食是制定膳食营养素供给量标准的基本原则。

（三）平衡膳食的基本要求

1. 膳食应供给足量的能量及各种营养素。
2. 各种营养素之间要保持数量上的平衡。
3. 食物的储存、加工、烹调手段合理。
4. 合理的膳食制度和良好的饮食习惯。
5. 食物应对人体无毒无害，不含有致病性微生物及其毒素和有毒有害的化学物质等。
6. 食物应色香味俱全，并有较好的饱腹感。

二、中国居民膳食指南和平衡膳食宝塔

（一）膳食指南

《中国居民膳食指南》是根据营养科学的原则和居民健康的需要，结合当地农副产品资源情况及人群生活经验，提出食物选择和身体活动的指导意见。我国于1989年首次发布了《中国居民膳食指南》，并于1997年和2007年进行了两次修订。中国营养学会于2016年5月13日发布了《中国居民膳食指南（2016）》。该指南包括以下六条核心内容：

1. 食物多样，谷类为主 居民每天的膳食应包括谷薯类、蔬菜水果类、畜禽鱼蛋奶类、大豆坚果类等食物；平均每天摄入12种以上食物，每周25种以上。谷类是居民膳食热能的主要来源，"五谷为养"，每天摄入谷薯类食物250～400g，其中全谷物和杂豆类50～150g，薯类50～100g。食物多样化，谷类为主是平衡膳食模式的重要特征。

2. 吃动平衡，健康体重 各年龄段人群都应天天运动、保持健康体重。食不过量，控制总能量摄入，保持能量平衡。坚持日常身体活动，每周至少进行5天中等强度身体活动，累计150分钟以上；主动身体活动最好每天6000步。减少久坐时间，每小时起来动一动。

3. 多吃蔬果、奶类、大豆 蔬菜水果是平衡膳食的重要组成部分，奶类富含钙，大豆富含优质蛋白质。餐餐有蔬菜，保证每天摄入300～500g蔬菜，深色蔬菜应占1/2。可在两餐之间吃水果，保证每天摄入200～350g新鲜水果，果汁不能代替鲜果。吃各种各样的奶制品，相当于每天液态奶300g。经常吃豆制品，适量吃坚果。

4. 适量吃鱼、禽、蛋、瘦肉 鱼、禽、蛋和瘦肉摄入要适量，每周吃鱼280～525g，畜禽肉280～525g，蛋类280～350g，平均每天摄入总量120～200g。优先选择鱼和禽。吃鸡蛋不弃蛋黄。少吃肥肉、烟熏和腌制肉制品。

5. 少盐少油，控糖限酒 培养清淡饮食习惯，少吃高盐和油炸食品。成人每天食盐不超过6g，每天烹调油25～30g。控制添加糖的摄入量，每天摄入不超过50g，最好控制在25g以下。每日反式脂肪酸摄入量不超过2g。足量饮水，成年人每天7～8杯（1500～1700mL），提倡饮用白开水和茶水；不喝或少喝含糖饮料。儿童少年、孕妇、乳母不应饮酒。成人如饮酒，男性一天饮用酒的酒精量不超过25g，女性不超过15g。

6. 杜绝浪费，兴新食尚 珍惜食物，按需备餐，提倡分餐，既卫生又不浪费。预防疾病传播，主张用公勺和公筷。选择新鲜卫生的食物和适宜的烹调方式，少吃辣、咸、炸食物。食物制备生熟分开、熟食二次加热要热透。学会阅读食品标签，合理选择食品。多回家吃饭，享受食物的美味和亲情。传承优良文化，兴饮食文明新风。

（二）中国居民平衡膳食宝塔

中国居民平衡膳食宝塔是根据《中国居民膳食指南（2016）》的核心内容和推荐，结合中国居民膳食的实际情况，把平衡膳食的原则转化为各类食物的数量和比例的图

形化表示。中国居民平衡膳食宝塔（Chinese food guide pagoda）共分五层，各层面积大小不同，体现了五类食物和食物量的多少，五类食物包括谷薯类、蔬菜水果、畜禽鱼蛋类、奶类、大豆和坚果类以及烹饪用油盐，其食物数量是根据不同的能量需要而设计。

（李璐　李晨　刘雅娟）

思考题

1. 简述碳水化合物的节约蛋白质和抗生酮作用。
2. 什么是膳食纤维？膳食纤维的主要生理功能有哪些？
3. 什么是血糖生成指数？计算公式如何？血糖生成指数在临床上的意义是什么？
4. 什么是蛋白质的互补作用？适宜人群有哪些？请举例说明。
5. 简述影响食欲和能量平衡的调节因素及作用机制。
6. 什么是平衡膳食（rational nutrition）？简述平衡膳食的基本卫生要求。
7. 简述维生素新功能的研究进展。

第十一章 公共营养

公共营养是营养学的重要组成部分，“健康中国，营养先行”，以人群的营养与健康为核心，提高全民营养素养，增强国民健康水平、在提高社会生产力、促进经济发展方面发挥积极作用。

第一节 概 述

一、公共营养的定义和特点

（一）公共营养的定义

公共营养（public nutrition）是通过营养调查、营养监测等方法，发现人群中存在的营养问题及其影响因素，在此基础上提出有针对性地解决营养问题的措施，完善营养指南和推进营养相关政策和法规制定。

（二）公共营养的特点

公共营养以人群的营养以及营养相关的健康问题为核心，关注影响人群营养状况的多种因素，涉及社会多个部门，具有实践性、宏观性、社会性和多学科性的特点。

二、公共营养的工作内容

公共营养的核心目标是追求更高的健康水平，包括延长寿命和提高生命质量。这一目标的实现需要有效地运用营养科学知识和方法，阐述人群的膳食及营养问题，并推进相关营养政策和措施的制定，引导公众形成合理膳食行为。

我国公共营养工作的具体内容包括：

1. 开展营养调查，全面了解人群膳食结构和营养状况，制订和修订膳食营养素参考摄入量，评价和计划膳食，制订和修订膳食指南，指导平衡膳食。

2. 开展营养监测，从环境与社会经济方面分析人群营养状况的影响因素，探讨改善人群营养状况的社会措施；为制定国家食物与营养的政策、法规，以及协调公共营养相关部门工作提供技术咨询。

3. 开展公共营养的科学研究，如修订食物成分表、设计与评估营养干预项目，以及开展社区营养服务等。

4. 培养与考核营养专业人才、开展营养教育，倡议科学的饮食行为和食品生产加工导向。

5. 高度重视食品安全问题，为加强食源性疾病的管理提供技术咨询。

第二节 居民营养状况评价

一、营养调查

（一）营养调查的定义

营养调查（nutrition survey）是指运用各种手段准确地了解某人群或特定个体各种营养指标的水平，以判断其当前的营养和健康状况。是公共营养的基本方法和内容。

（二）营养调查的目的

营养调查的目的包括：

1. 了解不同地区、年龄和性别人群的能量和营养素摄入情况。

2. 了解与能量和营养素摄入不足、过剩相关问题的分布和严重程度；分析营养相关疾病的病因、影响因素。

3. 监测膳食结构变迁及其发展趋势；提供居民营养与健康状况数据。

4. 为国家或地区制定干预策略和政策提供信息。

（三）营养调查的内容

1. 膳食调查。

2. 人体测量。

3. 人体营养水平的生化检验。

4. 营养相关疾病临床体征及症状检查。

（四）营养调查的步骤

1. 确定营养调查的目的。

2. 根据调查目的确定调查对象和人群。

3. 确定抽样方法。

4. 制订调查工作内容、方法和质量控制措施。

5. 调查前人员准备，包括组织动员调查对象以及调查员的培训。

6. 现场调查、体格检查、样本采集及指标检测。

7. 数据整理、统计分析及结果反馈。

8. 形成调查报告。

在营养调查工作中，调查计划的科学性、严谨性和可行性是保证调查质量的前提，同时调查对象的配合程度、调查人员的专业知识技能水平和工作态度以及各级领导的支持也是影响调查质量的重要因素。

（五）营养调查的方法

了解被调查对象在一定时间内通过膳食摄取的能量、各种营养素的数量和质量，据此来评价被调查对象能量和营养素需求获得满足的程度。膳食调查方法主要有称重法、记账法、回顾法、食物频数法和化学分析法等。

（六）营养调查的结果分析与评价

1. 膳食模式。

2. 能量和营养素摄入量。

3. 各餐能量分配比例。一般人群就餐应定时和定量，三餐能量比约为 3∶4∶3，儿童和老人可以在三餐之外适当加餐。

4. 其他判断。评价食物来源、储存条件、烹调加工方法、就餐方式等饮食习惯与营养状况的关系。

二、膳食营养素的参考摄入量

为了使人体能从食物中摄取足够的能量和充足的营养素，从而使机体处于适宜的健康状态，世界各国都制定了膳食营养素参考摄入量（DRIs）。

膳食营养素参考摄入量的制定和修订一般都应用循证营养学与风险评估的原则和方法。

（一）循证营养学的原则

循证营养学（evidence-based nutrition，EBN）是在循证医学的基础上发展起来，其核心内容是系统收集营养学研究的最佳证据，对此进行二次研究，可用于膳食营养素参考摄入量的制定、营养政策的制定和营养干预行动的指导。

（二）风险评估的原则

针对营养缺乏和营养过量等引起的健康危害风险问题进行评估，而这两个方面都是 DRIs 研究的基本内容。因此，风险评估也是制定和修订膳食营养素参考摄入量需要遵循的主要原则。

三、膳食结构和膳食指南

（一）膳食结构和膳食指南的定义

1. 膳食结构（dietary pattern） 膳食结构是一个国家、一个地区或个体日常膳食中各类食物的种类、数量及其所占的比例。膳食结构的形成是一个长期的过程，受一个国家或地区人口、农业生产、食品加工、饮食习惯等多因素的影响。理想的膳食结构应该是平衡膳食。平衡膳食是制定膳食指南的科学依据和基础。

2. 膳食指南（dietary guidelines，DG） 膳食指南是由政府和科学团体根据营养科学的原则和人体的营养需要，结合当地食物生产供应情况及人群生活实践，专门针对食物选择和身体活动提出的指导意见。

（二）中国居民的膳食指南和膳食宝塔

1.《中国居民膳食指南》 《中国居民膳食指南》是以营养科学原理为基础，针对当前主要的公共卫生问题，提出的我国食物选择和身体活动的指导意见，其目的是为了实现平衡膳食，满足 DRIs 的要求。

2. 中国居民平衡膳食宝塔 中国居民平衡膳食宝塔是根据《中国居民膳食指南（2016）》的核心内容和推荐，结合中国居民膳食的实际情况，把平衡膳食的原则转化为各类食物的数量和比例的图形化表示，体现了一个在营养上比较理想的膳食模式。

第三节 公共营养监测

一、营养监测

（一）营养监测的定义

营养监测（nutrition surveillance）是指长期动态监测人群的营养状况，同时收集影响人群营养状况的有关环境和社会经济条件等方面的资料，探讨从政策上、社会措施上改善营养状况和条件的途径。营养监测还收集与食物生产、消费、分配有关的信息，因此营养监测又称食物营养监测（food and nutrition surveillance，FNS）

（二）营养监测的目的

1. 及时了解和掌握社会发展过程中居民食物消费及营养状况的变化和趋势。

2. 为决策者提供信息，有针对性地调整食物生产、流通政策，有的放矢地解决营养问题，预防疾病的发生。

3. 保证社会发展过程中食物生产、人群健康与环境的平衡发展和优化提高。

（三）营养监测的特点

1. 突出重点，如以妇女和儿童等需要重点保护的人群为对象，分析其营养状况的社会影响因素和探讨能采取的社会性措施。

2. 动态监测，以有限的人力物力尽可能搜集现成资料，分析掌握一个国家或地区的常年动态。将营养状况信息向上反馈，并为制定营养政策提供科学依据。

（四）营养监测的内容

1. 居民营养及相关健康状况的监测。
2. 居民食物、能量和营养素摄入情况的监测。
3. 居民营养知识、营养态度、饮食行为和生活方式的监测。
4. 食物成分和营养数据库变化的监测。
5. 食品供应情况及其影响决定因素的监测。
6. 社会经济发展水平的监测。

二、营养监测工作的程序

在营养监测实践中，营养监测具体目的的确定、监测人群和监测点的选取以及监测指标的确定是开展营养监测的重要前期工作。

1. 营养监测具体目的的确定。
2. 监测人群和监测点的选取。
3. 监测指标的确定。选择灵敏、特异的营养监测指标；指标不宜过多，以无或少损伤性的指标为主。
4. 营养监测数据的收集。数据主要来源于以下几方面：
（1）人口普查资料。
（2）政府部门的统计资料。
（3）国家卫生行政部门常规收集的资料。
（4）社区资料。
（5）监测过程中调查获得的家庭资料和个人资料等。
5. 营养监测数据的分析。根据营养监测系统收集的资料性质、涉及人群、营养素摄入状况、相关的影响因素及趋势、干预的效果评价等，可以从多方面对数据进行分析。
6. 营养监测资料的信息发布及利用。营养监测的结果可以通过监测系统、正式简报、非正式报告（会议、专业接触）、出版物等综合方式发布。

第四节 营养干预

一、营养教育

（一）营养教育的定义和目的

1. 营养教育的定义 营养教育（nutrition education）是营养干预的一种有效手段，具有容易实施、成本低、效益高、受益面广等特点，对居民营养状况的改善和健康水平的提高具有重要作用。

WHO 给营养教育所下的定义为：营养教育（nutrition education）是通过改变人们

的饮食行为而达到改善营养目的的一种有计划活动。

2. 营养教育的目的 是为了提高人群对营养与健康的认识，通过普及营养知识，倡导健康行为和生活方式，合理利用天然食物资源，纠正营养缺乏和不平衡，促进人群的营养健康状况改善，降低各种营养相关疾病患病的风险。

（二）营养教育的主要内容

1. 营养基础知识。
2. 健康生活方式。
3. 中国居民膳食指南、中国居民平衡膳食宝塔。
4. 我国人群的营养及存在的膳食营养相关疾病的状况和变化趋势。
5. 膳食营养相关慢性疾病的预防与控制。
6. 营养相关的法律、法规和政策。

（三）开展营养教育的步骤和方法

1. 营养教育的步骤 首先确定存在的营养问题，然后制定营养教育工作计划；根据存在营养问题的人群范围确定营养教育的对象；确定营养教育内容；选择或制作营养教育和指导所需材料；实施营养教育计划；进行营养教育的效果评价。

2. 营养教育的方法 营养教育方法可大致分为营养信息传播和营养行为干预两类。

通过营养教育，转变居民对营养知识的态度，真正达到改变健康行为的目的。

（1）*制订营养教育计划* 为保证营养教育活动有依据、有针对性、有目标地进行，首先必须有针对性地设计、制订营养教育计划。

（2）*准备营养教育资料* 根据要求编写相关的营养教育材料，要求内容科学、通俗易懂、图文并茂。

（3）*实施营养教育计划* 制订宣传材料和活动时间表，确定宣传方式。

（4）*营养教育的效果评价* 可通过近期、中期和远期的效果评价说明营养教育的效果。

二、慢性病的营养干预

慢性病是我国重大的公共卫生问题，影响我国居民健康的常见慢性病主要有心脑血管疾病、糖尿病、恶性肿瘤、慢性呼吸系统疾病等。国内外经验表明，慢性病是可以有效预防和控制的疾病。我国预防控制慢性病的战略目标是有效预防可控的危险因素，遏止并扭转慢性疾病的蔓延，加快临床医学模式转换，突出慢性病的防治结合和全程管理，降低慢性病死亡率。

（一）慢性病营养干预的行政管理

党中央、国务院高度重视居民营养改善与慢性病防治工作，国家卫生行政部门和有关部门采取有力的措施，积极遏制慢性病高发态势，不断改善居民营养健康状况。

欺骗消费者。此外，食品营养强化应符合相关法律、法规和卫生标准。

（二）新食品原料的开发

新食品原料，原来称为新资源食品。新食品原料是指在我国无传统食用习惯的下列物品：动物、植物和微生物；从动物、植物和微生物中分离的成分；原有结构发生改变的食品成分；其他新研制的食品原料。新食品原料不包括转基因食品、保健食品、食品添加剂新品种，上述物品的管理依照国家有关法律法规执行。新食品原料应当具有食品原料的特性，符合应当有的营养要求，且无毒、无害，对人体健康不造成任何急性、亚急性、慢性或者其他潜在性危害。新食品原料应当经过安全性审查后，方可用于食品生产经营。

三、食品营养标签

（一）营养标签的定义

营养标签是预包装食品标签上向消费者提供食品营养信息和特性的说明，包括营养成分表、营养声称和营养成分功能声称。营养标签是预包装食品标签的一部分。

（二）营养标签的目的

1. 指导消费者平衡膳食，当前我国居民存在营养不足和营养过剩的双重问题，在食品标签中标注营养信息将有效预防和减少营养相关疾病。

2. 满足消费者知情权，目前，越来越多的消费者将食品营养标签作为选购食品的重要参考和比较依据，食品营养标签也有助于向公众宣传和普及营养知识。

3. 促进食品贸易规范及我国食品企业的正确标注，促进我国食品经济的快速发展，有利于我国食品企业开展国际食品贸易。

（三）预包装食品营养标签的基本要求

1. 标示的营养信息应真实、客观。
2. 应使用中文。
3. 以一个“方框表”的形式表示。
4. 食品营养成分含量应以具体数值标示。
5. 选择适当的营养标签的格式。
6. 最小销售单元的包装上应有营养标签。

（四）预包装食品营养标签的强制标示内容

1. 能量、核心营养素的含量值及其占营养素参考值（NRV）的百分比。

2. 营养声称或营养成分功能声称的其他营养成分含量及其占营养素参考值的百分比。

3. 营养强化后食品中该营养成分的含量值及其占营养素参考值的百分比。

4. 用了氢化油脂时，在营养成分表中还应标示出反式脂肪（酸）的含量。

四、营养立法与营养改善工作管理办法

当前我国正处在实施营养改善的关键时期，面对营养缺乏和营养过剩的双重挑战，还有很长的路要走。只有进行营养立法，才能有法可依，才能明确政府各部门的责任，才能动员全社会的力量参与营养改善行动，切实解决营养问题，并且保证营养专业人员的社会地位和责任，促进我国的营养工作实现制度化、常态化、长期化，最终实现提高我国居民营养水平，增进中华民族整体素质和健康状况，保障社会稳定与和谐发展，实现健康中国规划目标。

中国营养学会受国家卫生行政部门委托起草了《营养改善工作管理办法》，自 2010 年 9 月 1 日起实施，包含七章三十六条，对营养改善的定义、营养改善工作的组织、实施进行了规定；同时对营养监测、营养教育、营养指导、营养干预等方面进行了规定。

（李璐）

思考题

1. 什么是公共营养？简述公共营养的特点和工作内容。
2. 什么是营养调查？简述营养调查的目的、内容与步骤。
3. 什么是营养监测？简述营养监测的目的、特点和内容。
4. 简述营养监测工作的程序。
5. 什么是营养教育？简述营养教育的目的和主要研究内容。
6. 目前我国突出的营养问题都有哪些？

第十二章　社区居民营养指导

第一节　孕妇和乳母的营养

一、孕妇的营养和膳食

（一）妊娠期的生理特点

妊娠期间，母体自身会发生一系列的生理性变化，主要表现在以下几个方面。

1. 内分泌系统　人绒毛膜促性腺激素、人绒毛膜生长素、雌激素、孕酮水平升高，对维持妊娠起到关键作用。

2. 血液系统　妊娠期妇女血容量包括血浆容积和红细胞数量的增加，血浆容积的增加大于红细胞数量的增加。血浆总蛋白由于血液稀释，妊娠早期就开始下降。

3. 肾脏　妊娠期间，为了排出母体和胎儿代谢所产生的含氮或其他废物，导致肾脏负担加重。

4. 消化系统　妊娠期妇女易出现恶心、呕吐、反酸、消化不良、便秘等妊娠反应。

5. 体重　妊娠期母体的体重发生明显变化，平均增重约 12kg。

（二）妊娠期的营养需要

1. 能量　孕妇除了维持自身所需能量外，还要负担胎儿的生长发育以及胎盘和母体组织增长所需要的能量。孕早期孕妇基础代谢无明显变化，从中期开始逐渐增高。中国营养学会建议妊娠中、晚期孕妇膳食能量推荐摄入量（RNI）在非妊娠妇女基础上每日增加 1.26MJ（300kcal）、1.88MJ（450kcal）。

2. 蛋白质　孕妇必须摄入足够数量的蛋白质以满足自身及胎儿生长发育的需要。中国营养学会建议妊娠中、晚期孕妇膳食蛋白质 *RNI* 在非妊娠妇女蛋白质 *RNI* 基础上每日分别增加 15g、30g，其中优质蛋白质占 1/3 以上。

3. 碳水化合物　胎儿主要用母体供给的葡萄糖作为能量来源。如果孕妇摄取碳水化合物不足，如孕吐严重的妊娠妇女，则以脂肪和蛋白质作为能量来源，容易导致酮症，对胎儿发育产生不利影响；为预防酮症，妊娠期膳食碳水化合物供能以占总能量的 50% ～ 65 % 为宜。此外，孕妇易出现便秘，应注意摄入含膳食纤维的食物。

4. 脂类 脂类是胎儿神经系统发育所需要的重要成分。孕妇膳食中要有适量的脂肪，尤其是容易缺乏的n–3系列不饱和脂肪酸；中国营养学会推荐妊娠期膳食脂肪的供能百分比为20%～30%，与非妊娠妇女相同；亚油酸达到总热能的4%，α–亚麻酸达到总热能的0.6%，EPA+DHA达到250mg/d。

5. 矿物质

（1）钙 胎儿从母体摄取大量的钙以供生长发育的需要。当缺钙严重或长期缺钙时，孕妇可发生小腿抽筋或手足搐溺，甚至导致骨质软化症，胎儿也可发生先天性佝偻病。中国营养学会建议妊娠中晚期每日钙适宜摄入量（AI）为1000mg。

（2）铁 妊娠期对铁的需要量显著增加，妊娠期膳食铁摄入量不足，易导致孕妇的缺铁性贫血。妊娠早期缺铁还与早产及低出生体重有关。中国营养学会建议妊娠早、中、晚期孕妇膳食铁每日*AI*分别为20mg、24mg、29mg。

（3）锌 胎儿畸形发生率的增加与妊娠期锌营养不良及血清锌浓度降低有关。中国营养学会建议妊娠期孕妇膳食锌*RNI*为9.5mg/d。

（4）碘 妊娠期妇女碘缺乏可能导致胎儿甲状腺功能低下，引起呆小症。中国营养学会建议妊娠期孕妇膳食碘*RNI*为230μg/d。

6. 维生素

（1）维生素A 妊娠期妇女缺乏维生素A与胎儿宫内发育迟缓、低出生体重及早产有密切关系。但大剂量维生素A也可能导致自发性流产和胎儿先天畸形。中国营养学会建议妊娠早期和妊娠中晚期孕妇膳食维生素A的*RNI*分别为800μgRE/d、900μgRE/d，可耐受最高摄入量（UL）为2400μgRE/d。

（2）维生素D 维生素D可促进钙的吸收和钙在骨骼中的沉积，缺乏可导致孕妇骨质软化症，新生儿低血钙；但过量也可导致婴儿维生素D中毒。中国营养学会建议妊娠早期维生素D的 *RNI*与非妊娠妇女相同，为5μg/d，妊娠中、晚期为10μg/d，*UL*值为20μg/d。

（3）B族维生素 维生素B_1和维生素B_2与能量代谢有关。维生素B_6与叶酸、维生素B_{12}联用可预防妊娠高血压。

中国营养学会建议B族维生素：维生素B_1的*RNI*为1.5mg/d，维生素B_2的*RNI*为1.7mg/d，维生素B_6的AI为1.9mg/d，维生素B_{12}的*AI*为2.6mg/d；叶酸缺乏可增加神经管畸形及流产的风险，备孕妇女应从准备怀孕前3个月开始每天补充叶酸400μgDEF，可预防大多数神经管畸形的发生，中国营养学会建议妊娠期妇女叶酸的RNI为600μgDEF/d。

（三）妊娠期营养对母体和胎儿的影响

1. 妊娠期营养不良对母体的影响 妊娠期妇女营养摄入不足时，可能发生营养性贫血、骨质软化症、营养不良性水肿、妊娠合并症。

2. 妊娠期营养不良对胎儿健康的影响 妊娠期妇女营养摄入不足或过多时，可能造成胎儿生长发育迟缓、先天性畸形、脑发育受损；低出生体重、巨大儿，并且与成年以后一些慢性病的发生有密切关系。

（四）妊娠期的合理膳食原则

1. 妊娠早期 应尤其注意以下几点：①选择清谈、易消化、增食欲的食物，不偏食。②少食多餐。③早孕反应在晨起和饭后最为明显，可在起床前吃些含水分少的，含碳水化合物丰富的食物。

2. 妊娠中、晚期 妊娠反应开始消失或减轻，食欲好转，要做到全面多样，荤素搭配，保证胎儿的正常生长，同时要避免摄入过多。

二、乳母的营养和膳食

（一）哺乳期的生理特点

母乳分为三期：产后第 1 周分泌的乳汁为初乳，呈淡黄色，富含免疫蛋白。产后第 2 周分泌的乳汁称为过渡乳，过渡乳中的乳糖和脂肪含量逐渐增多。第 2 周以后分泌的乳汁为成熟乳，呈乳白色，富含蛋白质、乳糖和脂肪等多种营养素。

（二）哺乳对母亲健康的影响

1. 近期影响 促进产后子宫恢复；哺乳可以促进母体乳房中乳汁的排空，避免发生乳房肿胀和乳腺炎。延长恢复排卵的时间间隔。

2. 远期影响 乳母在哺乳期分泌乳汁要消耗大量的能量，有利于乳母体重尽快复原，预防产后肥胖；哺乳期间母体重新构建乳母的钙储存，对于降低乳母患骨质疏松症的危险性具有潜在意义；大量研究结果表明，哺乳还可降低乳母以后发生乳腺癌和卵巢癌的危险性。

（三）哺乳期的营养需求

1. 能量 乳母对能量的需要量较大，一方面要满足母体自身对能量的需要，另一方面要供给乳汁所含的能量和乳汁分泌过程本身消耗的能量。中国营养学会建议乳母每日能量 RNI 应较正常妇女增加 2090kJ（500kcal）。

2. 蛋白质 蛋白质的摄入量，对乳汁分泌的数量和质量的影响最为明显。中国营养学会建议乳母蛋白质每日 *RNI* 为在非孕妇女基础上增加 20g。

3. 脂类 婴儿除了生长发育需要能量外（脂肪产能最高），中枢神经系统发育及脂溶性维生素吸收等都需要乳母膳食中必须有适量脂肪。每日脂肪的摄入量以占总能量的 20% ～ 30% 为宜。

4. 矿物质 人乳中主要矿物质（钙、磷、镁、钾、钠）的浓度一般不受膳食的影响。微量元素中，碘和硒的膳食摄入量增加，乳汁中的含量也会相应增加。中国营养学会建议乳母钙 *AI* 为 1000mg/d，铁 *AI* 为 24mg/d，碘 *RNI* 为 240μg/d，锌 *RNI* 为 12mg/d。

5. 维生素 维生素 A 可以少量通过乳腺进入乳汁，维生素 D 几乎不能通过乳腺，故母乳中维生素D含量很低。维生素E具有促进乳汁分泌的作用。水溶性维生素大多可通过乳腺，但乳腺有调节作用，达到一定水平后不再增高。中国营养学会建议乳母维生素A的*RNI*为1300μgRE/d，维生素D的*RNI*为10μg/d，维生素E的*RNI*为17mgα-TE/d，维生素B_1的*RNI*为1.5mg/d，维生素B_2的*RNI*为1.5mg/d，烟酸的*RNI*为15mgNE/d，维生素C的*RNI*为150mg/d。

6. 水 乳母摄入的水量与乳汁分泌量有密切关系，每日比非孕期多摄入水约1L，可通过多喝水和多吃流质食物来补充。

（四）哺乳期的合理膳食原则

《中国居民膳食指南》中哺乳期妇女膳食指南在一般人群膳食指南的基础上增加了五条：①产褥期食物多样不过量，注意膳食纤维的摄入以防便秘。②增加富含优质蛋白质及维生素A的动物性食物和海产品，选用碘盐。③愉悦心情，充足睡眠。④坚持哺乳，适度运动。⑤忌烟酒，避免浓茶和咖啡。

乳母应少吃盐、腌制品和刺激性强的食物，烹调方法应以炖、煮、炒为主，少用油煎、油炸。

第二节 婴幼儿营养

一、婴幼儿的生理特点

（一）生长发育

1. 婴儿期指从出生到1周岁。婴儿期是人类生命生长发育的第一高峰期，尤其是出生后头6个月的生长最快。婴幼儿的生长发育首先表现为体重的增加，高（身长）是反映骨骼系统生长的指标。头围反映了脑及颅骨的生长状态，上臂围代表上臂肌肉、骨骼、皮下脂肪的发育情况。

2. 幼儿期指1～3岁，这一时期智能发育较快，语言、思维能力增强。

（二）消化和吸收

1. 口腔 婴幼儿口腔黏膜易受损伤，忌食过热过硬的食物，还应特别注意保持婴儿口腔的清洁。

2. 牙齿 乳牙6～8个月左右开始萌出，因比婴儿咀嚼食物的能力较差。

3. 食管和胃 婴儿食管和胃壁的黏膜和肌层都易受损伤。婴儿的食管较成人细且短，胃呈水平位，胃容量小，贲门括约肌发育不良，易引起幽门痉挛而出现溢乳和呕吐。

4. 肠道 肠壁黏膜有利于营养物质的吸收。但肠蠕动较成人差，可发生大便滞留或功能性肠梗阻。肠壁刷状缘已能产生肠激酶和肽酶，有助于蛋白质的消化和吸收。

5. 胰腺 婴儿的胰腺发育尚不成熟，所分泌的消化酶活力较低，但胰蛋白酶和胰凝乳酶在出生时已很充足。

6. 肝脏 婴儿肝脏相对较大，血管丰富，但肝细胞分化不全，肝功能较差，胆汁分泌较少，影响脂肪的消化吸收。

7. 脑和神经系统发育 大脑的发育尤其是大脑皮层细胞增殖、增大和分化主要是发生在孕后期和出生后第一年内，尤其是出生后头 6 个月是大脑和智力发育的关键期。

二、婴幼儿的营养需要

1. 能量 婴幼儿的能量需要除了包括基础代谢、身体活动、食物的热效应和排泄丢失的能量外，还包括快速生长发育所消耗的能量，保持能量摄入与婴幼儿健康成长相适宜，既不会因摄入不足导致生长迟缓或停滞，也不会因摄入过多导致肥胖。

2. 蛋白质 蛋白质是婴幼儿机体各器官、组织和细胞合成必需的原材料，也是三大产能营养素之一，蛋白质的质和量对婴幼儿的健康和成长非常重要。人乳中蛋白质有婴儿最理想的氨基酸需要模式。膳食蛋白质供给不足时，可影响婴幼儿的生长发育，表现出消化吸收障碍、肝功能障碍、抵抗力下降、贫血等。但过高的蛋白质摄入也会对机体产生不利影响。

3. 脂类 脂肪是机体能量和必需脂肪酸的重要来源，也是重要的机体成分和能量储存形式；必须脂肪酸缺乏易导致婴幼儿湿疹及皮肤干燥；DHA 缺乏可影响神经纤维和神经突触的发育，导致认知障碍，也会导致视力异常。

4. 碳水化合物 碳水化合物是主要的供能营养素，有助于完成脂肪氧化和节约蛋白质作用，同时还是脑能量供应的主要物质。但 3 个月内婴儿缺乏淀粉酶，所以淀粉类食物应该在 4 月后添加。

5. 矿物质

（1）钙 人乳中钙吸收率高，纯母乳喂养的 0 ～ 6 月龄婴儿不易缺钙。

（2）铁 正常新生儿体内总铁量基本上可满足出生后 6 个月内婴儿对铁的需求。人乳汁中含铁低，婴儿在 4 个月后需逐渐增加辅食，并从辅食中或通过补充剂摄入铁。

（3）锌 锌对机体免疫功能、细胞分化以及味觉形成等过程有重要影响。婴幼儿缺锌可表现为食欲减退、生长停滞、脑发育受损等。母乳喂养的婴儿在 4 ～ 5 个月后需要从膳食中补充。

（4）碘 碘在促进体格发育、脑发育和调节新陈代谢过程中发挥着重要的作用。婴儿期碘缺乏可引起克汀病。

除上述的微量元素，其他矿物质也为机体生长发育所必需，但母乳及配方奶喂养的健康婴儿均不易缺乏。

6. 维生素

（1）维生素 A 婴幼儿维生素 A 缺乏可出现上皮组织角化、夜盲症等缺乏症状；但维生素 A 过量摄入也可引起中毒。用母乳喂养的婴儿一般不需额外补充。

（2）维生素 D 维生素 D 在维持血中钙、磷的稳定发挥着重要的作用，与骨钙和牙齿的形成发育有关。婴幼儿佝偻病发生的主要原因是维生素 D 的缺乏，母乳喂养婴儿需要额外补充维生素 D。但如果长期过量摄入维生素 D 也会引起中毒。

（3）维生素 E　新生儿组织中维生素 E 的储备少，维生素 E 缺乏容易引起溶血性贫血症。婴儿维生素 E 的需要量通常可由母乳获得。

（4）维生素 K　是形成凝血酶原等凝血相关蛋白质的必要营养素，新生儿尤其是纯母乳喂养儿易出现维生素 K 缺乏引起的出血性疾病。

（5）维生素 C　有抗氧化、提高机体免疫力、促进铁吸收等作用。

（6）维生素 B_1　是酶的重要组成部分，参与糖类代谢。婴幼儿维生素 B_1 摄入不足，易引起婴儿脚气病。

（7）维生素 B_2　参与人体内生物氧化与能量生成，并参与维生素 B_6 和烟酸代谢。乳汁是婴儿维生素 B_2 的充足来源。

（8）维生素 B_{12}　缺乏可诱发巨幼红细胞贫血、同型半胱氨酸血症、神经损害等。

（9）叶酸　叶酸与氨基酸代谢、核酸合成和 DNA 甲基化有关，缺乏时诱发婴幼儿巨幼红细胞贫血、同型半胱氨酸血症。

三、婴幼儿喂养

（一）婴儿喂养方式

婴儿喂养方式可分为三种类型：

1. 母乳喂养　母乳是 6 个月以内婴儿最理想的天然食物，母乳喂养的优点包括：

（1）营养成分最适合婴儿的需要，消化吸收利用率高。

（2）含有大量免疫物质，有助于增强婴儿抗感染的能力。

（3）母乳喂养儿极少发生过敏。

（4）经济、方便、卫生。

（5）哺乳可促进子宫收缩、推迟月经复潮以及促使脂肪消耗等；哺乳还可以增进母婴感情交流、促进婴儿心理和智力发育。

2. 人工喂养　不能进行母乳喂养时，则可采用牛乳或其他代乳品喂养婴儿。完全人工喂养的婴儿最好选择婴儿配方奶粉。

3. 混合喂养　母乳不足时，可用婴儿配方奶粉或其他乳品、代乳品补充进行混合喂养，其原则是采用补授法。

（二）婴幼儿喂养指南

1. 6 月龄内婴儿母乳喂养指南　①产后尽早开奶，坚持新生儿第一口食物是母乳。②坚持 6 月龄内纯母乳喂养。③顺应喂养，建立良好的生活规律。④出生后数日开始补充维生素 D，不需补钙。⑤婴儿配方奶是不能纯母乳喂养时的无奈选择。⑥监测体格指标，保持健康生长。

2. 7 ～ 24 月龄婴幼儿喂养指南　①继续母乳喂养，并向以乳类为主过渡到以谷类为主。②从富含铁的糊状食物逐步添加达到食物多样；足月产婴儿体内铁可满足出生后6个月内需求，因为母乳是贫铁食物，婴儿6个月以后需从辅食中补铁。③提倡顺应喂养，鼓励但不强迫进食。④辅食不加调味品。⑤注重饮食卫生和进食安全。⑥定期监测体格指标。

（三）婴儿辅食添加

1. 辅食添加的原则 ①由少到多，由细到粗，由稀到稠，次数和数量逐渐增加。②应在婴儿健康、消化功能正常时添加辅助食品。③保持原味，不加盐、糖以及刺激性调味品。

2. 婴儿辅食添加的顺序 先单一食物后混合食物，先液体后泥糊状，再固体。先谷类、水果、蔬菜，后鱼、蛋、肉。

（四）幼儿膳食

从乳类为主过渡到以谷类为主，其他为辅的混合膳食。

1. 平衡膳食 以谷类为主，还应包括畜、蛋、禽、鱼、奶类和豆类及其制品。

2. 合理烹调 幼儿主食应易为幼儿咀嚼、吞咽和消化，以原汁原味最好。

3. 膳食安排 每日4～5餐，三餐之外可增加1～2次水果或点心，进餐要有规律。

第三节 儿童少年营养

一、学龄前儿童的营养和膳食

学龄前儿童（pre-school children）是指3～6岁的儿童，该阶段的生长发育速率仍处于较高水平。该阶段的生长发育状况也直接关系到青少年和成人期发生肥胖的风险，是饮食行为和生活方式形成的关键时期，也是培育良好饮食习惯的重要阶段。

《中国居民膳食指南》中关于学龄前儿童的膳食指南在一般人群膳食指南基础上特别强调：①规律就餐，培育良好饮食习惯。②每日饮奶，足量饮水，正确选择零食；③食物应合理烹调，易于消化。④参与食物选择与制作，增进对食物的认知与喜爱；⑤经常户外活动，保障健康生长。

二、学龄儿童的营养和膳食

学龄儿童（school children）是指6～12岁的儿童，在这期间除生殖系统外的其他器官和系统，包括脑的形态发育已逐渐接近成人水平，可以接受成人的大部分饮食。

《中国居民膳食指南》中关于学龄儿童的膳食指南在一般人群膳食指南基础上特别推荐了以下5条：①认识食物，提高营养科学素养。②规律进餐，培养健康饮食行为。③合理选择零食，足量饮水，饮用清淡饮料，控制食糖摄入。④不偏食、节食，不暴饮暴食。⑤增加户外活动时间，保证每天至少活动60分钟。

三、青少年的营养和膳食

青少年期是指 12 ～ 18 岁，包括青春发育期及少年期，相当于初中和高中阶段。

《中国居民膳食指南》中关于学龄儿童的膳食指南也适用于青少年期，青少年的合理膳食原则包括：

1. 多吃谷类，供给充足的能量。

2. 保证足量的鱼、禽、蛋、奶、豆类和新鲜蔬菜水果的摄入，优质蛋白质应达 50% 以上。

3. 平衡膳食，鼓励参加体力活动，对于那些超重或肥胖的青少年，应引导他们通过合理控制饮食，少吃高能量的食物，同时增加体力活动，使能量摄入低于能量消耗，逐步减轻体重。

第四节　老年人营养

随着国民经济和医疗保健事业的发展，人类寿命逐渐延长，我们国家已经进入老龄化社会。老年人合理营养、平衡膳食有助于延缓衰老进程、预防慢性退行性疾病的发生、提高生命质量。《中国居民膳食指南》中将 65 岁以上的成年人定义为老年人，80 岁以上的成年人定义为高龄老人。

一、老人年的生理代谢特点

1. 基础代谢率（basal metabolism rate，BMR）下降　*BMR* 随年龄的增长而降低，从 20 ～ 90 岁每增加 10 岁，*BMR* 下降 2% ～ 3%。75 岁时 *BMR* 较 30 岁下降 26%。因此，老年人的能量供给随着年龄的增长而适当减少。

2. 脂质代谢能力降低　如果摄入过多脂类，容易出现血甘油三酯、总胆固醇和低密度脂蛋白胆固醇（LDL-C）升高，高密度脂蛋白胆固醇（HDL-C）下降的现象。

3. 消化系统功能减退　老年人消化器官功能随着衰老而逐渐减退，如咀嚼功能下降、胃酸和胃蛋白酶分泌减少等使矿物质、维生素和蛋白质的生物利用率下降。此外，肝脏功能下降也会影响食物的消化和吸收。

4. 体成分改变　随着年龄的增长，体内脂肪组织逐渐增加，而瘦体重逐渐减少，骨矿物质减少、骨质疏松发病率逐渐增高。

5. 代谢功能降低　老年人代谢功能随着年龄的增长而逐渐下降，合成代谢降低，但分解代谢增高，引起细胞功能下降。此外，随着年龄增高胰岛素分泌能力减弱，组织对胰岛素的敏感性下降，可导致葡萄糖耐量下降。

6. 体内氧化损伤加重　人体组织氧化反应产生自由基能力增高，清除自由基能力下降。自由基除损害细胞膜产生脂质过氧化物以外，还可使一些酶蛋白质变性，引起酶的活性降低或丧失。

7. 免疫功能下降　老年人胸腺萎缩、T 淋巴细胞数目明显减少，细胞免疫功能下降，容易患各种疾病。

二、老年人的营养需要

1. 能量 老年人对能量的需要降低，膳食能量的摄入主要以维持正常体重水平为主，体重过高或过低都会影响健康。从降低营养不良风险和死亡风险的角度考虑，老年人的BMI应不低于20为宜。

2. 蛋白质 老年人容易出现负氮平衡，且由于老年人肝脏和肾脏功能降低，摄入蛋白质过多可增加肝脏和肾脏的负担，建议老年人膳食蛋白质的*RNI*男性为65g/d和女性为55g/d，优质蛋白质应占总蛋白质摄入量的1/2。

3. 脂肪 由于老年人胆汁分泌减少和酯酶活性降低而对脂肪的消化功能下降，因此，脂肪的摄入不宜过多，脂肪供能占膳食总能量的20%～30%为宜。其中要求亚油酸达到总能量的4%，α－亚麻酸达到总能量的0.6%，胆固醇摄入量不超过300mg/d。

4. 碳水化合物 老年人的糖耐量降低，容易发生血糖增高，过多的糖在体内还可转变为脂肪，引起肥胖、高脂血症等疾病。建议碳水化合物提供的能量占总能量50%～65%为宜，并减少单糖、双糖和甜食的摄入量，适当增加膳食纤维的摄入量。

5. 矿物质

（1）钙 老年人的钙吸收率低，一般小于20%；对钙的利用和储存能力低、容易发生钙摄入不足或缺乏而导致骨质疏松症。中国营养学会推荐老年人膳食钙的*RNI*为1000mg/d，*UL*为2000mg/d。

（2）铁 老年人对铁的吸收利用率下降且造血功能减退，血红蛋白含量减少，易出现缺铁性贫血。老年人铁的*RNI*男女均为12mg/d，*UL*为42mg/d。铁摄入过多对老年人的健康也会带来不利的影响。

（3）钠 老年人钠盐摄入每天小于6g为宜，高血压、冠心病患者以小于5g/d为宜。

此外，微量元素硒、锌、铜和铬在每天膳食中亦须有一定的供给量以满足机体的需要。

6. 维生素 老年人对维生素的利用率下降；维生素B_2在膳食中最易缺乏；老年人也容易出现维生素A、叶酸及维生素B_{12}等缺乏；维生素A和叶酸有利于黏膜正常生长和预防呼吸道和消化道肿瘤；叶酸和维生素B_{12}能促进红细胞的生成，预防贫血；叶酸、维生素B_6及维生素B_{12}能降低血中同型半胱氨酸水平，有防治动脉粥样硬化的作用；维生素B_6和维生素C对保护血管壁的完整性，改善脂质代谢和预防动脉粥样硬化方面有良好的作用；老年人户外活动减少使皮肤合成维生素D的功能下降，加之肝肾功能衰退致使活性维生素D生成减少，维生素D的补充有利于预防老年人发生骨质疏松症；维生素E是一种天然的脂溶性抗氧化剂，有延缓衰老的作用。因此，应保证老年人摄入充足的各种维生素，以促进代谢、延缓机体功能衰退、增强抗病能力。

三、老年人的合理膳食原则

《中国居民膳食指南》中关于老年人的膳食指南特别强调：①少量多餐细软，预防营养缺乏。②主动足量饮水，积极户外活动。③延缓肌肉衰减，维持适宜体重。④摄入充足食物，鼓励陪伴进餐。

老年人的合理膳食原则包括：

1. 食物多样、充足，平衡膳食，老年人每天应至少摄入 12 种以上食物。采用多种方法增加食欲和进食量，愉快就餐，吃好三餐。

2. 烹饪选用炖、煮、蒸、炒等方法，食物要色香味俱全、细软易消化，少吃或不吃烟熏、油炸和腌制的食物。

3. 保证获得足够的优质蛋白质，每日一杯奶，适量吃豆类或豆制品，多吃鱼类，维持能量摄入与消耗的平衡，维持适宜体重。

4. 保证新鲜蔬菜和水果摄入，补充钙、铁和锌等矿物质，预防便秘、贫血、骨质疏松和肌肉衰减等老年性疾病。

5. 少食多餐，饥饱适中，不暴饮暴食，饮食清淡，不吸烟，少饮酒。

（李璐）

思考题

1. 简述娠期的生理特点及营养需求。
2. 妊娠期营养对母体和胎儿有什么影响？
3. 母乳喂养的优点有哪些？
4. 简述哺乳对母亲健康的影响及哺乳期营养需要。
5. 简述婴幼儿的营养需要及合理膳食原则。
6. 简述婴儿辅食添加的原则及顺序。
7. 老年人营养需要有何特点？

第十三章 食品安全和食源性疾病

“国以民为本，民以食为天，食以安为先”。食品安全事关国计民生，责任重于泰山。随着现代食品工业的规模化发展，国际食品贸易的增加，人口和环境的变化，农场生产模式的多样化以及人类生存方式和行为的改变，导致食源性疾病发病率不断升高。据 WHO 统计，全球每年有多达几十亿例食源性疾病发生，即使在发达国家每年也有三分之一的人次感染食源性疾病。在欧美等发达国家，80% 以上的食品安全事件都是由食源性疾病引起的。食源性疾病不仅是全球最突出的公共卫生问题之一，也是食品安全面临的首要问题。

第一节 食品安全的概念和相关政策

一、食品安全的概述

世界卫生组织关于食品安全（food safety）的定义是：食物中有毒、有害物质对人体健康有影响的公共卫生问题。

2021 年 4 月 29 日第二次修正的《中华人民共和国食品安全法》对食品安全的表述是：指食品无毒、无害、符合应当有的营养要求，对人体健康不造成任何急性、慢性和潜在性的危害。该定义强调了食品的质量安全，并提示食品营养、食品卫生均是食品安全的重要组成内容。

世界粮农组织（FAO）对食品安全的定义是：指所有人在任何时候都能在物质上和经济上获得足够的、安全、和富有营养的食物以满足其健康而积极生活的膳食需要。它通常是指食品量的安全。

食品安全已成为全球性问题，国际社会对食品安全的概念已基本形成共识：即食品（食物）种植、养殖、加工、包装、贮藏、运输、销售、消费等活动符合国家强制标准和要求，不存在可能损害或威胁人体健康的有毒、有害物质致消费者病亡或者危及消费者及其后代的隐患。食品安全是一个综合性的概念，它既强调过程安全、又强调结果安全：即包括生产安全，也包括经营安全；即包括现实安全，也包括未来安全。

二、食品安全法律体系

我国食品安全法律法规是由中央和地方权力机关和政府颁布的，具有权威性和强制性，是我国法制建设的重要组成部分。食品安全的法律体系建设是我国保证食品安全、提高生活质量的需要，也是国际贸易战略的需要。

（一）食品安全法律

《中华人民共和国食品安全法》（2021修订）是我国食品安全法律法规体系的核心，食品安全法适用范围主要包括：在我国境内从事食品生产和加工（以下称食品生产），食品销售和餐饮服务（以下称食品经营）；食品添加剂的生产经营；用于食品的包装材料、容器、洗涤剂、消毒剂和用于食品生产经营的工具、设备（以下称食品相关产品）的生产经营；食品生产经营者使用食品添加剂、食品相关产品；食品的储存和运输；对食品、食品添加剂、食品相关产品的安全管理；食用农产品的市场销售、有关质量安全标准的制定，有关安全信息的公布等等。

此外，还有《中华人民共和国农产品质量安全法（修订草案）》（2021年）、《中华人民共和国进出境动物检疫法》（2021年修订）等。

（二）食品安全法规

1. 行政法规 由国务院制定，主要包括《中华人民共和国食品安全法实施条例》（2019年修订）、《中华人民共和国农药管理条例》（2017年修订）、《突发公共卫生事件应急条例》（2011年修订）等。

2. 地方性法规 由各省、自治区、直辖市、省会城市和"计划单列市"人民代表大会及其常务委员会制定，适用于本地区行政管理工作的条例。如史上最严的《上海市食品安全条例》（2017年）、《深圳经济特区食品安全监督条例》（2018年）等。

（三）食品安全规章

包括部门规章和地方规章，具体指根据法律和国务院的行政法规制定的规定、办法、实施细则、规则等规范文件。

（四）食品安全标准

食品安全标准是判定食品是否符合安全卫生要求的重要技术依据，其性质包括政策法规性、科学技术性、强制性、社会性和经济性。

（五）其他规范性文件

由各省、自治区、直辖市人民政府卫生行政部门制定的食品安全相关管理办法、规定等。

三、食品安全风险监测与评估

（一）食品安全风险监测

食品安全风险监测是指通过系统和持续地收集食源性疾病、食品污染以及食品中有害因素的监测数据及相关信息，并进行综合分析和及时通报的活动。此制度体现了预防为主、先发制人的监管理念。2010 年我国通过了《食品安全风险监测管理规定》，首次对食品安全风险监测进行了法律的界定与约束。

食品安全风险监测的制度功能：①是为食品风险评估、制定食品安全标准以及食品安全总体状况的评价等提供科学依据。②是发现食品安全隐患，协助确定需要重点监管的食品和环节，为监管工作提供科学依据。③是了解食源性疾病发生情况，以便早期识别和防控食源性疾病。④提高针对突发性食源性公共卫生事件的预警和应对能力。

（二）食品安全风险评估

食品安全风险评估就是运用科学方法，根据食品全风险监测信息、科学数据以及有关信息，对食品、食品添加剂、食品相关产品中生物性、化学性和物理性危害，对人体健康可能造成不良影响所进行的科学评估，包括危害识别、危害特征描述、暴露评估、风险特征描述等。

四、食品安全标准与食品检验

（一）食品安全标准

1. 食品安全标准的概念 食品安全标准是指以科学、技术和经验的综合数据为基础，经相关机构协商一致并经权力机构批准，对食品的安全性规定共同的和重复使用的一种规范性文件。

2. 食品安全标准的内容 到目前为止，我国已经公布了近 500 项食品安全国家标准，主要包括通用标准（基础标准）、产品标准、生产经营标准、检验方法标准四类，这四类标准按照现行食品安全法规定，食品安全标准应当包括八项内容，分别是：①食品、食品添加剂、食品相关产品中的致病性微生物，农药残留、兽药残留、生物毒素、重金属等污染物质以及其他危害人体健康物质的限量规定。②食品添加剂的品种、使用范围、用量。③专供婴幼儿和其他特定人群的主辅食品的营养成分要求。④对与卫生、营养等食品安全要求有关的标签、标志、说明书的要求。⑤食品生产经营过程的卫生要求。⑥与食品安全有关的质量要求。⑦与食品安全有关的食品检验方法与规程。⑧其他需要制定为食品安全标准的内容。

（二）食品安全标准制定

根据现行食品安全法规定，食品安全标准有三种不同标准：国家标准、地方标准和企业标准。

1. 食品安全国家标准的制定 食品安全国家标准由国务院卫生行政部门会同国务院食品药品监督管理部门制定、公布，国务院标准化行政部门提供国家标准编号。

食品中农药残留、兽药残留的限量规定及其检验方法与规程由国务院卫生行政部门、国务院农业行政部门会同国务院食品药品监督管理部门制定。而屠宰畜、禽的检验规程由国务院农业行政部门会同国务院卫生行政部门制定。

食品安全国家标准应当经国务院卫生行政部门组织的食品安全国家标准审评委员会审查通过。食品安全国家标准审评委员会由医学、农业食品、营养、生物、环境等方面的专家以及国务院有关部门、食品行业协会、消费者协会的代表组成对食品安全国家标准草案的科学性和实用性等进行审查。

2. 食品安全地方标准的制定 对地方特色食品，没有食品安全国家标准的，省、自治区、直辖市人民政府卫生行政部门可以定并公布食品安全地方标准，报国务院卫生行政部门备案。食品安全国家标准制定后，该地方标准行废止。

3. 食品安全企业标准的制定 国家鼓励食品生产企业制定严于食品安全国家标准或者地方标准的企业标准，在本企业适用，并报省、自治区、直辖市人民政府卫生行政部门备案。

（三）食品检验概念

食品检验是指食品检验机构根据有关国家标准，对食品原料、辅助材料、成本质量和安全性进行的检验，包括对食品理化指标、卫生指标、外观特性及外包装、内包装、标准等进行的检验。食品检验的方法主要有感官检验法和理化检验法。食品检验是保证食品安全，加强食品安全监管的重要技术支撑。

（四）食品检验机构及其职责

食品检验机构是指按照国家有关认证认可的规定取得资质认定后，从事食品检验活动的组织。

食品安全法规定，食品检验实行食品检验机构与检验人负责制。食品检验报告应当加盖食品检验机构公章，并有检验人的签名或者盖章。食品检验机构和检验人对出具的食品检验报告负责。

县级以上人民政府食品药品监督管理部门应当对食品进行定期或者不定期的抽样检验，并依据有关规定公布检验结果，不得免检。进行抽样检验，应当购买抽取的样品，委托符合本法规定的食品检验机构进行检验，并支付相关费用；不得向食品生产经营者收取检验费和其他费用。如果采用国家规定的快速检测方法对食用农产品进行抽查检测，被抽查人对检测结果有异议的，可以自收到检测结果时起四小时内申请复检。复检不得采用快速检测方法。

五、食品生产经营管理法律制度

（一）食品生产经营许可制度

国家对食品生产经营实行许可制度。从事食品生产、食品销售、餐饮服务，应当依法取得许可。但是，销售食用农产品，不需要取得许可。

县级以上地方人民政府食品药品监督管理部门应当依照《中华人民共和国行政许可法》的规定，审核申请人提交的本法第三十三条第一款第一项至第四项规定要求的相关资料，必要时对申请人的生产经营场所进行现场核查；对符合规定条件的，准予许可对不符合规定条件的，不予许可并书面说明理由。

（二）食品生产经营企业管理

1. 食品生产经营要求　按照现行法律规定，食品生产经营应当符合食品安全标准，并符合下列要求。

（1）具有与生产经营的食品品种、数量相适应的食品原料处理和食品加工、包装、储存等场所，保持该场所环境整洁，并与有毒、有害场所以及其他污染源保持规定的距离。

（2）有专职或者兼职的食品安全专业技术人员食品安全管理人员和保证食品安全的规章制度。

（3）具有与生产经营的食品品种、数量相适应的生产经营设备或者设施，有相应的消毒、更衣、盥洗、采光、照明、通风、防腐、防尘、防蝇、防鼠、防虫、洗涤，以及处理废水、存放垃圾和废弃物的设备或者设施。

（4）具有合理的设备布局和工艺流程，防止待加工食品与直接入口食品、原料与成品交叉污染，避免食品接触有毒物、不洁物。

（5）餐具、饮具和盛放直接入口食品的容器，使用前应当洗净、消毒，炊具、用具用后应当洗净，保持清洁。

（6）储存、运输和装卸食品的容器、工具和设备应当安全、无害，保持清洁，防止食品污染，并符合保证食品安全所需的温度、湿度等特殊要求，不得将食品与有毒、有害物品一同储存、运输。

（7）直接入口的食品应当使用无毒、清洁的包装材料、餐具、饮具和容器。

（8）食品生产经营人员应当保持个人卫生，生产经营食品时，应当将手洗净，穿戴清洁的工作衣、帽等；销售无包装的直接入口食品时，应当使用无毒、清洁的容器、售货工具和设备。

（9）使用的洗涤剂、消毒剂应当对人体安全、无害。

（10）用水应当符合国家规定的生活饮用水卫生标准。

（11）法律、法规规定的其他要求。

2. 禁止生产经营的食品 禁止生产经营下列食品、食品添加剂、食品相关产品：

（1）用非食品原料生产的食品或者添加食品添加剂以外的化学物质和其他可能危害人体健康物质的食品，或者用回收食品作为原料生产的食品。

（2）用超过保质期的食品原料、食品添加剂生产的食品、食品添加剂。

（3）致病性微生物，农药残留、兽药残留、生物毒素、重金属等污染物质以及其他危害人体健康的物质含量超过食品安全标准限量的食品、食品添加剂、食品相关产品。

（4）营养成分不符合食品安全标准的专供婴幼儿和其他特定人群的主辅食品。

（5）超范围、超限量使用食品添加剂的食品。

（6）腐败变质、油脂酸败、霉变生虫、污秽不洁、混有异物、掺假掺杂或者感官性状异常的食品、食品添加剂。

（7）病死、毒死或者死因不明的禽、畜、兽、水产动物肉类及其制品。

（8）未按规定进行检疫或者检疫不合格的肉类，或者未经检验或者检验不合格的肉类制品。

（9）被包装材料、容器、运输工具等污染的食品、食品添加剂。

（10）标注虚假生产日期、保质期或者超过保质期的食品、食品添加剂。

（11）国家为防病等特殊需要明令禁止生产经营的食品。

（12）无标签的预包装食品、食品添加剂。

（13）其他不符合法律、法规或者食品安全标准的食品、食品添加剂、食品相关产品。

第二节 食品中常见污染物及其危害

食品污染（food contamination）是指在各种条件下，导致外源性有毒有害物质进入食品，或食物成分本身发生化学反应而产生有毒有害物质，从而造成食品安全性、营养性和（或）感官性状发生改变的过程。随着食品供给的体系越来越复杂化和国际化，以及各种化学物质的不断产生和应用，污染物的种类和来源也更繁杂。

一、食品中的微生物污染及其危害

（一）细菌污染及危害

1. 非致病菌污染 食品中存活的细菌绝大多数是非致病菌，它们往往与食品的腐败、酸败、发酵有关，不仅破坏食品的营养成分，还因生成各种低级分解产物，可能使人体产生不良反应。如嗜冷假单胞菌属（Pseudomonas）可导致冷冻食品腐败；芽孢杆菌属（Bacillus）和梭状芽孢杆菌属（Clostridium）是肉类及罐头食品中常见的腐败菌；弧菌属（Vibrio）和黄杆菌属（Flavobacterium）引起鱼类和水产品腐败变质；大肠埃希菌是食品中最常见的腐败菌，也是食品和饮用水的粪便污染指标菌之一。

2. 致病菌污染 致病菌指可直接致病并对人体造成危害的细菌。食品中不允许有致病性病原菌存在，是评价食品安全性的重要指标之一。食品污染中常见的致病菌如沙门氏菌（Salmonella）、致病性大肠杆菌（Pathogenic E.coil）、金黄色葡萄球菌（Staphylococcus aureus）等，所致疾病的发病特点是病程短、恢复快、病死率低，一般表现为急性胃肠炎症状，如腹痛、腹泻；而肉毒梭菌（Clostridium botulinum）和李斯特菌（Listeria）对人体的危害极大，前者可因呼吸麻痹而死亡；后者引起败血症和脑膜炎。

（二）真菌与真菌毒素污染及危害

真菌种类繁多，分布广泛，真菌及真菌毒素污染食品可引起食品变质，也可以引起中毒。产毒真菌主要以霉菌为主，据统计全世界每年平均有 2% 的谷物由于霉变不能食用。目前已知可产生毒素的霉菌主要有曲霉菌属（Aspergillus）、青霉菌属（Penicillium）、镰刀菌属（Fusarium）、交链孢霉属（Alternaria）等。真菌毒素中毒可表现出明显的地方性和季节性，但不具有传染性，临床症状较为复杂，可表现为急性中毒、慢性中毒以及致癌、致畸、致突变。

（三）病毒污染及危害

动物性食品是人类膳食的主要部分，近年来动物疫病（如非洲猪瘟、牛瘟）和人畜共患病（禽流感、口蹄疫等）的大流行几乎使人们谈食色变。一般病毒在食品中不能繁殖，但食品却是病毒存留的良好载体。目前，食品污染中常见的病毒有禽流感病毒、疯牛病病毒、口蹄疫病毒、甲型肝炎病毒等。大多数病毒可侵入大脑、肝部、肺部、呼吸道和消化道，同样会引起脑膜炎、肝炎、肺炎和肠胃炎。

二、食品中的寄生虫污染及其危害

影响食品安全的寄生虫主要是食源性寄生虫。易感个体因摄入污染寄生虫及其虫卵的食物而感染，经过一定的潜伏期后可表现出肠道寄生虫病的症状和神经症状。①畜肉中常见猪囊尾蚴、旋毛虫、肝片吸虫、弓形虫等。②水产品中常见华支睾吸虫、并殖吸虫、孟氏裂头蚴等。③农产品中常见姜片吸虫、钩虫、蛔虫等。④食品中昆虫污染常见甲虫、螨类、蛾类等。

三、食品中的化学性污染及其危害

（一）化学性污染的来源及特点

食品的化学性污染物（chemical contaminant）种类繁多，包括多种有害重金属、非金属，以及有机污染物和无机污染物，污染途径复杂且不易控制，污染物性质稳定、蓄积性强，不易消除。一种食品从农田到餐桌诸多环节都有被污染的可能性，其污染来源可以概括为：

1. 农田施药对农作物的直接污染，全球已禁用或严格限用 12 种危害最大的持久性有机污染物，如DDT。

2. 畜禽乱用抗生素、激素类药物对动物性食物的污染，如；磺胺类、甲睾酮等。

3. 环境中工业“三废”排放的有毒金属（汞、铅、砷、镉）对食品可造成直接或间接的污染。

4. 加工食品使用劣质原料以及滥用食品添加剂和非法添加物（如人工色素、亚硝酸盐、甲醛）。

5. 食品容器、包装材料、运输工具中的有毒化学物质向食品迁移（如聚乙烯、酚树脂）。

6. 食品加工过程中产生的有毒化学物污染物，如烟熏产生苯并芘污染、明火烤肉产生杂环胺类、盐酸水解法生产植物蛋白调味液产生的氯丙醇、油炸和焙烤淀粉类食物产生的丙烯酰胺等。

7. 粮食储存过程中有毒化学物污染，如为给粮食驱虫，农药中含有的“磷化铝”毒性并不大，但遇到潮湿环境或遇到酸时会分解出磷化氢。

（二）化学性污染对人体的危害

摄入化学性污染的食品对人体危害极大，包括一次性大剂量造成的急性中毒、肝肾功能损伤，以及低剂量长期摄入后在人体内蓄积导致的慢性危害和远期效应，如致癌、致畸、致突变。

四、食品中的物理性污染及其危害

食品的物理性污染通常是指食品生产加工过程中的杂质超过规定的含量，或食品吸附、吸收外来的放射性核素所引起的食品安全问题。杂质是由原材料及加工过程中设备、操作人员等原因带来的某些外来物质，如灰尘、金属、石块、塑料及玻璃等。食品中的放射线核素（radionuclide）有的来自天然本底，也有的来自人为放射线污染。食品的物理性污染不仅严重破坏市场经济秩序，损害了消费者的经济利益，还会损害居民身体和心理健康，严重的甚至造成人员死亡。

第三节　食品添加剂和非法添加物

在食品生产日益社会化、规模化和国际化的今天，食品产品中添加和使用食品添加剂对于防止食品腐败变质，保证食品供应，繁荣食品市场，满足人们对食品营养、质量以及色、香、味的追求起到重要作用，也是我国现代食品工业的需要。

一、食品添加剂

（一）食品添加剂的定义

食品法典委员会（CAC）认为食品添加剂作为辅助成分直接或间接成为食品成分，

不能影响食品的特性，不含污染物、不以改善食品营养为目的。我国《食品安全国家标准食品添加剂使用标准》（GB2760–2014）对食品添加剂（food additives）的定义是：为改善食品品质和色、香、味，以及为防腐、保鲜和加工工艺的需要而加入食品中的人工合成或者天然物质。食品用香料、胶基糖果中基础剂物质、食品工业用加工助剂也包括在内。

（二）食品添加剂的分类

1. 按生产方法 可分为：①应用酶法、发酵法等生物技术获得的产品，如柠檬酸、红曲米和红曲色素等。②应用物理方法从天然动植物中提取的物质，如甜菜红、辣椒红素等。③化学合成物，如苯甲酸钠、胭脂红等。

2. 按来源 可分为：天然食品添加剂和人工合成食品添加剂。

3. 按功能用途 可分为22大类：酸度调节剂、抗结剂、消泡剂、抗氧化剂、漂白剂、膨松剂、胶基糖果中的基础物质、着色剂、护色剂、乳化剂、酶制剂、增味剂、面粉处理剂、被膜剂、水分保持剂、防腐剂、稳定和凝固剂、甜味剂、增稠剂、食用香料、食用加工助剂、其他。

（三）食品添加剂的使用原则

1. 食品添加剂使用时应符合以下基本要求：①不应对人体产生任何健康危害。②不应掩盖食品腐败变质。③不应掩盖食品本身或加工过程中的质量缺陷或以掺杂、掺假、伪造为目的而使用食品添加剂。④不应降低食品本身的营养价值。⑤在达到预期目的前提下尽可能降低在食品中的使用量。

2. 在下列情况下可使用食品添加剂：①保持或提高食品本身的营养价值。②作为某些特殊膳食用食品的必要配料或成分。③提高食品的质量和稳定性，改进其感官特性。④便于食品的生产、加工、包装、运输或者贮藏。

3. 带入原则如下。

（1）在下列情况下食品添加剂可以通过食品配料（含食品添加剂）带入食品中：①根据本标准，食品配料中允许使用该食品添加剂。②食品配料中该添加剂的用量不应超过允许的最大使用量。③应在正常生产工艺条件下使用这些配料，并且食品中该添加剂的含量不应超过由配料带入的水平。④由配料带入食品中的该添加剂的含量应明显低于直接将其添加到该食品中通常所需要的水平。

（2）当某食品配料作为特定终产品的原料时，批准用于上述特定终产品的添加剂允许添加到这些食品配料中，同时该添加剂在终产品中的量应符合本标准的要求。在所述特定食品配料的标签上应明确标示该食品配料用于上述特定食品的生产。

（四）常见的食品添加剂

1. 酸度调节剂（acidulating agent） 酸度调节剂是指用以维持或改变食品酸碱度的物质，具有改善食品的感官性状、增加食欲、防腐和促进体内钙、磷消化吸收的作用。

包括多种有机酸及其盐类，如柠檬酸、苹果酸、碳酸钠等。

2. 抗氧化剂（antioxidant） 抗氧化剂是指能防止或延缓油脂或食品成分氧化分解、变质，提高食品稳定性的物质，可以延长食品的贮存期、货架期。目前常用的抗氧化剂均属酚类化合物，包括丁基羟基茴香醚、二丁基羟基甲苯、没食子酸丙酯等。

3. 漂白剂（bleaching agent） 漂白剂是指能够破坏、抑制食品的发色因素，使其褪色或使食品免于褐变的物质。我国允许使用的漂白剂有二氧化硫、亚硫酸钠、硫黄等。

4. 着色剂（colour） 着色剂又称色素，是使食品赋予色泽和改善色泽的物质。按其来源和性质可分为天然色素（如红曲米、焦糖色等）和合成色素（苋菜红、柠檬黄等）。天然色素相对安全，但也兼具难容、着色不均匀、性质不稳定的特点。

5. 护色剂（colour fixative） 护色剂又称发色剂，是指能与肉及肉制品中呈色物质作用，使之在食品加工、保藏等过程中不致分解、破坏，呈现良好色泽的物质。我国允许使用的护色剂有硝酸钠（钾）、亚硝酸钠（钾）、葡萄糖酸亚铁、D-异抗坏血酸及其钠盐等。

6. 酶制剂（enzyme preparations） 酶制剂是从动植物的可食或非可食部分直接提取，或由传统或经基因修饰的微生物发酵提取制得的生物制品，具有催化活性高、反应条件温和、特异性和专一性强等优点，如木瓜蛋白酶、α-淀粉酶等。

7. 增味剂（flavour enhancers） 增味剂是指可补充或增强食品原有风味的物质。增味剂可能本身并没有鲜味，但却能增加食物的天然鲜味，如谷氨酸钠。

8. 防腐剂（preservative） 防腐剂是指防止食品腐败变质、延长食品储存期的物质，可分为酸型防腐剂（如苯甲酸及其钠盐）、酯型防腐剂（如对羟基苯甲酸酯类）、生物型防腐剂（如乳酸菌肽）以及其他防腐剂（如二氧化碳）。

9. 甜味剂（sweeteners） 甜味剂是指赋予食品甜味的物质，在世界各地广泛使用。我国糖类甜味剂（如葡萄糖）作为一般食品，而糖醇类（如山梨糖醇）和非糖甜味剂（如糖精钠、阿斯巴甜）才作为食品添加剂管理。

二、非法添加物不是食品添加剂

列入我国国家标准的食品添加剂，均经过安全性毒理学评价并经有关部门严格审查，确保其技术必要性和安全性。任何国家标准之外的物质添加到食品中的行为，都是违法行为。长期以来，有关部门将非法添加物引发的食品安全事件（染色馒头、苏丹红鸭蛋、尿素黑豆芽、塑化剂药品等）归结为"滥用食品添加剂"，加深了公众对食品添加剂的误解。判定一种物质是否属于非法添加物，根据我国相关法律、法规、标准的规定，可以参考以下原则：①不属于传统上认为是食品原料的。②不属于批准使用的新资源食品的。③不属于国家卫生健康委员会公布的食药两用或作为普通食品管理物质的。④未列入我国《食品安全国家标准食品添加剂使用标准》（GB 2760-2014）及国家卫生健康委员会发布的食品添加剂公告的。⑤未列入我国《食品安全国家标准食品营养强化剂使用标准》（GB 14880-2012）营养强化剂品种名单的。⑥其他我国法律法规允许使用物质之外的物质。

第四节　食源性疾病

食源性疾病是当今世界上分布最广泛、最常见的疾病之一，是当前世界范围内最为突出的公共卫生问题之一。

一、食源性疾病的概念

WHO 将食源性疾病（foodborne diseases）定义为：通过摄入食物进入人体的各种致病因子引起的、通常具有感染或中毒性质的一类疾病。食源性疾病发生的三要素是：①携带和传播病原物质的媒介是食物。②食物中所含有的各种致病因子是导致人体罹患疾病的病原物质。③临床特征为急性、亚急性中毒性或感染，也可能是长期摄入有毒、有害物质导致的慢性中毒性疾病。

二、常见的食源性疾病

随着食源性疾病在全球的流行，一些早已被人们认识的食源性疾病的发病率不断上升，新发食源性病原体不断出现，食源性疾病的范畴在不断扩大。能引起人类食源性疾病的致病因子多种多样，主要包括生物性、化学性和物理性三大类。

（一）生物性食源性疾病

1. 细菌及其毒素　人食用了被沙门氏菌、致病性大肠杆菌、志贺菌、霍乱弧菌、金黄色葡萄球菌肠毒素等污染的食物后导致的感染性腹泻、细菌性痢疾、肠道传染病或细菌及其毒素性食物中毒；又如人摄入感染了炭疽、结核、布鲁氏杆菌等的家畜肉或奶引起的人兽共患疾病。

2. 病毒　人直接或间接接触被病毒污染的水和食物引起的疾病，如儿童秋冬季常见的诺如病毒感染性腹泻；夏秋季流行的柯萨奇病毒可引起婴幼儿疱疹性咽峡炎；轮状病毒引起新生儿和婴幼儿严重腹泻等。

3. 寄生虫和原虫　寄生虫和原虫主要是指人畜共患病的寄生虫病。人摄食了被绦虫、华支睾吸虫、旋毛虫等寄生虫及其虫卵污染的食物后，可引起人感染相应的寄生虫病。

4. 真菌及其毒素　真菌及其毒素如黄曲霉、展青霉、杂色曲霉等及其产生的毒素。

5. 有毒动植物及其毒素　如河豚毒素、鲜黄花菜内的类秋水仙碱、毒蕈毒素等引起的中毒。

（二）化学性因素导致的食源性疾病

化学性因素主要包括：①农药、兽药残留。②非法添加物。③食品生产工具、包装材料中有毒有害的化学物质（有毒金属）向食品转移。④食品加工过程中产生的有毒有害物质。这些有毒有害物质有的直接摄入体内对人体产生毒害作用，也有的通过食物链的生物富集作用在人体内达到很高的浓度，引起慢性中毒性疾病。

（三）物理性因素导致的食源性疾病

物理性因素主要来源于放射性物质的开采、冶炼、国防以及放射性核素在生产活动和科学实验中使用时，其废弃物不合理的排放及意外性的泄漏，通过食物链的各个环节污染环境和食品，引起人体慢性损害及远期的损伤效应。

三、我国食源性疾病监测体系

（一）主动监测

1. 个案检测。
2. 基于实验室的特定病原体监测。

（二）被动监测

1. 突发公共卫生事件报告系统。
2. 食源性疾病暴发（食物中毒）报告系统。
3. 疑似食源性异常病例 / 异常健康事件监测。

第五节　食物中毒

一、食物中毒的概述

（一）食品中毒的概念

食物中毒（food poisoning）是指摄入含有生物性、化学性有毒有害物质的食品或把有毒有害物质当作食品摄入后所出现的非传染性的急性、亚急性疾病。食物中毒属于食源性疾病的范畴，但不包括因暴饮暴食所引起的急性胃肠炎、食源性肠道传染病和寄生虫病，也不包有毒、有害物质引起的以慢性损害为主要特征的疾病。

（二）食物中毒的发病特点

1. 潜伏期短，可在短时间内同时发病，呈爆发性流行。
2. 中毒患者临床表现基本相似，常见腹痛、腹泻、恶心、呕吐等胃肠道症状。
3. 发病与食物有关，患者有食用同一有毒食物史，流行波及范围与有毒食物供应范围相一致，未食用者不发病，停止该食物供应后，流行即终止。
4. 人与人之间不传播，发病曲线呈突然上升之后又迅速下降的趋势，无传染病流行时的余波。

（三）食物中毒的流行病学特点

1. 季节性高发 食物中毒的季节性与食物中毒的种类有关，细菌性食物中毒多发生在夏、秋季，化学性食物中毒则全年均可发生。

2. 地域性流行 很多食物中毒的发生有明显的地区性，如副溶血弧菌食物中毒多发生在东南沿海地区，肉毒梭菌食物中毒主要发生在新疆等地区，霉变甘蔗食物中毒多见于北方地区等。

3. 中毒原因分布特点 微生物是引起食物中毒的最主要原因，以细菌性食物中毒为主，其次为有毒动植物引起的食物中毒，再次为化学性食物中毒。

4. 病死率 据国家卫生健康委员会 通报，2015 年全国食物中毒事件报告 169 起，中毒 5926 人，死亡 121 人。有毒动植物引起的食物中毒事件报告起数和死亡人数最多，病死率最高。

5. 食物中毒发生场所分布特点 常见家庭、集体食堂和饮食服务场所。发生在家庭的食物中毒事件报告起数及死亡人数最多，病死率最高，误食毒蘑菇、误用化学毒物是家庭食物中毒事件死亡的主要原因。

二、食物中毒的分类

（一）细菌性食物中毒

1. 定义 细菌性食物中毒（bacterial food poisoning）是指因摄入被致病菌性细菌或其毒素污染的食品而引起的中毒。

2. 细菌性食物中毒的原因及条件

（1）畜禽生前感染和宰后污染，以及食品在生产、运输、储藏、销售等过程中受到污染。

（2）食物储藏方式不当，使致病菌大量繁殖或产生毒素。

（3）被污染的食物未加热或未彻底加热，以及生食与熟食交叉污染。

（4）被食品从业人员中的带菌者、食品加工工具再次污染。

3. 细菌性食物中毒类型 近年来，我国发生的细菌性食物中毒多以沙门菌、变形杆菌和金黄色葡萄球菌食物中毒为主，根据发病机制的不同，细菌性食物中毒可分为：

（1）*感染型* 病原菌随食物进入肠道后，在肠道内继续生长繁殖，靠其侵袭力附着于肠黏膜或侵入黏膜及黏膜下层，引起肠黏膜充血、水肿等炎性病理变化，并伴有发热症状。常见沙门氏菌、变形杆菌、志贺菌等食物中毒。

（2）*毒素型* 病原菌产生的肠毒素激活了肠壁上皮细胞的腺苷酸环化酶或鸟苷酸环化酶，及细胞内的相关酶系统，使细胞的分泌功能发生变化或作用于神经系统。如金黄色葡萄球菌肠毒素、肉毒毒素等食物中毒。

（3）*混合型* 病原菌进入肠道后，除侵入黏膜引起肠黏膜的炎性反应外，还产生肠毒素，引起急性胃肠道症状。常见有副溶血性弧菌食物中毒、单核细胞增生李斯特菌、大肠杆菌等食物中毒。

4. 发病机制和临床表现 细菌性食物中毒的临床表现以急性胃肠炎为主，主要表现为恶心、呕吐、腹痛、腹泻，伴有发热等症状。除此之外，金黄色葡萄球菌食物中毒会出现剧烈呕吐，呕吐物含胆汁，有时带血和黏液；侵袭性细菌（如沙门氏菌等）引起的食物中毒，可有发热、腹部阵发性绞痛和黏液脓血便；自制谷类、豆类发酵食品中的肉毒梭菌食物中毒以运动神经麻痹为主，而胃肠道症状少见。牛乳中的李斯特菌食物中毒可导致孕妇流产和死胎，儿童中毒大多数表现为脑膜炎和败血症。

（二）真菌及其毒素食物中毒

1. 定义 真菌及其毒素食物中毒（mycotoxicosis）是指食用被真菌及其毒素污染的食物而引起的食物中毒。

2. 真菌产毒的条件 毒素的产生取决于：①菌种本身的遗传特性。②霉菌生长基质的种类和水分。③环境的温度、湿度及通风条件。

3. 真菌毒素食物中毒的类型

（1）*赤霉病麦中毒* 麦类、玉米等谷物被镰刀菌素（Fusarium）侵染引起的赤霉病是一种世界性病害，它的流行除了造成严重的粮食减产外，还会引起人畜中毒。

（2）*黄曲霉毒素中毒* 谷物（如玉米、稻谷）、油料作物（如花生）、等在储存不当时被黄曲霉菌（Aflatoxin）污染产生毒素可引起食用者急性和亚急性中毒。

（3）*霉变甘蔗中毒* 甘蔗霉变主要是因为甘蔗在不良的条件下长期储存，导致微生物大量繁殖所致。霉变甘蔗含有大量的甘蔗节菱孢霉及其毒素，是一种强烈的嗜神经毒素。

4. 发病机制和临床表现 根据真菌毒素损害人体的靶器官不同，可分为心脏毒、肝脏毒、肾脏毒、胃肠毒、神经毒等。临床表现常见恶心、呕吐、腹泻、腹痛，赤霉病麦中毒个别重症可表现出四肢酸软、步态不稳，故称"醉谷病"。黄曲霉毒素中毒伴随黄疸、腹水等肝炎症状。霉变甘蔗中毒重者可发生阵发性抽搐，后因呼吸衰竭而死，幸存者则留下严重的神经系统后遗症。

（三）有毒动物中毒

1. 定义 有毒动物中毒（poisonous animal poisoning）是指食用了含有天然毒素的动物性食品引起的食物中毒。

2. 有毒动物中毒类型及临床表现

（1）*河豚中毒* 引起中毒的河豚毒素（tetrodotoxin）是一种非蛋白质神经毒素，其毒性比氰化钠强 1000 倍，对热稳定。其含量在河豚卵巢最高，肝脏和肠中次之。河豚毒素可作用于胃肠道、神经系统，起初感觉手指、唇、舌刺痛，然后出现胃肠症状，继而产生神经麻痹，导致呼吸衰竭，危及生命。

（2）*组胺中毒*（histamine） 组胺中毒的是一种过敏性食物中毒，主要原因是食用了不新鲜的青皮红肉鱼，含组氨酸高的鱼肉腐败变质释放出组胺酸，组胺酸经细菌作用脱羧产生大量组胺；组胺中毒同时也与个人体质的过敏性有关。临床表现为支气管痉挛、毛细血管扩张、血压下降、心律失常等，预后较好。

（3）*麻痹性贝类中毒*（paralysis shell poisoning，PSP） 是由贝类毒素引起的食物中毒。麻痹性贝类毒素是一种毒性极强的海洋毒素，临床表现为神经麻痹。

（四）有毒植物中毒

1. 定义 有毒植物中毒（poisonous plant poisoning）指食用了含有天然毒素的植物性食品引起的食物中毒。

2. 有毒植物中毒类型及临床表现

（1）*毒蕈中毒* 蕈类（mushroom）通常称蘑菇，属于真菌植物。毒蕈与可食用蕈不易区别，常因误食而中毒；毒蕈中毒目前为国内食物中毒致死的主要原因；不同毒蕈中毒的临床表现各不相同，包括胃肠型、神经精神型、溶血型、肝肾损害型、类光过敏型。

（2）*含氰苷类食物中毒* 是指因食用苦杏仁、桃仁、木薯等含氰苷类食物引起的食物中毒，其中苦杏仁含量最高。当果仁在口腔中咀嚼和在胃肠内进行消化时，氰苷被水解为氢氰酸并迅速被黏膜吸收入血，氢氰酸中的氰离子与细胞色素氧化酶中铁离子结合，使该呼吸酶失活，氧不能被组织细胞利用，引起组织缺氧。临床表现常见呼气中有苦杏仁味，胃肠炎症状，重者因呼吸麻痹而死亡。

（3）*棉酚中毒* 粗制生棉籽油中主要含有棉酚、棉酚紫和棉酚绿三种有毒物质，其中以游离棉酚含量最高，可高达 24% ～ 40%，未经精炼的粗制棉籽油中棉酚类物质未被彻底清除，可引起中毒，可损害人体肝、肾、心脏等器官，以及神经系统和生殖系统。

（五）化学性食物中毒

1. 定义 化学性食物中毒（chemical food poisoning）是指由于误食了有毒有害化学物质，或食用了被有毒有害化学物污染的食品、超量使用了食品添加剂的食品、营养素发生了化学变化的食品（如油脂酸败）等所引起的食物中毒。

2. 类型 常见的化学性食物中毒有亚硝酸盐中毒、砷中毒、有机磷农药中毒、锌中毒。我国曾发生多起亚硝酸盐食物中毒，原因主要在于误将亚硝酸盐当作食盐食用、食品加工时过量或超量使用亚硝酸盐，或大量食用亚硝酸盐含量高的蔬菜。

三、食物中毒的处理总则

（一）控制现场、及时报告

1. 停止食用中毒食品，并及时向当地卫生行政部门和食品安全综合监管部门报告。
2. 采集患者标本，以备送检。
3. 对患者进行紧急救治，包括催吐、洗胃、清肠，对症治疗和特殊治疗。

（二）对中毒食品控制处理

1. 保护现场，封存中毒食品或疑似中毒食品。
2. 追回已售出的中毒食品或疑似中毒食品。
3. 对引起的中毒食品进行无害化处理或销毁。

（三）对中毒现场采取消毒处理

根据不同的中毒食品，对中毒场所采取相应的消毒处理。

（张岩　张文斌　李璐）

思考题

1. 什么是食品污染？按其性质是如何分类？
2. 简述食品中有害因素监测的主要内容及按工作形式是如何分类的。
3. 食品添加剂使用时应符合哪些基本要求？
4. 简述食物中毒调查目的。
5. 简述食物中毒技术处理总则。

第五篇 环境相关问题及其对健康的影响

第十四章 环境与人类健康概述

环境是指在特定时刻由物理、化学、生物及社会各种因素构成的整体状态，这些因素可能对生命机体或人类活动直接地或间接地产生现时的或远期的作用。人类的环境指以人为主体的环境，包括一切客观存在与人类生存有关的自然环境和社会环境。自然环境（natural environment）是指环绕着人群的立体空间及其中可以直接或间接影响人类生活与生产的一切物质和能量的总体，包括大气圈、水圈、岩石土壤圈和生物圈。自然环境是人类赖以生存的物质基础，为人类的生存及发展提供了必需条件，但也可能会对人类健康造成威胁或产生伤害。社会环境（social environment）是在自然环境基础上，人类通过长期有意识的社会活动，加工和改造自然所创造的物质生产体系，包括人类在生产、生活和社会活动过程中形成的生产关系、阶级关系和社会关系。

环境与人类健康主要研究和评估各种环境因素对人类健康、环境质量以及生态平衡造成或可能造成的影响。人类生活在一定的环境中，人类的健康与环境密切相关。不利的环境因素会对人类健康产生不良影响。据统计全球每年约四分之一的死亡是由环境因素造成的，当今大多数慢性病可归因于环境因素和遗传因素之间相互作用的结果。环境和人类健康之间的关系既密切相关又非常复杂。虽然大多数健康问题与多项环境因素特别是环境污染有关，但对环境因素是如何引起疾病、发生的严重性和范围却很难评估。在研究和评估环境因子影响时，除了识别环境有害因素，探讨其毒作用机制外，还应重点研究如何限制或消除危害人类健康的环境因素，以促进人类的健康。

第一节 目前存在的环境问题

人类在改造自然环境和创建社会环境的过程中，与环境不断地相互作用、相互影响，会产生环境问题。环境问题是指由于人类活动作用于周围环境所引起的环境质量变化，以及对人类的生产、生活和健康造成的影响。根据环境问题影响的空间尺度，可以把环境问题分为全球环境问题、区域环境问题和局部环境问题。

一、全球环境问题

全球环境问题是指全球范围内的环境问题，如全球气候变化、臭氧层空洞、酸雨和生态系统退化等。全球环境问题具有跨国性和相互依赖性特征，这就要求国家与国家之间加强在环境治理问题上的国际合作，进行全球治理。

（一）全球气候变化

人类活动已在改变世界气候。近一百多年来，全球平均气温经历了冷→暖→冷→暖波动，总体为上升趋势。20 世纪 80 年代后，全球气温明显上升。1981 ～ 1990 年全球平均气温比 100 年前上升了 0.48℃。导致全球变暖的主要原因是在近一个世纪以来人类大量使用煤、石油等矿物燃料，排放出 CO_2 等温室气体，产生“温室效应”，导致全球气候变暖。

日益加速的气候变化已经对人类造成严重影响。气候变化可使啮齿动物、病媒昆虫的活动范围扩大、繁殖力增强，导致相关疾病（如疟疾、乙型脑炎、流行性出血热等）发生率增高；气候变暖使酷暑天气日数增加，形成的热浪严重威胁人类健康；更高的温度和极端天气事件正在损害粮食生产，日益升高的海平面和更具破坏性的风暴使沿海城市面临的危险加剧。气候变化对全球不同国家的影响极不均衡，尽管发达国家排放了历史上最多的温室气体，但气候变化对发展中国家的影响却最大。

（二）臭氧层破坏

臭氧层能吸收太阳的短波紫外线和宇宙射线，使地球上的生物免受这些射线的危害。20 世纪 50 年代，科学家观察到臭氧层中的臭氧减少；70 年代后，臭氧层减少加剧；1985 年首次在南极上空发现臭氧空洞，后来在北极、青藏高原也观察到臭氧层空洞。臭氧层被破坏形成空洞以后，减少了对短波紫外线和其他宇宙射线的吸收，造成人群皮肤癌和白内障等发病率的增加。

人类活动排入大气的某些化学物质是导致臭氧损耗的重要原因。消耗臭氧层的物质主要有 N_2O、CCl_4、CH_4、溴氟烷烃类（Halons）及氯氟烃（CFCs）等。1987 年 9 月，24 个国家在加拿大蒙特利尔签署了限制消耗臭氧层物质排放、保护臭氧层的《关于消耗臭氧层物质的蒙特利尔议定书》；1990 年对其进行了修订，将受控物质增加到 6 类数十种。我国于 1989 年 9 月正式加入《保护臭氧层维也纳公约》；1991 年 6 月宣布加入

《蒙特利尔议定书》，同年成立国家保护臭氧层领导小组；国务院于 1993 年批准了《中国消耗臭氧层物质逐步淘汰国家方案》。

除了消耗臭氧层物质的排放促使臭氧损耗外，还有学者认为温室效应使地球表面变暖而平流层变冷也是臭氧层减少和臭氧空洞形成的原因之一。

（三）生物多样性锐减

生物多样性（biodiversity）是指地球上所有的生物有规律地结合所构成的稳定生态综合体，由生物的遗传（基因）多样性、物种多样性和生态系统多样性三部分组成。由于人类活动范围日益扩大，开采和利用自然资源的能力空前提高，对生物施加的影响也逐渐加剧，特别是不合理的滥采滥伐、掠夺性开采、过度捕捞狩猎等使物种灭绝的速度不断加快，加速了大量遗传基因丢失及不同类型的生态系统面积锐减。自 16 世纪以来，已灭绝的物种包括哺乳动物 83 种、鸟类 113 种、鱼类 23 种、爬行动物 21 种、非脊椎动物 98 种。2002 年国际自然资源联盟宣布，全世界又增加了 121 种濒临灭绝的野生动物。联合国环境规划署估计在未来的 20 ～ 30 年中，地球总生物多样性的 25% 将处于灭绝的危险之中。

生物多样性是地球上生命经过几十亿年发展进化的结果，是全球的宝贵财富，是人类赖以生存的物质基础，也是人类健康生存的基础。如生物多样性对世界食品生产产生重要影响，确保土壤可持续生产力，并提供所有作物、牲畜和食用海洋物种的基因资源。随着生物多样性的逐步减少，生态系统的各项功能随之退化，不可避免地威胁人类赖以生存的物质基础。

二、区域环境问题

区域环境问题指某区域或某些区域内普遍存在的问题，比如一定区域内的空气污染和水污染。

（一）大气污染

大气运动使大气污染物能长途输送，导致区域性大气污染问题。以酸雨、沙尘暴和大气棕色云团问题尤为突出。

酸雨是由于空气中 SO_2 和 NO_x 等酸性污染物引起的 $pH < 5.6$ 的酸性降水。受酸雨危害的地区出现了土壤和湖泊酸化，植被和生态系统遭受破坏，建筑材料、金属结构和文物被腐蚀等一系列严重的环境问题。酸雨于 20 世纪 50 ～ 60 年代最早出现于北欧及中欧。20 世纪 70 年代以来，许多工业化国家采取增加烟囱的高度等措施防治城市和工业的大气污染，虽然有效地改变了排放地区的大气环境质量，但大气污染物远距离迁移的问题却加重，形成了广泛的跨国酸雨。在 20 世纪 80 年代，我国酸雨主要发生在西南地区；到 20 世纪 90 年代中期，酸雨范围已扩大到长江以南、青藏高原以东及四川盆地的广大地区。1972 年，在联合国第一次人类环境会议上发布了《跨越国境的空气污染，空气和降水中的硫对环境的影响》的报告，陈述了酸雨对欧洲各国湖泊的污染，引起广

泛关注。

沙尘暴是指强风把地面大量沙尘物质扬起并卷入空中，使空气混浊，水平能见度小于 100m 的严重风沙天气现象。沙尘暴多发生在内陆沙漠地区，主要有撒哈拉沙漠、北美中西部、澳大利亚、蒙古高原等。沙尘暴可携带大量人为排放的有毒有害物质，影响居民健康。

大气棕色云团（atmospheric brown clouds，ABC）是指以细颗粒物为主、悬浮于大气对流层中的大片污染物。目前世界上有许多“超大城市”被确认为棕色云团热点城市，如泰国曼谷、埃及开罗、孟加拉国达卡、巴基斯坦卡拉奇、伊朗德黑兰、尼日利亚拉各斯、韩国首尔、印度加尔各答、新德里、孟买等，我国棕色云团覆盖范围也很大。ABC 对人类健康危害极大，因为那些细小的颗粒物不仅可以进入血液、影响肺部组织、诱发慢性呼吸系统疾病，甚至还会引起癌变。大气中的烟尘能促使云雾形成，从而吸收太阳的直射或散射光，影响紫外线的生物学活性。因此，在大气污染严重的地区，儿童佝偻病的发病率较高，某些通过空气传播的疾病也易于流行。大气污染还能降低大气能见度，使交通事故发生频率增加。

（二）水污染

水自由流动使水污染具有区域（流域）特征。水污染对健康的直接危害主要包括引发介水传染病和导致急、慢性中毒等。2005 年 11 月，我国松花江流域重大水污染事件不仅造成包括哈尔滨在内的松花江流域城市停水，而且污染物险些造成下游邻国俄罗斯的水体污染。日趋加剧的水污染已对人类的生存安全构成重大威胁，成为人类健康、经济和社会可持续发展的障碍。

三、局部环境问题

局部环境问题是指仅仅影响特定地区的环境问题，如土壤污染、电磁辐射和自然灾害。

（一）土壤污染

人类生产和生活活动中排出的有害物质进入土壤中，超过一定限量，直接或间接地危害人畜健康的现象，称为土壤污染。由于人口急剧增长，工业迅猛发展，固体废物向土壤表面堆放和倾倒，有害废水向土壤中渗透，大气中的有害气体及飘尘随雨水降落在土壤中，导致了土壤污染。土壤污染除导致土壤质量下降、农作物产量和品质下降外，更为严重的是土壤对污染物具有富集作用，一些毒性大的污染物（如汞、镉等）富集到农作物中，人或牲畜食用后发生中毒。

（二）电磁辐射

电磁辐射是电磁能量以电磁波的形式通过空间传播的现象。自然电磁辐射源包括雷电、太阳黑子活动、宇宙射线等。人为电磁辐射源主要有各类无线电设备（如手机）、家用电器（如微波炉）、工业设备、科学和医疗设备等。电磁辐射的强度达到一定程度时，对生物机体功能或生态系统的破坏作用，称为辐射污染。电磁辐射危害人体的机理主要是热效应、非热效应和累积效应等。电磁辐射是造成孕妇流产、不育、畸胎等病变的诱发因素之一。

（三）自然灾害

自然灾害是由于自然界物质急剧运动形成的，对自然生态环境、生物种群、人类居住环境、人类及其生命财产造成破坏和危害的自然现象。自然灾害产生的原因包括自然因素（如地壳运动、异常气象、水文条件急剧改变等）和人为因素（如对自然进行掠夺性开发，破坏了生存环境和生态平衡，直接或间接地引发沙漠化、干旱、洪水泛滥、疫病流行等一系列的灾害）。自然灾害通常破坏力极大，容易引起局部环境大规模破坏。一方面，自然灾害可以直接对人类生命财产及安全造成毁灭性破坏与打击；另一方面，自然灾害还可以造成生态环境破坏，使人类生活、生产环境质量明显恶化，形成灾害源性疾病。

第二节　环境与健康研究进展

当今，在全球范围内，许多人类相关疾病和死亡都与周围的环境有直接或间接的关系，劣质的环境不仅危及经济发展、社会稳定，而且还危及人类的生存。在社会经济发展进程中，新的环境与健康问题日渐显现，不断给环境卫生工作提出新的任务和要求。

一、重新认识传统环境化学污染物健康危害

随着科技进步和研究的深入，当初被认为健康危害不大的环境污染物，而今被证实对环境和人体健康有很大危害。20 世纪上半叶，DDT 在控制农业病虫害、减少蚊蝇传播疾病流行中发挥了重要作用，其急、慢性毒性较低。但近年发现，DDT 是一种持久性有机污染物，易经食物链发生生物富集和生物放大，且有较强激素样作用，可显著干扰机体的内分泌功能。全氟化合物是一类具有重要价值的有机氟化物，其中全氟辛烷磺酸（PFOS）和全氟辛酸（PFOA）是全氟化合物在环境中的终产物。大鼠孕期暴露 PFOS 可导致新生仔鼠体重减轻、存活率降低、甲状腺激素水平降低，新生仔鼠发育迟缓等。双酚 A（BPA）是重要的化工原料，污染范围广，人们可通过饮水、食物等接触到 BPA。研究发现，人血清中 BPA 浓度为 2.84g/L，人乳汁中 BPA 浓度为 0.41 ～ 1.54μg/L。BPA 毒性很低，但新近发现其可引起生殖内分泌和甲状腺的功能紊乱等，并具有致肥胖作用。三氯生是广泛应用于日常生活用品如肥皂、牙膏等中的化学物质，具有较强的抑菌效果，近期研究提示该物质具有较强的内分泌干扰作用。可见，曾经认为毒性较低的化学物质，随着研究的深入可能会发现新的健康问题，甚至可能造成灾难性后果。

二、环境内分泌干扰物的健康危害问题

环境内分泌干扰物（environmental endocrine disruptors，EEDs）多达数百种，日常生活中经常使用的广谱杀菌剂三氯生、高效阻燃剂多氯溴苯醚及饮水食品污染物如壬基酚、BPA、有机氯化合物等可显著干扰机体的内分泌功能。EEDs 的生物学效应特点：①剂量反应关系的特殊性，某些内分泌干扰物的剂量－反应关系曲线呈倒 U 形，即在一定的低浓度下，可能具有更高的生物效应，当浓度进一步升高时，生物效应又会降低。②作用的复杂性，同一化学物可具有不同的激素活性，通过不同途径和机制干扰内分泌系统。如 DDT 的代谢产物 p，p' –DDE 既具有抗雄激素作用，又具有甲状腺干扰作用。③效应的多样性，EEDs 可广泛作用于内分泌系统的多个激素信号通路，包括甲状腺激素、孕激素、糖皮质激素、胰岛素等。EEDs 的效应终点包括生殖内分泌功能紊乱和癌症、甲状腺功能异常等。④暴露时期的敏感性，在器官发育的重要窗口期，EEDs 暴露可通过多种途径干扰胚胎 / 胎儿发育过程中多种基因的表达，改变机体的某些遗传表型，从而影响整个发育过程。⑤跨代效应，EEDs 不仅通过母体暴露作用于 F1 代，而且在发育关键窗口期 EEDs 暴露造成的遗传表型改变可通过生殖细胞传递给下一代。

三、新技术、新材料带来的环境污染问题

当前快速发展的生物技术实验产生了前所未有的特殊废弃物，且大多未经任何处理就排入环境。例如细胞、病毒的 DNA 片段，转基因动物和植物的 DNA 片段、微生物的质粒等，其对生态环境特别是水生态和土壤生态环境中生物的负面作用有待阐明，这一作用可能通过转染对人体健康构成威胁。例如，致病株、抗药株微生物的 DNA 片段和质粒可造就新的病原体，如果对其没有足够的重视，可能会带来严重后果。近年来，纳米技术为创造新物质和新产品提供了巨大的发展潜力，但当大量纳米材料进入人们的生活环境，其物理、化学、生物性能的改变是否会影响人体健康，也值得高度重视。

总之，在当今社会发展过程出现的诸多新的环境健康问题，需要环境卫生工作者勇于面对新的挑战，不断学习新知识，努力提高业务水平，揭示新问题的内在本质，为保护人群健康作出新贡献。

（周丽婷　吕毅　姜爽　丁爽）

思考题

1. 环境、自然环境与社会环境的定义是什么？
2. 目前存在的环境问题有哪些？
3. 环境内分泌干扰物的生物学效应特点是什么？

第十五章　环境与健康的关系

第一节　环境改变与机体反应的基本特征

环境因素的改变作用于机体，机体会对其作用产生相应的反应，产生反应的质和量，既取决于变化的环境因素，也取决于机体状态。

一、环境致病因素的健康效应

环境构成和环境状态的任何异常变化，都会不同程度地影响人体的正常生理活动。人体能够调节自身的生理功能，以适应环境的不断变化。但是，如果环境因素异常变化超出了人类正常生理调节的范围，则可能引起人体某些功能和结构的改变，严重者可导致病理性的改变。这种能使人体发生病理变化的环境因素称为环境致病因素（environmental pathogenic factor）。

当环境有害因素作用于人群时，大多数人表现为体内环境污染物负荷增加，但不引起生理功能改变，属于正常生理调节范围。有些人则会处于生理代偿状态，机体还保持着相对稳定，暂时不出现临床症状和体征，如果停止致病因素作用，机体可向着恢复健康的方向发展。处于代偿状态暂时尚未表现出临床症状的人，不能认为是健康人，其中一些人实际上已处于疾病的早期阶段，即临床前期（preclinical phase）。机体的自稳能力是有限的，如果环境有害因素继续作用，致使机体功能发生障碍，机体则向病理状态发展，出现疾病的症状和体征，少数人甚至可因病理反应而死亡。从预防医学的观点研究环境因素对人体健康的影响，可将生理、生化效应和病理改变看作一个连续的过程，各个不同级别的效应在人群中的分布用图来表示即称之为健康效应谱（spectrum of health effect）。

环境影响的健康效应谱提示在研究环境因素对健康的影响时，不能只注重有无临床表现，更应该注重研究生理、生化等方面的早期改变，尽早发现临床前期表现和潜在健康效应，及时加以控制。

二、环境污染对人类健康影响的特点

（一）广泛性

人群受环境污染影响的范围广，人数多，包括不同年龄、不同性别的人群，甚至可能影响到胎儿。

（二）多样性

环境中存在各种污染物，对人体健康损害作用形式表现出明显的多样性，既有直接的，也有间接的；有急性的，也有慢性的；有局部的，也有全身的；有近期的，也有远期的；有特异性的损害，也有非特异性的损害；有的是单个污染物作用的效应，有的则是多种污染物的联合作用造成。

（三）复杂性

污染环境中可同时存在多种污染物，各种污染物间可以产生联合毒性作用；同一种污染物可通过被污染的环境介质经不同途径进入人体；同一个体可摄入多种环境污染物；暴露人群中不同个体对污染物易感性不同；在临床上会有不同反应；环境污染物作为致病因素对健康损害属多因多果，关系十分复杂。

（四）长期性

很多环境污染物可长时间滞留于空气、土壤和水中，并长时间作用于人体。在污染物低浓度情况下，造成的健康损害在短时间内不易被发现，有些危害在短时间内不易被察觉，需要几年、十几年甚至几十年才表现出来，有的到子代才表现出健康危害效应来。

第二节　环境污染与健康

一、急性危害

急性危害指在短时间内大量污染物进入环境，致使暴露人群在较短时间内出现有害效应、急性中毒甚至死亡等。急性危害多以大气污染事件较为常见。历史上曾多次发生严重的环境污染事件，造成了大量人群急性中毒和巨大经济损失。如发生在英国的伦敦烟雾事件，美国洛杉矶、纽约和日本东京与大阪的光化学烟雾事件，印度的“博帕尔异氰酸甲酯泄漏事件”、苏联的“切尔诺贝利核电站事故”等均属于急性危害。在职业环境中，化学物质经呼吸道引起的急性中毒事件也屡有发生。

二、慢性危害

低浓度环境污染物长期、反复对机体作用而引起的危害称为慢性危害。慢性危害是由于毒物的功能蓄积或在人体内的物质蓄积所致。慢性中毒（chronic poisoning）是慢性危害的主要类型。20 世纪 50 年代到 60 年代发生在日本的水俣病、痛痛病就是环境污染造成慢性中毒的典型例子。其病因均是由于金属污染物（前者为汞，后者为镉）污染了环境，通过食物链生物放大，经过若干年后而引起的慢性损害。发生在日本的“四日市哮喘”，是大气受 SO_2 和烟气污染，人们长期生活在此环境下导致部分人群形成慢性阻塞性肺疾病（chronic obstructive pulmonary disease，COPD）。在职业环境中，由各种生产性毒物引起的慢性职业中毒更为多见。

低浓度污染物的长期作用除了引起特异性的慢性中毒外，还可导致一些非特异性损害，包括暴露人群免疫力下降、人群中一般疾病患病率和死亡率增加、儿童生长发育受到影响、人群感染性疾病患病率增高等。例如，SO_2 污染严重地区的居民上呼吸道患病率上升，接触含游离 SiO_2 粉尘的职业人群肺结核病患病率增高。还有一些非特异性损害表现为劳动能力下降。

三、致癌作用

WHO 指出癌症是全球第二大死因，全球每年有 1400 多万新发癌症病例，每年导致约 1 千万人死亡。全球约 1/6 的死亡由癌症造成。预计 2030 年全世界将有 2200 万新增病例，死亡人数达到 1700 万人，而其中大多数将发生在中低收入国家。

研究显示，80% ～ 90% 的肿瘤与环境因素有关，其中化学因素起主要作用。在所有的癌症中有 19% 由包括工作环境在内的环境因素直接引起。我国肺癌死亡率高达 30.83/10 万，与 30 年前相比上升了 465%。肺癌死亡率最高的地区是云南省宣威市，有的地区可高达 174/10 万，其主要原因是当地燃煤污染室内空气。此外，水体污染与人群中肝癌、胃癌、膀胱癌发生亦有显著的相关性。

四、遗传毒性

遗传毒性是指环境中化学因素、物理因素和生物因素引起的生物体细胞遗传物质（DNA）和遗传过程的改变。遗传毒效应可以通过直接测定遗传毒物与 DNA 的相互作用来评价，更多的则是通过间接地检测 DNA 修复或基因突变、染色体畸变来评价。环境污染物的致突变作用可发生在体细胞，也可发生在生殖细胞。如果发生在生殖细胞，其影响有可能遗传到下一代，可能导致不孕、早产、死胎或畸形及遗传性疾病；若发生在体细胞，其影响不遗传到下一代，仅能导致直接接触该物质的个体某些疾病的发生，其中最受关注的是肿瘤。

五、生殖毒性和发育毒性

某些环境污染物可能具有生殖毒性和发育毒性。20 世纪 60 年代初，震惊世界的反应停事件造成世界各地大量短肢畸形儿（海豹畸形儿）出生。此事件的发生，引起了政府部门和研究机构高度重视。生殖毒性作用指外源性化学物对雄性或雌性生殖功能或生殖能力的损害及对子代的有害影响。其可发生于雄性、雌性的任何时期，可表现为性功能障碍、不育、不孕、性发育异常、生殖器官和内分泌功能异常、妊娠结局不良等。

六、对免疫功能的影响

早在20世纪初，人们就注意到有些化学物的接触对免疫系统的损伤，并发现不少食品、药品、香料及日用化学品能引起过敏反应。环境毒物对免疫系统的影响主要表现为三种类型：①环境毒物对免疫功能的抑制。某些环境污染物可使机体的免疫反应过程的某一个或多个环节发生障碍而出现免疫抑制作用，包括对体液免疫功能、细胞免疫功能、单核－吞噬细胞系统及对自然杀伤细胞的影响。具有免疫抑制作用的环境化学物主要有多卤代芳香烃类及多环芳烃类化合物、金属类毒物、某些农药、某些药物等。②化学物作为致敏原引起机体变态反应。这些化学物进入体内可与组织蛋白结合，形成具有免疫原性的物质（抗原），刺激机体产生相应的致敏淋巴细胞或抗体，在机体再次接触同一致敏原时发生超敏反应。环境化学物可以引起Ⅰ～Ⅳ型超敏反应。③少数环境化学物可引起自身免疫反应，即免疫系统的细胞（自身反应性T淋巴细胞）或产物（自身抗体）与机体自身抗原发生反应。过度的自身免疫反应可导致慢性炎症、组织破坏和（或）功能紊乱，即自身免疫性疾病。氯乙烯、六氯苯、某些金属（汞、金、镉）等可引起自身免疫反应。

七、干扰内分泌功能

自20世纪70年代以来，人们发现环境污染物中有些物质具有雌激素活性，可引起多种野生动物生殖发育异常，从而引起公众的广泛关注。随着研究的深入，人们逐渐认识到环境中除了拟雌激素的物质外，还存在有大量抗雄激素、类甲状腺素及干扰其他激素的化学物质。它们可与激素受体结合，能模拟、阻遏或激活、抑制内分泌效应，或干扰内分泌激素的生理生化过程，改变神经、免疫和生殖发育系统的正常调节功能，从而导致生物体出现多种畸形、生殖发育异常和生殖系统肿瘤。1996年美国环境保护局、卫生和公共服务部等机构组成的工作组对环境内分泌干扰物做出了较为广泛的定义：对机体内天然激素的产生、释放、运输、代谢、消除、结合、功能发挥、维持体内平衡稳定及机体发育过程产生干扰作用的外源性物质。

EEDs按来源可分为天然的和人工合成的两大类。目前已证明具有内分泌干扰作用的化学物有100多种，其中多氯联苯（polychlorodiphenyls，PCB）、二噁英等持久性有机污染物（persistent organic pollutants，POPs），邻苯二甲酸酯类和烷基酚类等有机化合物，某些重金属（如四乙基铅、镍等）是公认的广泛存在生态环境中对人类和其他生物危害极大的污染物。

第三节　环境与健康关系的研究方法

在进行环境与健康关系研究时，需要进行宏观和微观的研究工作，研究所采用的主要手段是环境流行病学和环境毒理学的方法。

一、环境流行病学研究方法

环境流行病学（environmental epidemiology）是应用传统流行病学的方法，结合环境与人群健康关系的特点，从宏观上研究外环境因素与人群健康关系的科学。

（一）环境流行病学研究的基本内容

1. 研究已知的环境暴露因素对人群的健康效应　如磷肥厂氟污染大气、含铬废水污染水体等对其接触的居民健康影响的调查。通过调查和分析，描述其健康效应的构成（健康效应谱）及其在空间（地区）、人群（年龄、性别、职业、生活条件）的分布。由于环境因素对人群健康的影响是一个反应较广的健康效应谱，环境流行病学除了研究疾病的发生外，还应注重研究发病前处于亚临床状态人群的一系列健康效应，包括生理功能、生化代谢等的改变，以揭示环境污染或自然环境因素引起的不同级别的效应在整个人群中的分布。

2. 探索引起健康异常的环境有害因素　这是一种在出现健康异常后，探索引起健康异常的环境暴露因素的研究，例如国内学者对宣威肺癌、林县食管癌、克山病、大骨节病等病因研究，日本的水俣病、痛痛病的病因学研究等。这是一类非常重要的环境流行病学研究，也是最为困难的一类研究。因为，环境中共存的作用因素多，它们之间交互作用的类型和机制复杂。对环境流行病学的研究，可以提供健康异常与可疑的环境因素之间的相关性资料，提出环境病因学线索。要确切阐明两者之间的因果关系，往往需要采用多种研究手段、长期探索，才能获得最终突破。

3. 暴露剂量 – 反应关系的研究　环境流行病学中的剂量 – 反应关系，主要是人群暴露剂量的大小与群体中特定效应出现频率间的关系。在环境流行病学研究中特别注意暴露剂量与反应关系的研究。因为，剂量 – 反应关系的存在是暴露与效应依存性的重要依据，是对暴露剂量和所产生的效应之间的一种定量描述，可为制定环境卫生标准、法规及进行环境危险度评价提供重要依据。在剂量 – 反应关系的环境流行病学研究中要求对暴露的剂量和产生的相应效应进行尽可能精确的测量，获得准确的定量数据。

（二）环境流行病学研究的基本方法

环境流行病学研究采用的方法与传统流行病学所使用的方法相同。通常采用描述性（包括生态和现况）研究、分析性（病例 – 对照、定群）研究和实验性流行病学的研究方法。根据在环境流行病学研究的内容选用不同的流行病学方法。如已知环境暴露因素，欲研究对人群健康的危害及其程度，可采用现况研究和定群研究及实验研究。出现健康异常或临床表现后探索环境致病因素，可以先进行现况研究和病例-对照研究，获得暴露与健康效应之间的联系，找出导致异常和临床表现的主要危险因素后，再选择用定群研究或实验研究加以证实。

二、环境毒理学研究方法

在环境因素对健康影响的研究中，环境毒理学（environmental toxicology）是十分有用的手段，其研究内容和任务主要是：①对未知毒性效应的化合物或环境因素，研究其毒作用大小、蓄积性、作用的靶器官和组织等基本毒理学特征，以及对其致畸形、致癌、致突变性等特殊毒性做出评价。②对特定的环境污染物或因素，研究其剂量-反应关系，为制订卫生基准和环境危险度评价提供依据。③毒作用机制研究，探索环境污染物或因素在机体反应中出现的特异、敏感的测试指标，即生物标志，为环境流行病学调查提供新的手段。④对已造成健康危害，并通过环境流行病学调查提出的可疑致病因素，建立动物模型予以证实，确定病因。⑤应用于环境生物监测。

三、环境流行病学与环境毒理学方法的联系和应用实践

（一）环境卫生学的研究任务需要环境流行病学和环境毒理学方法相结合

在研究环境因素特别是环境污染物的健康效应时，应采用宏观与微观相结合的研究方法。宏观研究是应用环境流行病学的方法，微观研究主要是采用环境毒理学的方法。由于环境作用因素的多样性、作用方式和作用机制的复杂性，环境与健康关系的研究面临着大量新的问题，面对许多困难和挑战。因此需要同时应用环境流行病学和环境毒理学的研究方法，及其相关的新理论和新技术去解决。通过微观的方法可阐明多种环境因素对机体的影响，提示污染物在体内的动态变化、代谢途径及对机体的作用特点和机制等，这种微观方法在研究新化学物质的健康效应上具有重要作用。但是，环境与健康的研究对象是人群，目标是人类健康，以细胞、动物等人体以外的实验材料的微观研究所得结果直接推论到人群有很大的不确定性。采用宏观和微观相结合的研究方法能更全面的提示环境因素对整体人群健康影响的真实情况，通过宏观研究可以为微观研究指明方向，而微观研究又可以为宏观研究阐明内在本质，宏观与微观研究相结合可以发挥相辅相成的作用。

（二）环境流行病学方法和环境毒理学方法相结合的应用实践

实践证明在人群健康危害的病因、环境健康危险度评价等方面的研究必须采用环境流行病学和环境毒理学方法相结合的策略。

1. 人群健康危害的病因学研究 在环境致病因素的流行病学研究中，环境毒理学可用于环境可疑致病因素的鉴定、复制人有害效应或疾病的模型，水俣病的病因学研究就是成功的范例。此外，在痛痛病、宣威肺癌等的病因学及发病机制研究中，都采用了环境流行病学和环境毒理学相结合的研究策略。

2. 环境健康危险度评价　在进行环境有害因素的健康危险度评价时，需要用一套完整的研究资料，单凭环境流行病学的方法或环境毒理学方法往往难于提供，必须两类方法相结合。如致癌的危险度评价，由于人群中肿瘤的发生属于少发事件、致癌因素的暴露距肿瘤发生的间隔期长、混杂因素多，通过人群的流行病学调查很难得到暴露－反应关系，其剂量－反应关系的建立往往通过动物致癌试验。然而由于实验动物和人体在代谢和反应性上的差异，从动物试验得到的致癌症性，必须在人群流行病学研究中得到证实，才能被定义为人类的致癌物。此外，在致癌性的危害鉴定中，还需要明确致癌作用是否通过遗传毒性的机制，这将决定剂量－反应关系评定的方式。

（周丽婷　吕毅　姜爽　丁爽）

思考题

1. 何谓健康效应谱?
2. 环境污染对人类健康影响的特点有哪些?
3. 环境污染对健康的危害有哪些?
4. 环境与健康关系的研究方法有哪些?

第十六章 人类面临的环境问题

第一节 宣威肺癌

20世纪70年代，在全国死因调查中发现云南宣威地区是我国肺癌高发区，其中女性肺癌死亡率居全国首位，农民肺癌死亡率是全国最高的地区之一。至此，宣威肺癌高发的问题受到高度关注。中国预防医学科学院与当地卫生防疫部门密切合作，围绕肺癌病因学进行了二十多年的环境流行病学研究，对宣威肺癌的分布特点、饮水与粮食的致癌物污染状况、职业接触、吸烟、大气和室内空气污染状况，以及遗传易感性等与肺癌高发的关系等进行了系统的病因学研究与干预，初步阐明了宣威肺癌高发的原因。宣威肺癌的主要病因是居民长期使用“火塘”和劣质烟煤来烹调、取暖所导致的严重室内燃煤空气污染。宣威肺癌是室内燃煤空气污染所致的环境污染性疾病。

一、宣威肺癌高发的原因

（一）生活习惯特殊

宣威地区生活炉灶类型独特，当地称为“火塘”，四边用条石砌成0.6m×0.6m左右的方形土坑，上口与地面相平，没有烟囱和炉桥，在“火塘”中央用四块砖或土坯砌成一个小方坑，燃料堆放其中燃烧，小方坑上架起的活动三脚架上放置炊具。当地居民均使用此种开放式炉灶做饭、煮猪食、取暖，造成严重的室内空气污染。

（二）当地产煤质量差

宣威地区居民生活用煤大多使用当地自产的烟煤，每年每户燃煤量高达6～8t。少部分地区烧木材与无烟煤。当地产烟煤含焦油物质较多，燃烧时产生的多环芳烃等有害物质的浓度高，种类多。

（三）住宅设计不合理

当地住宅内生活炉灶、卧室等设置不合理。住宅一般净高仅为2m左右，多为单侧开窗，窗面积较小，卧室多无窗，空气流通不畅；生活炉灶无排烟管道，造成室内空气污染物积聚，空气质量极差。

二、宣威肺癌的流行病学特征

（一）地区分布

宣威地区是比较贫困的多民族山区，以农业生产为主。该地区经济落后，生活水平较低。流行病学研究显示，宣威地区肺癌死亡率居各类恶性肿瘤死亡率之首，除肺癌死亡率较高外，其他恶性肿瘤死亡率并不高于国内其他地区，表明该地区肺癌发病危险因素具有其特殊性。宣威地区不同区域人群的肺癌死亡率分布也有所不同，周围区域发病较低而中部区域发病最严重，发病程度的区域分布与使用燃料的种类呈现明显相关，中部地区主要使用当地产烟煤作为生活燃料，而周边地区主要使用木材与无烟煤作为生活燃料。

（二）人群分布

1. 性别差异不明显　肺癌死亡率的男女性别比值，国内各地一般都在 2 以上，男性明显高于女性。而宣威地区肺癌死亡率男女性别差异不大，性别比为 0.87 ～ 1.09，部分肺癌严重的乡镇还出现女性死亡率大于男性的特殊现象。

2. 女性肺癌死亡率高　宣威地区女性肺癌粗死亡率高达 21.35/10 万，位居全国首位。当地女性主要从事家务劳动，在室内空气污染极为严重的情况下进行炊事等家务活动，较长时间暴露于污染空气之中，是造成女性肺癌高发的主要危险因素。

3. 发病人群年龄提前　宣威地区肺癌死亡率高峰较全国提前了 2 ～ 3 个年龄组，男、女性死亡率高峰年龄组均出现在“55 ～”年龄组，平均死亡年龄较全国和其他地区小。且近年来仍有年轻化的趋势。

（三）室内空气污染状况与人群肺癌高发的关系

宣威地区室内空气污染状况较为严重，尤其是当地产烟煤燃烧后产生的苯并（a）芘、总悬浮颗粒物（total suspended particulate，TSP）、SO_2 浓度均较高，此外还有砷、镍、铬、镉等致癌性金属和放射性物质如镭、铀、氡及其子体等。该地区室内空气中苯并（a）芘浓度最高可达 6.26μg/m^3，远超过我国环境空气质量标准（GB3095–1996）中苯并（a）芘的浓度限值 0.01μg/m^3。室内空气中苯并（a）芘浓度与人群肺癌死亡率之间具有明显的剂量－反应关系，而与其他恶性肿瘤之间未见相关性。遗传毒理学和经皮肤涂抹、皮下注射、气管注入等动物实验均表明，宣威地区室内空气颗粒提取物具有较强的致突变性与致癌性。

三、宣威肺癌病因的环境流行病学研究

宣威肺癌病因的环境流行病学研究是我国科学家开展环境污染与健康关系研究的成功典范，为我国开展环境污染性疾病的病因学调查与研究积累了丰富的经验，提供了重

要借鉴。

我国云南省宣威市位于滇东北部乌蒙山区，全县面积6000多平方千米，人口110余万，90%以上是农民，其中汉族占94%左右。当地居民以烟煤、无烟煤、木柴为主要生活燃料。宣威市是云南省主要产煤基地，小煤窑遍地皆是，因交通不便居民以用当地产煤为主。农民住宅多是二层土木结构，底层前2/3为“堂屋”，内设“火塘”靠窗处设一躺床，是全家人生活活动中心。人口较多的农户则在堂屋的一侧或两侧还设置卧室。底层后三分之一为卧室或畜厩。楼上为主要卧室和粮食等物的贮藏室。室内空气流通不畅又没有排烟设施，燃料在炉灶内燃烧排放出大量烟尘，造成室内极为严重的空气污染。当地妇女主要从事家务劳动，做饭、煮猪食、饲养家畜、养老抚幼、纺织缝纫，每天在室内活动时间约为17小时左右。宣威男性多会吸烟，女性多不吸烟。

通过多年的环境流行病学、卫生化学、环境毒理学调查研究，对宣威肺癌高发的病因得出以下结论：

（一）工业污染与宣威肺癌高发未见明显联系

调查资料表明，肺癌死亡率有明显地域差异，城关、榕城和来宾三个乡镇特别高。宣威肺癌死者中绝大多数是农民，其死亡率是厂矿、机关职工及家属的9.8倍，与职业接触无关。当地工业规模小，投产时间短，且不存在特别致癌物质，因而可以排除工业污染导致肺癌高发的可能性。

（二）吸烟不是宣威肺癌高发的主要危险因素

流行病学调查结果表明，宣威男性吸烟率为32.6%～42.7%，女性吸烟率为0.01%～0.23%，男性吸烟率比女性高200多倍，而肺癌死亡率在两性间差别不大，吸烟率的高低与肺癌死亡率并不吻合，不能解释女性肺癌死亡率高的原因；吸烟率相仿的肺癌高发区和低发区农民肺癌死亡率之间，相差30多倍，在肺癌高发区或低发区中吸烟与非吸烟人群肺癌死亡率之间差别不明显；在吸烟人群或非吸烟人群中高发区与低发区肺癌死亡率之间，相差数十倍；病例－对照研究显示，有吸烟史与无吸烟史两组人群，在肺癌发病方面未见明显差别。肺癌死亡率与吸烟率之间无相关性。此外，当地居民吸烟方式多用装水的竹筒和细长的旱烟锅作烟具，很少吸香烟或用纸卷烟，此种吸烟方式在某种程度上能减少一些对健康的危害。综上所述，吸烟不是宣威肺癌高发的主要危险因素。

（三）生活燃料与宣威肺癌死亡率间存在明显联系

宣威盛产煤炭，小煤窑遍及全县，农民世代在室内挖坑为炉，多数家庭燃烧烟煤取暖做饭，室内通风不良，长年累月在烟雾中生活。现场调查结果表明，宣威市不同地区肺癌死亡率与其所用燃料构成密切相关，以燃烟煤为主的地区肺癌死亡率高，反之则低。室内燃煤空气污染与宣威肺癌高发联系密切，宣威农民家庭所用烟煤、木柴、无烟煤三种燃料中，烟煤燃烧排放物的颗粒小、有机物含量高，并含有大量以苯并（a）芘为代表的致癌性多环芳烃（PAH）类化合物，且具有较强的致突变性、致癌性等特征。烟煤燃烧排放物诱发实验动物肺癌发生率远远高于木柴组和对照组。烟煤燃烧排放物也能引起人群气道阻力增高。

肺癌死亡率与宣威居民生活燃料（煤）对室内空气污染有密切联系。经检测，燃烟煤农户室内空气中苯并（a）芘浓度高，最高达 $626\mu g/100m^3$，超过我国大气卫生标准值 600 多倍。根据对宣威市约 60 万人所进行的室内空气中苯并（a）芘浓度与肺癌死亡率之间的关系研究，证实两者存在剂量 - 反应关系。

对宣威地区室内空气污染状况、肺癌环境流行病学调查和实验室研究结果的综合分析表明，宣威地区特有生活习惯所导致的室内燃煤空气污染与宣威肺癌高发之间具有因果关系：①使用烟煤的量越大其肺癌发病的危险性越大，使用“火塘”烧烟煤者患肺癌的相对危险度与归因危险度均较高。②居民室内空气中苯并（a）芘浓度与肺癌死亡率关系的研究结果表明，人群肺癌死亡率随室内空气中苯并（a）芘浓度增高而升高，呈明显的剂量 - 反应关系。③室内空气中苯并（a）芘浓度与人群鼻咽癌、食管癌、肝癌、胃癌、膀胱癌死亡率之间无相关性。④对宣威地区室内空气污染物进行的二阶段皮肤致癌试验、皮下注射、气管注入、现场自然暴露及人群流行病学研究结果均证明以苯并（a）芘为代表的致癌性 PAH 与肺癌发病之间相关的一致性。⑤改炉、改灶实验结果表明，室内空气颗粒物致突变性、妇女胎盘芳烃羟化酶（aryl hydrocarbon hydroxylase，AHH）活性及其 AHH/GST 比值随空气中 PAH 浓度的降低而下降。⑥百余年来当地居民即有使用烟煤的悠久历史，其他生活习惯至今未变，这一事实完全符合疾病发病先因后果的时间顺序规律。

四、宣威肺癌的防治对策

宣威肺癌主要是由于长期使用劣质烟煤和特有的“火塘”来烹调、取暖所导致的严重室内空气污染所致，因此，采取积极有效的预防措施，降低室内空气污染物浓度是减少宣威肺癌发病率、死亡率的核心策略。

（一）改良炉灶

建造有烟囱、有排污装置的炉灶，降低室内空气污染物的浓度。将宣威地区传统式“火塘”改为烟囱地炉，节煤量达 30%，一个火塘平均每户每天燃煤 20kg，而一个烟囱地炉平均每户每天燃煤仅 14kg，可使室内空气悬浮颗粒、苯并（a）芘、SO_2、CO 等主要污染物降低 90% 以上。

（二）改变燃料结构

宣威地区燃烟煤排放的颗粒物粒径 $< 1\mu m$ 的占 51%，而燃柴的居室内颗粒物粒径 $< 1\mu m$ 的仅占 6%；燃烟煤苯并（a）芘排放量是燃无烟煤的 22 倍。因此，生活用煤的选用应更加注重品质。积极推动农村地区使用沼气，使空气质量从根本上得到改善。

（三）重视住宅用房的合理配置，加强室内通风换气

室内应保持良好的通风状态，是防止空气污染物在室内积聚的重要手段。宣威地区的住宅多是闭合式或半闭合式的居室，平均换气时间每次长达30分钟以上，换气情况差，对室内空气污染物的输送、扩散极为不利。

（四）加强宣传教育，提高整体人群的健康意识

宣威地处山区具有经济欠发达、文化落后、人群整体素质低、健康意识差等特点。因此，运用多种手段进行科学知识的宣传和普及十分必要，使关注健康、崇尚科学成为自觉行为。

第二节 气候变化

全球气候变化对自然生态和人类健康产生了巨大的影响。WHO 认为，全球气候变化可能是 21 世纪人类健康面临的最大挑战。大量的证据表明人类健康正在受到全球气候变暖的影响，这种影响表现在很多方面。气候变异和变暖正通过自然灾害、热浪、洪水和干旱引起死亡和疾病。此外，很多重要的疾病对气温和降水非常敏感。这些疾病包括常见的虫媒传染病（如疟疾和登革热）以及营养不良和腹泻等。

全球气候变化对人类健康影响的研究始于 20 世纪 80 年代末期和 20 世纪 90 年代初期，研究者主要关注气候变化和极端气象事件，如热浪、寒潮等。从热带到南、北极，气候对人类生活具有强大的直接和间接影响。20 世纪 90 年代，与气候相关的自然灾害在全球范围造成约 60 万人死亡，其中约 95% 发生在贫穷国家。自 1995 年以来，科学界逐步开始关注气候变化对传染病年际变化等人体健康的影响，开展不同规模城市的逐日天气变化和死亡率之间关系的研究，运用各种模式进行气候变化对疾病传播影响的模拟研究。

气候变化对健康的影响主要有直接的影响和间接的影响，包括高温中暑和机体脱水；心脑血管疾患和呼吸道死亡率增加；气候变暖加剧大气污染物的反应，增加了大气污染程度；提高了病媒的传播能力，增加了介水传染病、食源性传染病和虫媒传染病等传染病的发病和死亡；洪涝风暴等自然灾害导致食品供应短缺，继而引起营养不良等发生增加。

一、气候变化对健康的直接影响

环境温度与人群健康的关系一直备受关注，各种疾病的发病率或死亡率与环境温度都有直接关系。每日温度与日死亡人数存在“U”“V”“J”形关系，这说明温度 - 死亡的关系是非线性关系，而且在不同地区或国家每日温度与日死亡人数的曲线形状也不尽相同。据文献报道，我国居民死亡发生风险最低的温度范围为 20 ～ 25℃。

极端环境温度影响人类健康的机理主要包括高温和寒冷两个方面。

（一）热浪

热浪通常是指一段不同寻常的让人热得难受、通常情况下湿度又大的炎热天气，热浪一般可以持续几天甚至几周，热浪使人体耐力超过限度导致发病甚至死亡。热浪是气候变暖造成的健康直接影响中具有特征性的因素。

热浪可以因为高温引起死亡，尤其是老年人。在热浪期间，与热浪有关的心肺疾病和死亡增加，天气的短期显著波动可能对健康产生严重的影响。极端的酷热能引起潜在的致命性疾病，如热紧张、增加心脏和呼吸道疾病的死亡率。

热浪发生期间，气温高于正常值，热相关死亡风险受每次热浪的具体特性影响，例如热浪的持续时间、炎热程度以及发生的季节时段。研究表明，美国 1987 ～ 2005 年发生在 43 个地区的热浪期间与非热浪天气相比、非意外死亡的日平均风险增加 3.47%；热浪发生在炎热季节的早期比发生在晚期对死亡率的影响更甚，早期死亡率增加 5.04%，晚期死亡率增加 2.56%。

热浪对健康的影响除了与温度有关外，还与气压、日照时数和相对湿度等有关。另外，热浪对人群健康的影响与社会经济以及人们生活居住条件的改善有一定关系。有研究表明，上海市 1998 年热浪期间最高死亡数是非热浪期间的 3 倍，而 2003 年这种增加仅为 42%。在生活居住环境中夏季没有空调的人群，热浪对其健康影响要远远大于有空调的人群。

（二）寒潮

寒潮是重要的灾害性和转折性天气过程之一，同时也是季节推迟或提前、甚至出现反常气候的重要标志。北方寒冷的空气活动达到一定强度，大规模地向南侵袭的过程，称为寒潮。寒潮是影响我国秋冬季的主要灾害性天气，最突出的表现是剧烈降温并且伴有偏北大风，其主要特点是降温快、温度低、来势猛、风力强、规模大、范围广。根据气象部门的规定，就全国来说，如果一次冷空气能使长江中下游及其以北地区 48 小时内降温 10℃以上，长江中下游最低气温达到 4℃以下（春、秋季则规定江淮地区最低温度达到 4℃或以下），陆上有相当于三个大区出现五至七级大风，沿海有三个海区出现七级以上大风，则这股冷空气就被称为“寒潮”。

寒潮造成的健康影响也是属于气候变化的影响之一。有研究分析表明，降温幅度大且伴随高气压寒潮导致居民每日心血管病、急性心肌梗死和脑血管疾病死亡风险分别增加 50%、91% 和 68%。

寒冷对机体的影响较高温对人体的影响更加复杂。寒冷环境首先影响人体体温调节和人体散热机制，继而产生一系列的生理反应。人处于寒冷环境中，会引起交感神经兴奋，释放大量儿茶酚胺，皮肤和上呼吸道黏膜血管收缩，流经皮肤血管的血流量大大减少，使皮肤温度降低，散热减少。同时，肢端等末梢部位血管收缩后可因皮肤动静脉吻合支开放而血流突然增加，使皮肤温度回升。持续暴露于寒冷环境中，可出现皮肤血管舒缩交替反应，皮温波动明显。此波动能力的强弱与机体的抗冻能力有关，此反应强者，抗冻能力也强，冷锻炼可增强此波动能力。当局部冷暴露超过生理耐受极限，则主要表现为血管收缩反应，局部血管活动减弱乃至麻痹，血流减少乃至停滞，引起不良健康效应。

寒潮和热浪影响健康的方式有所不同。一般来说，热浪效应持续时间短暂，3～4天后其健康危害消失；寒潮效应持续时间较长，可达20～30天。

二、气候变化对健康的间接影响

（一）气候变化对传染病产生的影响

气候变化对传染病的影响表现在多个方面，包括传染性疾病的媒介物与感染性寄生虫流行范围和活动能力改变、经水和食物传播的病原体生态状况改变及对农业生产的不利影响等。其中，气候变化对媒介生物性疾病流行范围的影响最为显著。全球气温的上升，许多现今的热带病将在亚热带甚至温带国家流行。

疟疾是全球流行最严重的虫媒传染病，流行历史悠久，是危害人类健康的一种古老的传染病。疟疾的分布和传播与温度、降雨量和湿度等环境因素密切相关。气温和降雨量对疟疾中间宿主蚊子的繁殖周期及蚊体内疟原虫的发育产生影响，雨量和湿度则影响蚊子的滋生分布。疟原虫对生活温度要求比较苛刻，低于一定温度不能生长，如恶性疟原虫的最低生长温度是16～18℃，间日疟原虫的最低生长温度是14～16℃。全球气候变暖所引起的温度和降雨变化势必会影响疟疾的原有分布格局。在不稳定的疟疾地区，人群缺乏保护性免疫，当气候异常有利于传播时，就增加了疟疾流行的危险。到21世纪末，气候变暖将可能使潜在的疟疾传播区由原来占世界人口45%的地域扩大到占世界人口60%的地域，即每年新增病例5000～8000万。

登革热和登革出血热是由登革病毒引起的虫媒传染病。该病主要通过埃及伊蚊和白纹伊蚊传播，流行于热带和亚热带地区，有明显季节性，常与热而潮湿的天气有关。每年全球有25万～50万登革热病例，若得不到及时治疗，病死率可高达40%～50%。由于城市化扩大、人口的快速增长、国际旅游增多、垃圾处理不当和全球变暖，登革热和登革出血热的感染有扩大的趋势，发病率不断升高，已经成为严重的公共卫生问题。据WHO报告，2007年亚洲登革热疫情来势更加凶猛，其原因是雨季的提前到来，而雨季提前到来的主因是全球气候变暖。

气候因素与流行性出血热的发生也有着明显关系。研究表明，地表温度、降雨量和相对湿度等气象因素的变异对流行性出血热发病率有显著性影响。一项在我国开展的研究结果表明，南方涛动指数的月平均数与流行性出血热月平均发病率呈负相关，而与疟疾的月平均发病率呈正相关。

血吸虫病是一种严重危害人类健康的寄生虫病。钉螺是血吸虫发育和成长的母体，环境温度则是影响钉螺分布的重要生态因子。气温可影响血吸虫和钉螺的生长发育、繁殖和死亡。一般在低气温时（9℃以下），血吸虫感染不会发生，但感染概率随气温升高而增加，气温在24～27℃时，血吸虫感染率可达最高。但气温过高时（39℃或以上），可造成钉螺死亡，血吸虫感染率反而下降。据数学模型预测，到 2050 年，由气候变化而增加的血吸虫病例数可高达 500 万。全球气候变暖可通过钉螺向北方地区扩散，对我国血吸虫病传播构成潜在影响。

另外，海平面上升、大气环流改变引起的厄尔尼诺现象等都可以使风暴和洪涝灾害发生增加，导致病媒昆虫迁移。水灾可直接造成伤害和死亡，并可增加感染水源性和病媒传播疾病的风险。更多变的降雨模式很可能会危及淡水的供应。缺水和水质不良可影响到健康和生活卫生，这会使腹泻、沙眼等疾病的风险升高。在 1997 ～ 1998 年的厄尔尼诺现象中，秘鲁气温高于平均值，因腹泻住院的儿童人数明显增加。缺水迫使人们长距离运水并在家中蓄水，这可增加家庭水污染的危险，引起疾病，并为蚊虫提供繁殖场所，而蚊虫是疟疾、登革热及其他疾病的传播媒介。

（二）气候变化与大气污染对健康的联合影响

环境温度与大气环境中的二次污染物的生成密切相关。气温升高加剧光化学反应，臭氧生成增加，进而影响人体健康。同时，极端气象条件和大气污染在对人群的不良健康效应上可能存在着协同作用。

气候变化的作用力，不仅影响着大气环境中温室气体的浓度，还在大气氧化平衡和气溶胶的形成等方面起着重要的作用。植物释放的挥发性有机化合物（volatile organic compounds，VOCs）对于气候变化尤其敏感。当气候变化时，可导致植物释放 VOCs 发生变化。模拟研究表明，在气候变暖及两倍 CO_2 浓度的条件下，VOCs 的释放增加了 81.8%；但仅仅在两倍 CO_2 浓度条件下，VOCs 的释放量只增加了 11.8%。VOCs 释放增加，有利于大气气溶胶的形成和大气污染的加剧。

气候变化对大气环境的影响，可能主要通过气温升高、干旱、气压异常、太阳辐射、地面蒸发以及风速的变化等气象过程反映出来。大量事实表明，由于气温的升高，加快了光化学反应的速率，从而使大气中 O_3 浓度得以上升，进而加剧大气污染。气温的升高，还促使酸雨的酸度增强，从而增加其危害性。

我国的一项研究评估了日平均温度和大气颗粒物浓度与人群死亡率的关系，结果发现高温热浪与大气颗粒物对居民总死亡、心血管病死亡和心肺疾病死亡的影响有协同效应。也有研究分析了北京大气颗粒物与温度对人群非意外死亡影响的交互作用，发现在相同 PM_{10} 浓度下，温度越高，PM_{10} 与温度对人群非意外死亡影响的联合作用越大。但我国极端气候条件与大气污染联合健康效应的评估多是观察性的生态学上的评估，还需要实验性的研究设计来检验这种交互作用。

同时，气候变化与大气污染的联合效应可能不仅仅局限于表观温度与大气污染之间的交互作用，其他的暴露测量指标，或者其他的气象因素（湿度、气压等），也可能会修饰大气污染与人群健康之间的关系。

（三）气候变化对健康的其他间接影响

厄尔尼诺是太平洋赤道带大范围内海洋和大气相互作用后失去平衡而产生的一种气

候现象。正常情况下，热带太平洋区域的季风洋流是从美洲走向亚洲，使太平洋表面保持温暖，给印度尼西亚周围带来热带降雨。但该模式每 2 ～ 7 年被打乱一次，使风向和洋流发生逆转，太平洋表层的热流就转而向东走向美洲，随之便带走了热带降雨，出现所谓的厄尔尼诺现象。20 世纪 60 年代，气象学家发现厄尔尼诺和南方涛动密切相关，当气压差减小时，就会出现厄尔尼诺现象。厄尔尼诺发生后，由于暖流的增温，使太平洋由东向西流的季风大为减弱，使大气环流发生明显改变，极大影响了太平洋沿岸各国气候。本来湿润的地区干旱，干旱的地区出现洪涝。而这种气压差增大时，海水温度会异常降低，这种现象被称为“拉尼娜现象”。发生在我国 1998 年夏季长江流域的特大暴雨洪涝就与 1997 ～ 1998 年厄尔尼诺现象密切有关。当年厄尔尼诺强大的影响力一直从 1997 年上半年持续至 1998 年上半年。1998 年全球年平均气温达到 14.5℃，是有现代气象记载以来的最高纪录；而中国那年也遭遇了历史罕见的特大洪水，那一年被称为 20 世纪最强烈的厄尔尼诺现象。厄尔尼诺现象导致的气温升高，使部分发展中国家霍乱发病和死亡人数剧增。

极地冰川融化使海平面上升是全球变暖的另一个结果，增加了沿海地区水灾的危险，并可迫使人群流离失所。现在，世界人口的半数以上居住在离海岸 60km 以内的地区。很多地区，尤其是高纬度地区经历了降水增加而且强降水的频率有普遍增加的趋势。

气候变化引起的洪水对人类健康的影响，可分为短期、中期和长期效应。短期效应主要是造成人员伤亡，中期效应主要是传染性疾病的传播和发病率的增加，长期效应是由于洪水造成的经济困难和生命财产损失而导致的精神压抑。气候变化引起的干旱则通过影响粮食产量而加剧人群的营养不良、诱发饥饿而影响人体健康；干旱对健康的影响还包括水资源缺乏引起的各种疾病。

气候变化对健康的影响不会均衡分布到世界各地。在发展中国家，尤其是小岛国家、干旱的高山地带以及沿海人口密度较高的区域是最容易遭受影响的。

第三节　水体富营养化

一、概述

水体富营养化（eutrophication）是指受含磷、氮等污水污染造成水体中藻类大量繁殖，使水中有机物增加、溶解氧下降、水质恶化的现象。

水体富营养化发生在海洋中称为赤潮，发生在淡水中称为水华。

在自然条件下，由于水土流失、蒸发和降水输送等过程使水体中的营养物质逐渐积累，一些水体由贫营养向富营养状态发展，这属于自然富营养化，这个过程比较缓慢，往往需要几千年或几万年才能完成。但是，随着工业化程度的提高、城市化进程的加快和世界人口的不断增加，人类活动导致大量富含氮、磷的污水排入各类水体，导致水体呈现富营养化状态，这属于人为富营养化。人为富营养化进程远远快于自然富营养化进程。目前研究的主要是人为富营养化。

我国湖泊富营养化发展速度相当快，富营养化湖泊个数占调查湖泊的比例由 20 世纪 70 年代末的 41% 发展到 20 世纪 80 年代后期的 61%，至 20 纪 90 年代后期又上升到 77%。水库富营养化的问题也较严重，对全国 39 个大型、中型、小型水库的调查结果表明，在所调查的水库中，处于富营养状态的水库个数和库容分别占所调查水库的 30.8% 和 11.2%，处于中营养状态的水库个数和库容分别占所调查水库的 43.0% 和 83.1%。河流水流速度和更新速度较快，氮和磷难以在其中集聚造成高浓度污染，不易发生富营养化。

二、藻类毒素

水体发生富营养化时，大量的氮和磷为水中的原虫、藻类提供了充足的营养，导致原虫和藻类大量繁殖引起赤潮或水华。在这些藻类中某些藻类能够产生、分泌藻毒素。在海洋中约有 4000 余种藻类，其中约 300 种可引起赤潮，约有 70 种能产生藻类毒素。淡水水华主要由蓝藻和绿藻引起，绿藻不会产生藻类毒素，而蓝藻中有 40 多种可生产藻类毒素。

（一）产生毒素的藻类

1. 金藻类 小定鞭金藻生活在海洋中，但在气候干旱的地区也会在半咸水的池塘出现。它产生的具有溶血及鱼毒活性的毒素可导致鱼类大量死亡。这类毒素有三种类型：鱼毒素、溶血素和细胞毒素。

2. 甲藻类 甲藻门中膝沟藻属的一些种可产生麻痹性毒素（PSTs），已经分离出十多种，如膝沟藻毒素 1 ～ 8（GTX－Ⅰ－Ⅷ），石房蛤毒素（saxitoxin，STX）和新石房蛤毒素（Neosaxitoxin，neo–STX）。倒卵形鳍藻可产生痢疾性毒素（DTX），当人们食用有毒贝类时，常产生腹泻、呕吐、疲劳、发烧、头痛等中毒反应。剧毒岗比甲藻可产生西加毒素（CTX），它是一种脂溶性的神经毒素，CTX 是毒性最强的海洋毒素。

3. 蓝藻类 在淡水中蓝藻可产生和分泌的毒素包括水华鱼腥藻产生的类毒素 –a（ANTX–a）、水华束丝藻产生的束丝藻毒素（aphanotoxin）、微囊藻所产生的微囊藻毒素（microcystin aeruyinosa，MCs）以及脂多糖内毒素。除了微囊藻之外，鱼腥藻、束丝藻和颤藻也能产生肽类物质毒素，这类毒素主要是作用于动物的肝脏而引起中毒、死亡。节球藻可产生节球藻毒素（nodularin）。微囊藻、鱼腥藻还可产生脂多糖内毒素。海洋中的蓝藻不会像淡水蓝藻产生那么多问题，但是颤藻科的一些种会产生毒素，对一些海洋生物有毒，导致人和动物的皮炎，主要由巨大鞘丝藻产生，会引起严重的接触性皮炎“游泳痒”。

藻类毒素主要在金藻门、甲藻门、蓝藻门中发现，此外一些学者在硅藻门中也发现一种海生硅藻可产生神经毒素。

（二）藻类毒素的种类

1. 神经毒素 由藻类细胞在适宜的环境条件下产生并释放入水。神经毒素普遍不稳定，在自然环境中可迅速被降解，特别是在碱性环境下更有利于降解。淡水中神经毒素主要类毒素 -a，类毒素 as 和麻痹贝类毒素。

2. 肝毒素 肝毒素包括微囊藻毒素（microcystins，MCs）和节球藻毒素，主要存在于蓝藻活细胞内，当藻细胞死亡后，释放入水，其靶器官为肝脏。

3. 脂多糖内毒素 亦称为皮肤毒素，由微囊藻、鱼腥藻产生，海洋中巨大鞘丝藻也可产生此类毒素。当藻类死亡、崩解时，细胞膜中间层所含有的脂多糖和降解酶溶解，释放出类脂质 A 进入水中，可引起人类发热、微循环障碍、内毒素休克、播散性血管内凝血等危害。

三、蓝藻毒素及其对健康的危害

（一）神经毒素

1. 类毒素 -a 类毒素 -a 是神经递质乙酰胆碱的类似物，可与乙酰胆碱受体结合，而乙酰胆碱酯酶或真核生物中的任何酶均不能降解它。它与乙酰胆碱受体结合后可使肌肉因过度兴奋而痉挛，具有极强的突触后烟碱样神经肌肉去极化作用。对小鼠的 LD_{50} 为 200μg/kg 体重，中毒动物因呼吸肌瘫痪而死亡。潜伏期一般为数分钟～数小时，出现唇、舌、指尖麻木，进而漫延至腿、臂和颈部，出现运动失调、头痛、头昏、恶心、呕吐，但意识清醒，进一步发展出现呼吸困难，重者 2 ～ 12 小时死于呼吸麻痹，死亡率约 5 ～ 8%。

2. 类毒素 as 类毒素 as 为 N- 羟基鸟嘌呤的单磷酸酯，可溶于水、乙醇、甲醇，是乙酰胆碱酯酶抑制剂，它与乙酰胆碱酯酶结合，抑制其活性，阻碍其对乙酰胆碱的水解作用，导致内源性胆碱中毒，引起中枢和外周胆碱能神经功能严重紊乱，使肌肉因过度兴奋而痉挛。也可引起大鼠角弓反张，呼吸困难，小便失禁，最终因呼吸抑制而死亡。小鼠 LD_{50} 为 20 ～ 50μg/kg 体重，致死作用快，常使饮水牲畜死在水边。

（二）肝毒素

1. 肝脏毒性和促肝肿瘤作用 用 ^{14}C 标记的 MCs 腹腔注射染毒小鼠 1min 后肝内出现的 MCs 是总标记的 70%，3 小时后肝脏内蓄积的 MCs 占总标记量的 90%。可见肝脏是 MCs 作用的主要靶器官。一般认为，MCs 进入体内后需要通过胆汁酸转运系统进行转运，因此，具有较强的嗜肝性。目前认为其对肝脏的毒性机制有两个：①直接作用于肝细胞，通过抑制蛋白磷酸酶 PP1 和 PP2A 的活性，导致肝细胞蛋白磷酸化和去磷酸化失衡，使细胞产生一系列形态结构的改变；MCs 还能够导致细胞失控性生长，诱发肿瘤，MCs 暴露后，p53 和 Bcl-x 表达升高，Bcl-2 蛋白表达下降；MCs 与黄曲霉毒素和肝炎病毒共称为肝癌的三大环境危险因素。② MCs 作用于肝巨噬细胞，通过诱导产生 INF-α 和 IL-1，进而引起肝脏炎性细胞浸润，引起肝脏炎性改变，淋巴细胞和中性粒细胞浸润，出现肝脏出血、坏死、肿胀、瘀血和肝细胞结构破坏，肝纤维样变及淀粉样变。

2. 肾脏毒性 肾脏是 MCs 作用的另一个重要的靶器官，可以损伤肾小球、近曲小管和远曲小管，可使染毒的实验动物出现血尿、蛋白尿和胆红素尿，血尿素氮及肌酐明显升高，肾脏乳酸脱氢酶及谷草转氨酶下降，肾皮质和肾髓质出现炎性改变。

3. 生殖和遗传毒性 动物实验结果表明，MCs 能够损伤胎盘屏障，导致胎盘细胞变性、水肿及间质疏松。因此，MCs 可以通过胎盘屏障进入胎鼠体内，导致胎鼠畸形、发育不良和脏器损伤的发生，且畸胎发生率与染毒剂量之间存在着剂量－反应关系。这种生殖毒性受染毒剂量、染毒次数、时间长短、对胎盘损伤程度和胚胎所处发育时期的影响。MCs 还能够在卵中大量存在并随卵传递给后代。MCs 可以在染色体水平上造成遗传损伤，也可以直接作用于 DNA，引起 DNA 分子移码型突变。

4. 对免疫系统的影响 动物实验结果显示，MCs 对免疫功能产生明显的抑制，对实验动物的免疫毒性涉及免疫系统的多层次多方面。可引起免疫器官肝、脾肿大，巨噬细胞吞噬功能降低，抑制 T 淋巴细胞增殖及 B 淋巴细胞产生抗体，使 INF-α 在血清中的含量显著降低等。

四、藻类毒素对健康危害的防控措施

（一）控制水体的富营养化

防止水体富营养化是控制藻类大量繁殖，进而降低藻类毒素的最根本而有效的措施。即通过采取各种措施降低水中氮、磷的含量抑制水体富营养化发生，如减少含氮、磷污水的排放，污水中氮、磷的去除。由于污水中氮、磷的去除比较困难，即使采用二级生化处理，其去除率也不到 50%，因此，控制外源性污染较为困难，主要还是通过去除内源性氮和磷来预防。

（二）控制和去除藻类毒素

采取各种措施和方法将水中存在的藻类毒素去除。目前国内外主要采用物理、化学和生物等方式进行综合处理，方法主要包括杀灭、去除藻类，加速水中藻类毒素的降解，水中藻类毒素的去除等。

五、藻类毒素研究的发展方向

藻类毒素对健康的危害早已引起关注，对其研究也较为深入，但是，在有关的研究中还存在一些需要关注的问题。

（一）危害机制的研究

针对危害机制的研究较多，也获得了一些成果，但是，藻类毒素对健康的危害机制仍然存在很多需要进一步研究的地方，如藻类毒素在体内的代谢途径、对肾脏、生殖、遗传和免疫系统损伤的机制等。

（二）对生殖遗传毒性的研究

藻类毒素不仅能直接导致突变已致畸形胎儿的发生，而且其在卵细胞中大量存在，对子代会不会产生影响，以及产生什么影响还一无所知。所获得的资料都是动物实验的结果，对于人群生殖遗传毒性的研究资料缺乏。

（三）有关人群的研究

藻类毒素对健康影响的危害研究绝大多数为动物实验研究，动物与人类毕竟存在种属差异，在饮用受到藻类毒素污染的饮用水的人群中，会对健康产生什么样的危害，除了有饮用藻类毒素污染饮用水的人群肝癌发病率的研究外，其他的资料很少，这是一个值得研究的问题。

（四）藻类毒素去除方法的研究

目前，国内外学者进行了大量的有关研究，获得了一定的成果，但这些方法都存在各种各样的问题，要么对藻类毒素去除效果不满意，要么去除效果较好但不能在饮用水的处理中实际应用。尚缺乏一种对藻类毒素去除效果好、能实际应用的方法。

第四节　电子废弃物

一、电子废弃物及其分类

（一）电子废弃物

电子废弃物亦称电子垃圾、电子废品、电子废物，指被废弃不再使用的电器或电子设备。

（二）电子废弃物的分类

1. 根据废弃物的种类，可分为：

（1）废电池 废电池分为五类，包括干电池、镍氢电池、锂离子电池、扣式电池和其他。

（2）废照明器具　废照明器具分为四类，包括电光源、照明灯具、灯用电器附件和其他。

（3）废电器电子产品　废电器电子产品分为九类，包括办公设备、计算机产品及零部件，通信设备及零部件，视听产品、广播电视设备及零部件，家用、类似用途电器产品及零部件，仪器仪表、测量监控产品及零部件，电动工具及零部件，电线电缆，医用设备及其零部件。

2. 根据废弃物的危害，可分为：

（1）所含材料比较简单，对环境危害较轻的废旧电子产品。如电冰箱、洗衣机、空调机等家用电器以及医疗、科研电器等，这类产品的拆解和处理相对比较简单，含有害物质较少。

（2）所含材料比较复杂，对环境危害比较大的废旧电子产品。如电脑、电视机、手机等。这些电子废弃物中含有危害人体健康和破坏环境的有害物质，如电视机显像管内含有铅，电脑元件中含有砷、汞和其他有害物质，手机的原材料中的砷、镉、铅，以及其他多种具有持久性和生物累积性的有毒物质等。

二、国内外电子废弃物的现状

电子垃圾是困扰全球环境的大问题。特别是发达国家，由于电子产品更新换代速度快，电子垃圾的产生速度更快。2010 年 2 月，联合国环境规划署发表的报告称，全球各类电子垃圾正以每年约 4000 万吨的数量增长。

三、电子废弃物的来源

（一）工业生产活动

生产过程中产生的报废产品或设备、报废的半成品和下脚料，维修、翻新、再制造过程产生的报废品。

（二）日常生活或为日常生活提供服务的活动

日常生活或为日常生活提供服务活动的电子废弃物包括日常生活、办公、公共市政设施等淘汰报废的产品或者设备。

（三）洋电子垃圾

2013 联合国环境规划署（UNEP）年发布的一份报告中警示，全球每年有高达 90% 的电子垃圾被非法交易或倾销，发展中国家是全球电子垃圾非法倾倒的主要地点。亚洲占总倾销量的 80%，而中国则占输入亚洲总量的 90%。

四、电子废弃物的价值

（一）电子废弃物的成分

电子垃圾中被大量发现的物质包括环氧树脂、玻璃钢、多氯联苯（PCBs）、聚氯乙烯（PVC）、热固性塑料、铅、锡、铜、硅、铍、碳、铁和铝元素。

被较少量发现的元素包括镉、汞和铊元素。

极微量的元素包括镅、锑、砷、钡、铋、硼、钴、铕、镓、锗、金、铟、锂、锰、镍、铌、钯、铂、铑、钌、硒、银、钽、铽、钍、钛、钒、钇等。

废旧家用电器中主要含有六种有害物质，即铅、镉、汞、六价铬、聚氯乙烯塑料、溴化阻燃剂。

（二）电子废弃物的价值

电子废弃物中蕴藏着丰富的经济价值。据有关报道，每吨电子废弃物的含铜量是铜矿的 40 倍，含金量是金矿的 17 倍。有研究分析结果显示，1t 随意搜集的电子板卡中，可以分离出铜 143kg、黄金 0.5kg、铁 40.8kg、铅 29.5kg、锡 2.0kg、镍 18.1kg、锑 10.0kg。

一项研究表明，1 吨废弃手机中可提取黄金 150g、铜 100kg 及银 3kg。

可见，对电子废弃物的回收利用可以创造巨大的经济效益，变城市垃圾为城市矿山，同时，有利于节能减排。

五、电子废弃物的危害

我国电子垃圾拆解区域拆解点小而分散，拆解过程手段原始，一般通过焚烧、破碎、浓酸（如王水）提取贵重金属等方法进行。拆解残渣和废液通过倾倒直接排放，导致电子电气产品中很多有害化学物质进入环境中。此外，电子垃圾焚烧过程还可能产生一系列氯化二噁英（PCDD/Fs，PBDD/Fs），这些污染物通过多种途径在生态系统中传递，最终可能对人类健康产生潜在的威胁。

（一）环境污染

1. 持久性有机污染物 电子垃圾处理过程中释放大量的持久性有机污染物，如多环芳烃、多氯联苯、多溴联苯醚（poly brominated diphenyl ethers，PBDEs）和二噁英（dioxin）。一些易挥发的污染物在拆解过程中直接进入大气，部分不易挥发的污染物在大气中则以气溶胶和悬浮颗粒物等形式存在，造成空气污染。也可以通过雨水的淋溶作用和沉降作用造成地表水、地下水和土壤的污染。台州废弃电子拆解区土壤样品中，总 PCBs 的含量平均值达 30628.19 ng/g。

2. 重金属 台州大气颗粒物中 Cu、Cr、Cu 和 Pb 含量分别达到 7.3、1161、483 和 444ng/m^3，表明大气存在较为严重的重金属污染。

没有回收价值的废旧电路板，被去掉了所有塑料、金属部件和电子元件的显示器的显像管，各种边角塑料，甚至提取各种残余金属之后的没有使用价值的强酸以及生活垃圾，直接抛弃到河沟、土壤中，造成地表水和土壤重金属的严重污染，并进一步污染地下水。对台州电子垃圾拆解点周围地表水和底泥重金属的分析结果表明，地表水中的铅含量高于我国地表水标准 8 倍，底泥中 Cd 和 Cu 的浓度分别达到 10.3μg/g 和 4540μg/g。

对台州电子垃圾倾卸点的土壤分析表明，Cu、Pb 和 Zn 是最严重的污染物，Cu 和 Pb 的最高含量分别为 712μg/g 和 104μg/g，部分采样点重金属浓度为对照区域的

100 ～ 1000 倍。

（二）农作物污染

台州地区有着十多年拆解历史的多家废旧机电、电器拆解回收企业所在村庄的农作物的采样分析结果表明，65.22% 的农作物可食用部分受到污染。其中，中度和重度污染分别达到 13.04% 和 30.43%，以重度污染为主。污染最为严重的依次是番茄、大蒜、芋艿、蕹菜、红皮萝卜、绿莴苣和甘蓝。

（三）对健康的影响

由于人体样本的特殊性，研究电子垃圾拆解区工人及居民的健康状况主要收集比较容易取得的血液、尿液及头发等生物样本。胎儿和儿童对于环境污染更加敏感，因此对胎儿及儿童的研究相对较多，该类研究中样本以母乳、脐带血、胎便为主。

1. 污染物在体内的负荷

（1）*重金属* 电子拆解区儿童血铅浓度平均为 153ng/mL，81.8% 的儿童血铅超标（100ng/mL）。儿童血镉平均值为 1.58ng/mL，显著高于对照区儿童的 0.97ng/mL，尽管超过 5ng/mL 血镉标准值的儿童较少，但电子拆解区儿童血镉要显著高于中国其他城市（宝鸡市儿童血镉水平为 0.616ng/mL）。电子垃圾拆解地居民头发样品中，Cd、Pb 和 Cu 三种元素含量较对照点绍兴及宁波人群高，均值分别达到 0.52、39.8 和 49.5μg/g。电子垃圾拆解区胎盘样品中 Pb 含量中值为 302ng/g，高于对照区的 165ng/g，而镉、铬和镍重金属没有显著性差异。

（2）*持久性有机污染物* 电子拆解区居民血清中 PBDEs 浓度范围在 77 ～ 8452ng/g（脂重），50km 外的对照点居民仅为 18 ～ 436ng/g（脂重）。电子拆解区新生儿脐带血中 PBDEs、PCBs 含量显著高于对照点，说明电子拆解区存在较高浓度的 PBDEs 母体暴露。电子拆解区的母乳样品中 PCBs 的浓度分别是近对照点和远对照点样品的 1.8 倍和 3.7 倍，且乳汁与脐血中含量存在显著的相关性。电子垃圾拆解区域居民头发中的污染水平要高于对照点，PCBs 最高浓度为 736ng/g，是对照点的 7 倍。电子垃圾拆解点母乳、胎盘及头发样本中 PCDD/Fs 负荷显著高于对照区样本。

2. 健康风险

（1）*持久性有机污染物暴露风险* 电子垃圾拆解区域居民每天仅通过大气吸入氯化二噁英（PCDD/Fs）的毒性当量达到 1.81 ～ 5.81pg（WHO-TEQ）/kg/d，高于 WHO 在 1998 年设定的 1 ～ 4 pg（WHO-TEQ）/kg/d 的每日最大容许摄入量。考虑到通过大气摄入的毒性当量只占每天摄入的一部分，当地居民每天实际摄入的二噁英毒性当量将远远高于该阈值。说明了电子垃圾在拆解过程中对周边环境造成严重污染，给当地及周边居民健康造成了巨大的威胁。

拆解区居民甲状腺素和性激素水平显著高于对照区，PCBs、PCDD/Fs 和多溴联苯醚（PBDEs）的污染可能对人群甲状腺素的动态平衡产生影响。电子拆解区居民每天 PCBs 可能摄入量为 1.09μg/kg/d，远超过 WHO-TEQ 的 612pg/kg/d。

（2）重金属暴露风险　灰尘吸入是污染物对人体进行暴露的主要途径之一，通过对贵屿电子垃圾拆解点的灰尘中重金属测定后进行摄入风险评估，认为电子垃圾拆解点Pb对拆解工人，尤其是儿童造成巨大健康威胁。以灰尘中的重金属浓度与美国环保署重金属容忍吸入阈值的比（危害商、HQ为实际浓度/容忍吸入阈值）为评价指标，对当地居民重金属摄入进行了健康风险评估。结果表明，所有采样点中Pb的*HQ*都是最高的，平均达到50.2。除了Pb以外，其他重金属的*HQ*均小于1；对于儿童，部分采样点的数据显示Cu的*HQ*值也大于1。可见，台州电子垃圾采样区域主要重金属污染为Pb和Cu污染。

3. 对健康的影响　电子垃圾拆解、回收地区的人群存在两种污染暴露方式，即直接参与拆解、回收工作人员的职业暴露和当地居民的环境暴露。污染物质通过呼吸、皮肤接触、摄食等多种途径进入人体，从而危害人体健康。

废旧电器拆解业对职业人群、普通居民及儿童部分血常规、肝功能和免疫功能指标及细胞遗传学改变造成影响。

电子废弃物拆解场地职业暴露人群与非职业暴露人群的血清尿素氮、尿酸浓度均明显高于正常对照组；从事电子垃圾职业拆解人群的血清5’－核苷酸酶和血清胆碱酯酶水平都和正常对照组存在差异，说明职业暴露人群健康受到较大影响。

电子拆解区新生儿和对照区新生儿脐带血中16种PAHs和7种致癌性PAHs均明显高于对照组。

六、电子废弃物处理存在的问题

（一）电子废弃物回收渠道不畅，规模企业负担重

由中国家电研究院出具的报告显示，2015年废弃的电子产品的回收渠道中，个体散户回收渠道占比高达85.86%，这使得电子垃圾的供货渠道极其分散，很难形成规模，由此产生的问题是处理企业对货源的获得竞争激烈，企业需要花费大量的资金用于购买电子垃圾，国家补贴的资金很大程度上用于电子垃圾的收购而不是进行企业的技术更新。因此，近年来尽管国家提高了对电子垃圾回收处理企业的扶持却并没能大幅度提高企业的处理能力和效率。

（二）处理技术亟待提高

我国电子废弃物的处理方法仍然以机械处理、化学处理、火法处理为主，不仅造成严重的环境污染，而且成本高、回收率较低。因此，还需研究新的高效、低排、低成本的处理方法。

（三）棕地利用受限，修复技术有待研究

棕地（brown field）泛指因人类活动而存在已知或潜在污染的场地。由于棕地污染的存在，在开发利用时容易导致污染物向空气、水体、植物中迁移而发生潜在的健康风

险，其利用需要建立在基于目标用途的场地风险评估与修复基础上。因此，需要针对土壤污染开展治理和修复研究。

1. 污染土壤修复的技术原理　①降低污染物在环境中的迁移性和生物可利用性。土壤中的污染物的迁移性和生物可利用性很大程度上取决于其水溶性的高低，降低其水溶性即可降低其迁移性和生物可利用性。如重金属在碱性土壤中其水溶性大幅降低，被土壤颗粒吸附而难以迁移，也难以被植物吸收。②降低土壤中污染物的浓度。通过一些物理、化学和生物学技术将污染物降解。

2. 土壤修复的技术体系　①物理方法。包括物理分离法、溶液淋洗法、固化稳定法、冻融法及电动力法。②化学方法。包括溶剂萃取法、氧化法、还原法、土壤改良剂投加法等。③生物方法。包括微生物修复法、植物修复法和动物修复法。

3. 存在的问题　主要是污染土壤的处理机制和修复技术的缺乏及不成熟，尤其缺乏能够大范围实际应用的、有效的土壤修复技术。

第五节　突发环境污染事件及其应急处理

一、概述

（一）突发环境污染事件

突发环境污染事件是指在社会生产和人民生活中所使用的化学品、易燃易爆危险品、放射性物品，在生产、运输、贮存、使用和处置等环节中，由于操作不当，交通肇事或人为破坏而造成的爆炸、泄漏，从而造成环境污染和人民群众健康危害的恶性事件。

（二）突发环境污染事件的基本特征

1. 发生时间的突然性　一般的环境污染是污染物从污染源少量、持续地排入环境中，有固定的排放方式和途径，并在一定时间内有规律地排放污染物。而突发环境污染事件没有固定的排放方式，发生的时间、地点具有一定的不可预见性，可预警的时间很短，往往突然发生来势迅猛，短时间内将大量的污染物排入环境中，发生后可供应急处置的时间极短，并在短时间内造成预料之外、触目惊心的灾难性后果，其发生有很大的偶然性和随机性。

2. 污染范围的不确定性　由于造成突发环境污染事件的原因、规模、污染物种类的不同，对各种环境介质所造成的污染范围存在很大的不确定性。

3. 负面影响的多重性　突发环境污染事件是在短时间内大量泄漏或排放有毒有害物质，如果事先没有采取防范措施，往往难以控制，破坏性强，污染损害严重。突发环境污染事件发生后，会对当地的经济和财产造成重大损失，对生态环境造成严重破坏，影响社会的稳定和安全，扰乱群众的正常生活，对周围地区的群众造成财产损失和健康威胁，甚至影响到生命安全。突发环境污染事件级别越高，危害越严重，恢复重建越困难。

4. 健康危害的复杂性 由于造成污染事件发生的原因、规模、发生形式、污染物种类、性质和排放量的不同，对当地人群造成的健康危害表现存在很大差异，可以表现为急性中毒、引起群死群伤，也可以产生慢性的危害以及远期的潜在效应。

（三）突发环境污染事件的分类

1. 按造成突发环境污染事件的物质分类

（1）易燃易爆危险品泄漏、爆炸事件。

（2）有毒化学品泄漏、扩散事件。

（3）溢油或油气井喷事件。

（4）非正常大量废水排放事件。

（5）放射性物品丢失、泄漏事件。

2. 按造成突发环境污染事件的原因分类

（1）生产过程中意外事故引发的泄漏、爆炸事件。

（2）运输过程中意外事故引发的泄漏、爆炸事件。

（3）贮存或处置过程中意外事故引发的泄漏、爆炸事件。

（4）人为破坏引发的泄漏、爆炸事件。

3. 按突发环境污染事件所涉及的地域空间（或介质）分类

（1）重点流域、敏感水域水污染事件。

（2）重点城市大气污染事件。

（3）有毒化学品、放射性物品污染农田事件。

（4）陆地或海上油田井喷和天然气喷发事件。

（5）海上油轮或有毒化学品泄漏事件。

（四）突发环境污染事件的分级

按照我国《国家突发环境事件应急预案》分级原则，根据事件紧急程度以及对生态环境、人群健康的危害，突发环境污染事件分为四个级别。

1. 特别重大突发环境污染事件（Ⅰ级） 凡符合下列情况之一者，可定为特别重大突发环境污染事件。

（1）发生 30 人以上死亡，或中毒（重伤）100 人以上。

（2）因环境污染事件而疏散、转移群众 5 万人以上，或直接经济损失 1000 万元以上。

（3）区域生态功能完全丧失或濒危物种生物生存环境遭到严重污染。

（4）因环境污染使当地正常的经济、社会活动受到严重影响。

（5）利用放射性物质进行人为破坏事件，或 1、2 类放射源失控造成大范围严重辐射后果。

（6）因环境污染造成重要城市主要水源地取水中断的污染事故。

（7）因危险化学品（含剧毒品）生产、贮运中发生泄漏，严重影响人民群众生产、生活的污染事故。

2. 重大突发环境污染事件（Ⅱ级） 凡符合下列情形之一者，可定为重大突发环境污染事件。

（1）发生 10 人以上、30 人以下死亡，或中毒（重伤）50 人以上、100 人以下。

（2）区域生态功能部分丧失或濒危物种生物生存环境受到污染。

（3）因环境污染使当地正常的经济、社会活动受到较大影响，疏散转移群众 1 万人以上、5 万人以下。

（4）1、2 类放射源丢失、被盗或失控。

（5）因环境污染造成重要河流、湖泊、水库及沿海水域大面积污染，或县级以上城镇水源地取水中断的污染事故。

3. 较大突发环境污染事件（Ⅲ级） 凡符合下列情形之一者，可定为较大突发环境污染事件。

（1）发生 3 人以上、10 人以下死亡，或中毒（重伤）50 人以下。

（2）因环境污染造成跨地级行政区域纠纷，使经济、社会活动受到影响。

（3）3 类放射源丢失、被盗或失控。

4. 一般突发环境污染事件（Ⅳ级） 凡符合下列情形之一者，可定为一般突发环境污染事件。

（1）发生 3 人以下死亡。

（2）因环境污染造成跨县级行政区域纠纷，引起一般群体性影响。

（3）4、5 类放射源丢失、被盗或失控。

二、突发环境污染事件的危害

（一）对人群健康的危害

1. 急性中毒和死亡 大量的窒息性气体或有毒化学品短时间内进入环境中，人群出现高浓度暴露，可能导致急性中毒和死亡的发生，而且，往往是群死群伤。例如，1984 年 12 月 2 日深夜至 3 日凌晨，位于印度博帕尔市北部的美国联合碳化物公司博帕尔农药厂储料罐进水发生爆炸，41t 异氰酸甲酯泄漏进入大气，随着气流弥漫在博帕尔市上空，导致 32477 人异氰酸甲酯严重暴露，71917 人中度暴露，416868 轻度暴露，2500 人死亡，约 15 万人急性中毒，5 万多人双目失明。

2. 急性刺激作用 人群暴露于一些具有刺激性、腐蚀性的气体，如二氧化硫、氮氧化物、氨气、氯气、甲醛等，会导致皮肤化学性灼伤，急性眼结膜炎，出现结膜充血红肿、流泪，喉痛，胸痛，剧烈咳嗽、咳痰，胸闷气短，甚至因喉部水肿而出现呼吸困难。严重时可出现急性肺水肿，表现为咳嗽、粉红色泡沫痰、烦躁不安、恶心呕吐、神志恍惚、呼吸急促、口唇发绀等。

3. 外照射急性放射损伤 当人群受到放射源的外照射后，可引起外照射急性放射病（acute external radiation sickness）。根据身体吸收的辐照剂量和辐照部位，分为骨髓型、肠型和脑型3种。

（1）骨髓型 当吸收剂量为1.0～10.0Gy，主要表现为乏力、头晕、食欲不振、恶心呕吐、毛发脱落、外周血白细胞和血小板数量减少，可伴有贫血、出血。

（2）肠型 当吸收剂量为10.0～50.0Gy，且以腹部受到辐照为主时，主要表现为顽固性呕吐、腹泻、外周血淋巴细胞减少，多在10天左右死亡。

（3）脑型 当吸收剂量达到50.0Gy以上，且以脑部受到辐照为主时，主要表现为剧烈头痛、喷射性呕吐、神志不清、昏迷、抽搐，患者多在数小时内死于脑水肿、脑疝所致的呼吸、循环衰竭。

4. 慢性、潜在性健康危害 突发性环境污染事件发生后，如果不能采取有效的措施将进入环境中的污染物去除，这种污染往往会长期存在，尤其是难降解的环境污染物，如重金属、持久性有机污染物等，其净化需要几年，甚至数百年的时间，通过各种环境介质和饮食不断进入机体，导致慢性中毒、干扰内分泌、损伤免疫功能、突变、畸形、肿瘤的发生。

5. 对心理的影响 突发环境污染事件不仅导致死亡、伤残及其他健康危害，而且会造成经济财产的损失，影响家庭的经济来源与生活水平等。这些因素都可能引起人群中“创伤后应激障碍”的发生，主要表现为焦虑、抑郁、神经衰弱等神经精神症状。

（二）对社会安定和经济发展的影响

1. 对社会安定的影响 突发环境污染事件的发生，会造成家庭的破碎、家庭结构和功能的剧变、财产的损失、生活条件和水平的改变等，从而引起社会的混乱、无序和动荡，甚至发生各种刑事案件。这种现象在突发环境污染事件的早期最为严重。

2. 对经济发展的影响 突发环境污染事件对家庭、单位和地区经济发展会造成不同程度影响，甚至影响整个国家及周边地区经济的可持续发展。大量建筑物及公共设施的损毁，灾后重建需要投入巨额资金；人员伤亡的救治和善后需要消耗大量医疗卫生经费；伤亡人数的增加、劳动力的减少将直接影响经济的发展和复苏；森林、绿地、农田、水域的严重污染使农业、林业、渔业、畜牧业减产。除此之外，在相当长的一段时间内，当地的贸易、旅游、餐饮、旅店、娱乐、运输业将受到不同程度的影响，严重者可引发经济危机。当地生态环境的恶化需要漫长的时间恢复，间接加大了经济损失。

三、突发环境污染事件的应急处理

应急处理指在突发环境污染事件即将发生或已经发生的紧急状态下，采取的某些超出正常工作程序的行动，以避免事件的发生或减轻事件后果的超常规工作程序，应急处理主要包括以下几方面。

（一）紧急启动预警系统

对可以预警的突发环境事件，按照事件发生的可能性大小、紧急程度和可能造成的危害程度，将预警分为四级，由低到高依次用蓝色、黄色、橙色和红色表示。发布突发环境事件预警信息的地方人民政府或有关部门，应当根据事态发展情况和采取措施的效果适时调整预警级别。当收集到的有关信息证明突发环境污染事件已经发生，或者即将发生的可能性增大时，应迅速启动预警系统。主要内容包括：紧急启动应急预案、发布预警公告、人群疏散转移和安排、应急监测和物资保障等。

（二）快速执行应急响应

应急响应（emergency respond）是指当预警系统紧急启动后，地方各级人民政府及有关单位，针对突发环境污染事件采取的所有应对措施。根据突发环境污染事件的严重程度和发展态势，应急响应设定为四个等级。初判发生特别重大、重大突发环境污染事件，分别启动Ⅰ级、Ⅱ级应急响应，由事发地省级人民政府负责应对工作；初判发生较大突发环境污染事件，启动Ⅲ级应急响应，由事发地市级人民政府负责应对工作；初判发生一般突发环境污染事件，启动Ⅳ级应急响应，由事发地县级人民政府负责应对工作。发生在易造成重大影响的地区或重要时段时，可适当提高响应级别。应急响应启动后，可视事件损失情况及其发展趋势调整响应级别，避免响应不足或响应过度。具体内容包括信息上报、应急监测、医疗求助、紧急疏散、应急处置和应急保障等。

（三）立即实施应急监测

应急监测（emergency monitoring）指对突发环境污染事件发生地区的大气、水、土壤等环境介质进行紧急采样送检或现场快速测定。在突发环境污染事件的紧急应对中，应急监测是一项重要的核心内容。通过应急监测，可以确定造成环境污染的主要污染物种类、性状、污染程度、涉及范围以及消减情况。

（四）迅速进行事故抢险

发生突发环境污染事件后，泄漏的有毒有害、易燃易爆危险品由于种类、理化性质、毒性、易燃易爆程度差别很大，其处置是一项技术性强、难度较大、极具危险的工作，必须由具备坚实专业知识和精湛处置技术的专业人员进行。具体内容包括：隔离与警示、采样监测与应急处置人员的自我防护、有毒有害和易燃易爆危险品的处置等。

（五）医学救援

在事故发生后的最初几个小时内，最紧迫的任务是实施现场紧急医疗救助。应迅速组织当地医疗资源和力量，对伤病员进行诊断治疗，根据需要及时、安全地将伤病员转运到有条件的医疗机构救治。指导和协助开展受污染人员的去污洗消工作，提出保护公众健康的措施建议。视情况增派医疗卫生专家和卫生应急队伍、调配急需医药物资，支持事地医学救援工作。做好受影响人员的心理援助。主要内容包括：伤病员的抢救处置、卫生医疗资源的调配、受影响人员的疏散、转移和安置等。

（六）应急终止及后期处置

当突发环境污染事件条件已经排除、污染物已降至规定值以内、所造成的危害基本消除时，由启动响应的人民政府终止应急响应。组织开展损害评估，开展事件原因和性质的调查，组织制订补助、补偿、抚慰、抚恤、安置和环境恢复等善后工作方案并组织实施。

（周丽婷　吕毅　姜爽　丁爽）

思考题

1. 宣威肺癌高发原因及其流行病学特征是什么？
2. 气候变化会对健康产生哪些影响？
3. 蓝藻毒素的危害有哪些？电子废弃物的危害有哪些？
4. 突发环境污染事件的概念、基本特征及危害是什么？

主要参考书目

1. 饶朝龙，朱继民 . 预防医学 [M]. 3 版 . 上海：上海科学技术出版社，2017.

2. 史周华 . 预防医学 [M]. 3 版 . 北京：中国中医药出版社，2021.

3. 谭红专 . 现代流行病学 [M]. 3 版 . 北京：人民卫生出版社，2019.

4. 詹思延 . 流行病学 [M]. 8 版 . 北京：人民卫生出版社，2017.

5. 傅华 . 预防医学 [M]. 7 版 . 北京：人民卫生出版社，2018.

6. 沈洪兵，齐秀英 . 流行病学 [M]. 9 版 . 北京：人民卫生出版社，2018.

7. 施侣元，李立明 . 现代流行病学词典 [M]. 北京：人民卫生出版社，2010.

8. 黄悦勤 . 临床流行病学 [M]. 5 版 . 北京：人民卫生出版，2020.

9. 郭秀花，宇传华 . 医学现场调查技术 [M]. 北京：科学出版社，2017.

10. 徐飚 . 流行病学基础 [M].2 版 . 上海：复旦大学出版社，2011.

11. 王心如，孙志伟 . 毒理学基础 [M]. 7 版 . 北京：人民卫生出版社，2017.

12. 张爱华，蒋义国 . 毒理学基础（案例版）[M]. 2 版 . 北京：科学出版社，2017.

13. 孙长颢 . 营养与食品卫生学 [M].8 版 . 北京：人民卫生出版社，2017.

14. 中国营养学会 . 中国居民膳食指南（2016）[M]. 北京：人民卫生出版社，2016.

15. 杨月欣，王光亚，潘兴昌 . 中国食物成分表 [M]. 2 版 . 北京：北京大学医学出版社，2009.

16. 孟宪军，迟玉杰 . 功能食品 [M]. 2 版 . 北京：中国农业大学出版社，2017.

17. 杨克敌，鲁文清 . 现代环境卫生学 [M]. 3 版 . 北京：人民卫生出版社，2019.

18. 杨克敌 . 环境卫生学 [M]. 8 版 . 北京：人民卫生出版社，2017.

19. 朱启星 . 卫生学 [M]. 9 版 . 北京：人民卫生出版社，2018.

20. 阚海东，鲁元安 . 环境与全球健康 [M]. 北京：人民卫生出版社，2016.